KB190950

회계가 머니?

초판 1쇄 발행 | 2025년 4월 25일

지은이 | 김수헌, 이재홍, 박정서
펴낸이 | 이원범
기획 · 편집 | 김은숙
마케팅 | 안오영
표지 · 본문 디자인 | 강선욱

펴낸곳 | 어바웃어북
출판등록 | 2010년 12월 24일 제313-2010-377호
주소 | 서울시 강서구 마곡중앙로 161-8 C동 808호 (마곡동, 두산더랜드파크)
전화 | (편집팀) 070-4232-6071 (영업팀) 070-4233-6070
팩스 | 02-335-6078

ⓒ 김수헌 · 이재홍 · 박정서, 2025

ISBN | 979-11-92229-60-7   03320

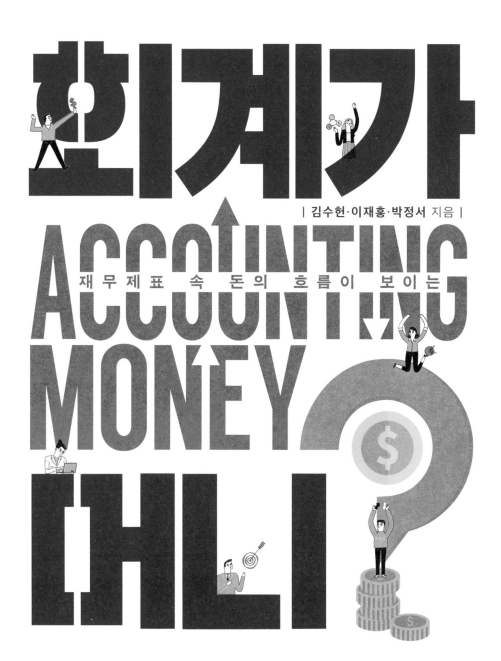

회계가

| 김수헌·이재홍·박정서 지음 |

ACCOUNTING

재무제표 속 돈의 흐름이 보이는

MONEY

머니?

어바웃어북

회계가 뭐니?
회계가 머니!

튼튼한 집을 지으려면 뼈대가 튼튼해야 합니다. 50층 이상 초고층 건물도 다르지 않습니다. 중심을 잡는 벽체, 이른바 '코어월(core wall)'을 제대로 올리는 것이 핵심이라고 합니다. 초고층 건축에는 인공위성을 이용한 GPS 계측시스템까지 동원됩니다. 건물과 지면 간 수직을 정교하게 맞추기 위해서입니다. 그렇지 않으면 바람과 태풍, 지진을 견디기 어렵습니다. 고층빌딩의 뼈대를 튼튼하게 잘 만들려면 기초공사인 터파기도 중요합니다. 터를 깊이 파고 철근 콘크리트를 타설하여 기반을 단단하게 다져야 흔들림 없는 뼈대를 세울 수 있습니다.

건설 이야기를 장황하게 꺼내는 이유는, 회계와 재무제표 공부도 다르지 않기 때문입니다. 재무제표의 독해 능력을 키우려면 회계에 대한 기초를 익히고 뼈대를 세우는 과정이 반드시 필요합니다. 누군가는 말합니다. 재무제표를 구성하는 항목들의 의미만 이해하면 회계 지식이 없어도 재무제표를 잘 읽을 수 있다고요.

하지만 이러한 자세는 '사상누각(沙上樓閣)'이자 '모래성'을 쌓는 일입니다. 겉으로는 멀쩡해 보이지만 뼈대나 기초가 부실한 것을 두고 모래 위에 지은 누각이라고 합니다. 사상누각은 오래 견디지 못합니다. 한여름 해변에 가보면 누가 만들어 놓았는지 감탄을 자아내는 모래성들이 있습니다. 그러나 파도가 한번 철썩 들이치면 모래성은 허무하게 부서지고 맙니다. 모래성을 위협하는 게 어디 파도뿐일까요. 바람만 세차게 불어도 모래성은 붕괴됩니다.

재무제표 구성 항목들의 의미만 이해해도 재무제표를 잘 읽을 수 있다고 말하는 것은, 겉으로는 번드레하지만 언제 무너져도 이상하지 않을 모래성을 쌓으라고 하는 것과 똑같습니다.

가령 이커머스 플랫폼의 매출액 증가가 상품이 많이 팔렸기 때문이라고 단정할 수 있을까요? 매출 구조의 단순 변화에서 비롯된 것은 아닐까요? 이를 정확하게 파악하려면 총매출과 순매출의 회계 처리 구조를 잘 알고 있어야 합니다. 어떤 회사의 매출액 대비 제품 매출원가율이 급증하였다고 해 보겠습니다. 많은 사람이 제조원가 상승 탓이라고 생각할 때, 그 원인이 재고자산에 있지 않은지 분석하려면 재고자산 평가손실에 대한 회계 처리를 잘 이해하고 있어야 합니다. 최근 한 스타트업은 1년 사이 결손금이 10배가량 증가하며 완전자본잠식 상태에 빠졌습니다. 이에 많은 투자자가 곧 망할 기업이라고 인식했지요. 그런데 재무제표를 좀 더 파고들어 이 회사를 완전자본잠식으로 몰아넣은 대규모 부채가 상환전환우선주(RCPS)에서 비롯했음을 알게 된다면,

재무구조에 대한 평가가 180도 달라집니다.

완성된 요리를 맛보고서 "맛있다" 또는 "맛없다"고 말하는 것은 쉽습니다. 그런데 왜 맛이 있는지, 왜 맛이 없는지를 분석하려면 어떤 재료를 사용해 어떤 방법으로 조리했는지 알아야 합니다. 얼마 전 방영된 〈흑백요리사〉라는 프로그램에서 경연을 벌였던 요리사들만큼이나 심사위원들이 인기를 끌었지요. 시청자들이 플레이어보다 심판에게 열광한 이유는, 그들이 해박한 지식과 경험을 바탕으로 "채소의 익힘 정도가 적당했다" "고기가 이븐(even : 고르게)하게 익지 않았다"처럼 맛의 근거를 정확히 전달했기 때문입니다.

회계도 다르지 않습니다. 어떤 기업의 손익이나 재무구조가 "튼튼하다" 또는 "부실하다"라고 이야기하는 것은 쉽습니다. 하지만 왜 튼튼하고 부실한지를 설명하려면 회계에 대한 기초 지식, 즉 뼈대 지식이 충분해야 합니다.

이 책의 저자들은 오랫동안 언론에서 기업 분석을 담당해 왔고, 일선 현장에서 수많은 기업의 재무제표를 감사했으며, 기업의 재무팀을 이끌고 실무를 해 온 회계 전문가들입니다. 저희는 맨땅에다 벽돌을 쌓는 식으로 건물을 지으면 2층, 3층도 올리지 못하고 무너진다는 것을 잘 알고 있습니다. 저희가 바라는 것은 독자들이 50층, 100층짜리 고층빌딩을 건설하듯 탄탄하게 재무제표 독해 능력을 쌓아가는 것입니다.

이 책으로 그 길을 열고자 합니다. 늘 그랬듯 실제 사례를 중심으로 재무제표를 설명합니다. 무엇보다 언론의 기업 관련 기사나 증권사의 기업 분석 리포트, 기업의 투자자설명회(IR) 등에서 흔히 접할 수 있는 내용을 비중 있게 다뤘습니다. 또한 업계에서 이슈가 되었던 사건을 회계적 관점에서 풀어내 학습에 대한 흥미를 배가시키고자 했습니다.

회계가 뭘까요? 회계는 '돈의 언어'입니다. 돈이 오가고 쌓이고 움직이는 곳에는 반드시 회계가 있습니다. 회계는 보이지 않는 돈의 흐름을 숫자로 드러내고, 흩어진 거래의 조각들을 하나의 이야기로 엮어냅니다. 기업이 어떤 전략을 쓰고 있는지, 투자할 만한 가치가 있는지, 위기인지 기회인지가 회계를 통해 숫자로 드러납니다. 회계를 이해하는 순간 재무제표 숫자들이 보내는 신호가 감지되지요. "이 기업 지금 위험해." "이 비즈니스 오래 못 가." "이 기업에 투자할 기회야."

돈을 벌고, 돈을 지키고, 돈을 움직이는 사람이라면 돈의 언어를 알아야만 합니다. 아무쪼록 이 책이 독자 여러분들이 돈의 언어를 해석하고 활용할 수 있는 능력을 확실하게 향상시켜 줄 핵심 뼈대가 되기를 희망합니다.

공동 저자 김수헌·이재홍·박정서

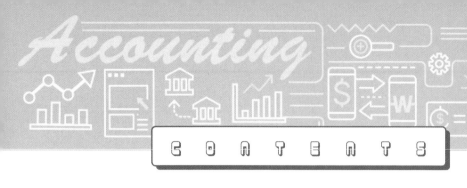

CONTENTS

다가오는 K-IFRS 18,
손익계산서 영업손익이 확 바뀐다

카카오는 2023년 연결손익계산서 기준으로 4608억 원의 영업이익을 냈다. 그러나 오는 2027년부터 시행되는 K-IFRS(한국채택국제회계기준) 제1118호(이하 K-IFRS 18)에 따라 결산했다면, 카카오의 영업손익은 1조 4214억 원 적자로 바뀌었을 것이다. 이처럼 2025년 상반기에 확정안이 공표될 예정인 K-IFRS 18을 따르면 상장기업의 손익계산서에 큰 변화가 일어난다. K-IFRS 18에서는 손익 항목이 어떻게 조정되길래 4608억 원의 영업이익을 낸 회사가 1조 4214억 원 영업적자로 전환될 수 있는 것일까?

K-IFRS 18은 '재무제표 표시와 공시'에 대한 규정이다. 2024년 11월에 공개 초안이 발표되었고 2025년 3월 각계 이해관계자의 의견 수렴을 거쳐 확정안이 상반기에 공표된다. 상장기업은 확정안이 발표되면 준비 작업에 들어가 2027년 1분기 재무제표부터 K-IFRS 18에 맞춰 결산해야 한다. 만약 조기 도입이 허용되면 2027년 이전에 새 손익계산서로 재무제표를 공시하는 기업이 나타날 것이다.

우리 2027년에 만나요.

K-IFRS
제1118호

K-IFRS 18을 적용하면 어떤 변화가 생길까?

아래는 현행 기준 손익계산서와 K-IFRS 18 기준을 비교한 예시다. K-IFRS 18은 손익 항목을 영업 범주, 투자 범주, 재무 범주로 구별한다. 투자 및 재무 범주 이외의 항목은 모두 영업 범주에 집어넣어 영업이익을 산출한다. 그러다 보니 현행 기준에서는 '영업 외' 항목으로 분류되는 유무형자산 손상비용이나 유무형자산 처분손익이 영업이익 산출 항목으로 분류된다.

현행 기준과 K-IFRS 18 기준 손익계산서 비교

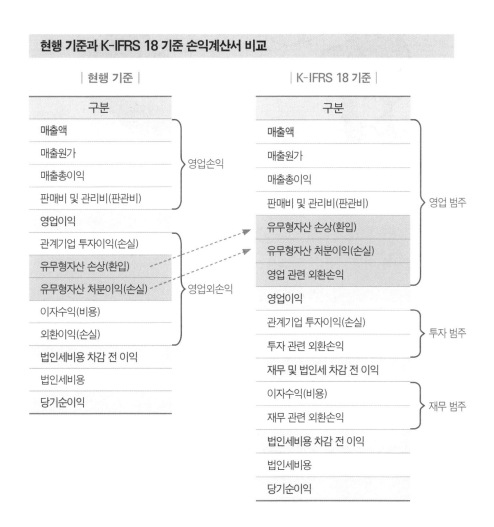

카카오는 2023년 연결손익계산서 기준으로 4608억 원의 영업이익을 냈다. 그러나 오는 2027년부터 시행되는 K-IFRS(한국채택국제회계기준) 제1118호에 따라 결산했다면, 카카오의 영업손익은 1조 4214억 원 적자로 바뀌었을 것이다.

    유무형자산 관련 손익은 일회성 성격이 있어 경상손익으로 보기 어렵다는 지적에도 불구하고, 국제회계기준위원회는 유무형자산 관련 손익을 영업 범주로 분류하도록 했다. 투자나 재무 범주로 보기 어려운 것은 모두 영업 범주로 간주하도록 했기 때문이다.

    영업이익에서 투자 범주 손익을 반영하여 재무 및 법인세비용 차감 전 이익을 구한다. 여기서 재무 범주 손익을 반영하면 법인세비용 차감 전 이익이 계산되고 법인세비용을 빼면 당기순이익이 산출된다.

K-IFRS 18 적용만으로
영업이익이 4608억 원에서 -1조 4214억 원으로 전환

다음은 2023년 카카오의 연결손익계산서다. 영업이익은 4608억 원인데 당기순이익은 1조 8166억 원 적자다. 왜 그럴까?

카카오 2023년 연결손익계산서

구분	금액
영업수익(매출액)	7조 5570억 원
영업비용	7조 961억 원
영업이익	4608억 원
기타 이익	1923억 원
기타 비용	2조 3144억 원
금융수익	3174억 원
금융비용	3083억 원
지분법이익	1221억 원
지분법손실	1182억 원
법인세비용 차감 전 순이익(손실)	(1조 6482억 원)
법인세비용	1684억 원
당기순이익(손실)	(1조 8166억 원)

기타 비용 중
무형자산 손상차손
1조 8822억 원

	영업권
기초	4조 4472억 원
취득	1조 580억 원
손상	1조 4833억 원
기말	4조 656억 원

영업이익 아랫단에 보면 기타 비용으로 무려 2조 3144억 원이 반영되어 있다. 이 기타 비용의 약 80%에 해당하는 1조 8822억 원이 무형자산 손상차손이다. 그리고 무형자산 손상을 다시 분석해 보면 영업권 손상 비중이 약 80%(1조 4833억 원)를 차지한다.

무형자산의 손상에 대해서는 155쪽에서 살펴보고, 여기서는 가상의 사례로 간단하게 알아보자. ㈜서울이 ㈜남산의 지분을 100% 인수한다. ㈜남산이 가진 자산과 부채를 공정가치로 평가하였더니 다음 표와 같다. '고객네트워크(고객 가치)'나 '브랜드 가치'는 원래 ㈜남산 재무제표에 잡혀 있는 것은 아니다. 하지만 인수·합병(M&A) 과정에서 그 가치를 인정하고 평가하여 새로 인식하게 된 무형자산 항목이다.

(주)남산의 공정가치 평가

구분	금액
자산총계	180억 원
기계장치	50억 원
매출채권	30억 원
부동산	30억 원
고객네트워크	50억 원
브랜드 가치	20억 원
부채총계	80억 원
매입채무	50억 원
차입금	30억 원
순자산(공정가치)	100억 원

㈜남산의 공정가치를 평가하였더니 자산은 총 180억 원, 부채는 총 80억 원, 순자산(자산 - 부채)은 100억 원으로 계산되었다. 그럼 딱 이 순자산 공정가치액에 맞춰 거래를 할까? 일반적으로는 그렇지 않다. ㈜남산의 미래 수익까지 고려하여 150억 원 정도에 거래하였다고 해보자.

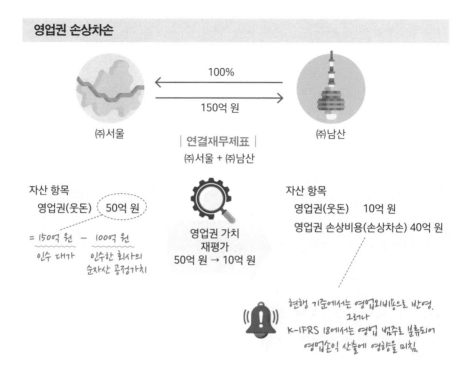

영업권 손상차손

100%

150억 원

㈜서울 ← → ㈜남산

| 연결재무제표 |
㈜서울 + ㈜남산

자산 항목
영업권(웃돈) 50억 원

= 150억 원 - 100억 원
  인수 대가   인수한 회사의
            순자산 공정가치

영업권 가치
재평가
50억 원 → 10억 원

자산 항목
영업권(웃돈)   10억 원
영업권 손상비용(손상차손) 40억 원

현행 기준에서는 영업외비용으로 반영.
그러나
K-IFRS 18에서는 영업 범주로 분류되어
영업손익 산출에 영향을 미침

㈜서울은 순자산 공정가치가 100억 원인 ㈜남산을 150억 원을 주고 인수한 셈이다. 회계에서는 이런 식으로 기업 인수나 합병 과정에서 지급한 웃돈을 '영업권'이라는 무형자산으로 처리한다. ㈜서울이 작성한 연결재무제표에 영업권으로 50억 원이 잡혀 있다(영업권에 대해서는 136쪽에서 자세히 설명).

이렇게 ㈜서울이 ㈜남산을 인수하였는데 이후 ㈜남산 실적이 처음 기대와는 달리 아주 부진하다고 해보자. 미래에 돈을 잘 벌 것으로 기대하고 영업권을 자산으로 잡은 것인데, 실제로는 그렇지 못하다면 영업권 가치를 재평가해야 한다. 평가 결과 영업권 가치가 장부가액 50억 원에 못 미치는 10억 원으로 산출되었다면 40억 원의 영업권 손상이 발생한 것이다.

현행 기준으로 영업권 손상은 영업외비용이지만, K-IFRS 18은 이를 영업 범주의 비용으로 간주한다. 즉 K-IFRS 18을 적용하면 영업권 손상이 영업이익 산출에 영향을 주게 된다.

카카오는 그동안 여러 차례 M&A 과정에서 발생한 영업권을 연결재무제표에 자산으로 반영하였다. 이후 영업권(무형자산)의 가치가 손상된 것으로 나타나면서 비용 처리하였다. 현행 기준으로 무형자산 손상차손은 영업외비용 항목으로 분류되기 때문에 카카오가 영업권 손상을 반영하더라도 영업이익에는 영향이 없었다. 그러나 영업권 손상을 비롯한 전체 무형자산 손상을 K-IFRS 18에 따라 모두 영업비용으로 처리하면 카카오의 2023년 영업이익은 4608억 원에서 마이너스 1조 4214억 원으로 돌아서는 것이다.

한화솔루션의 2023년 연결손익계산서상 영업이익은 6045억 원이다. 그런데 당기순이익은 마이너스 1552억 원이다. 영업이익 아랫단에서 '기타 비용'으로 1조 70억 원을 반영한 영향이 컸다. 기타 비용의 내역을 보면 유형자산 손상차손이 3358억 원이나 된다(유형자산 손상차손에 대해서는 126쪽에서 자세히 설명한다).

한화솔루션 2023년 연결재무제표 손익계산서

구분	금액
영업수익(매출액)	13조 2887억 원
영업이익	6045억 원
기타 수익	6072억 원
기타 비용	1조 70억 원
금융수익	952억 원
금융비용	4161억 원
지분법손익	141억 원
당기순이익(손실)	(1552억 원)

기타 비용 합계		1조 70억 원
내역	외환차손	2505억 원
	외화환산손실	1358억 원
	유형자산 손상차손	3358억 원
	기타	828억 원

유형자산 손상차손을 영업 범주로 반영 시
영업이익이
6045억 원 ➔ 2687억 원

기계장치 같은 유형자산에 대해서는 장부가액만큼 미래 현금흐름을 창출할 수 있는지 평가해야 할 때가 있다. 업황이 나빠져 실적이 악화한 경우 등이다. 예를 들어 기계장치 장부가액은 100억 원인데 이 기계를 가동(사용)하여 창출할 수 있는 미래 현금흐름 추정가치가 60억 원밖에 되지 않는다고 해보자. 그렇다면 기계장치

탕후루를 찾는 손님이 확 줄었네. 시럽 코팅 냄비의 장부가액을 조정해야겠어.

현행 기준		K-IFRS 18 기준
영업외비용 ----	유형자산 손상	---- 영업비용

K-IFRS 18에서는 유형자산 손상차손을 영업비용으로 처리해야 한다.

에서 40억 원의 가치 손상이 발생한 것이다. 기계장치 장부가액을 60억 원으로 하향 조정해야 하고, 손익계산서에는 유형자산 손상차손으로 40억 원을 반영한다. 현행 기준에서 유형자산 손상은 영업외비용 항목이지만, K-IFRS 18이 시행되면 영업비용으로 처리해야 한다.

지금은 환율 변동에 따른 외환손익을 모두 영업 외로 분류한다. 그러나 K-IFRS 18에서는 그 성격에 따라 분류가 달라진다. 예를 들어 수출하면서 생긴 외화매출채권에서 발생한 외환손익은 영업 범주에 속한다. 외화투자금 예를 들어 외화예금에서 발생한 외환손익은 투자 범주가 될 것이다. 외화차입금에서 외환손익이 발생하였다면 이는 재무 범주로 갈 것이다.

K-IFRS 18에서 환율 변동에 따른 외환손익 분류

외환손익			
	매출채권에서 발생	→	영업 범주
	외화투자금(예. 외화예금)에서 발생	→	투자 범주
	외화차입금에서 발생	→	재무 범주

K-IFRS 18이 시행되면 영업손익의 변동성 증가로 혼란 예상

이렇듯 K-IFRS 18은 현행 기준에서는 일회성 손익, 비경상적 손익으로 분류하는 항목 중 상당수를 영업 범주로 본다. 그만큼 영업손익의 변동성이 증가할 수밖에 없다. 과거 재무제표와 비교 가능성이 떨어지고 손익 예측 가능성이 악화하는 부작용도 예상된다. 재무제표 이용자들의 혼란도 예상할 수 있다.

그래서 한국회계기준원과 금융당국은 부작용을 최소화할 몇 가지 보완 방안을 놓고 2025년 4월 현재 각계의 의견을 수렴하고 있다. 첫 번째 대안은 현재의 영업손익과 유사한 '경상 영업손익'을 K-IFRS 18에서 따로 정의하고, 이를 산출하는 방법이다. 손익계산서 본문 중간에 이를 중간 합계액으로 보여주자는 것이다.

두 번째 대안은 '경상 영업손익'을 따로 정의하되 손익계산서 본문이 아닌 재무제표 주석에서 보여주자는 것이다. 세 번째 대안은 '경상 영업손익'을 따로 정의하고 산출하지는 말자는 것이다. 즉 K-IFRS 18로 손익계산서를 작성하여 본문에서 보여주고, 현행 기준에 따른 영업손익을 주석에다 담자는 것이다.

마지막 대안은, K-IFRS 18에 따른 영업손익만 표시하자는 것이다. 현행 기준에 따른 영업손익을 주석에 따로 담자거나 K-IFRS 18에서 따로 '경상 영업손익'을 정의하여 본문이나 주석에 표시하자는 안들을 모두 배제하는 것이다.

공개 초안에 대한 의견 수렴 과정에서 대안도 가닥을 잡을 것이다. 조기 도입 허용 여부도 현재 검토 중이다. 2025년 상반기에 모든 내용이 확정·공표되면 재무제표 작성자와 이용자 모두 K-IFRS 18 손익계산에 빨리 적응해야 할 것이다.

ACCOUNTING & MONEY

LESSON
01

이마트와 G마켓의 매출액 계산은 어떻게 다른가?

: 총액매출, 순액매출

삼성전자가 스마트폰 10대를 200만 원의 제조원가를 들여 만들었고, 10대 모두 300만 원에 판매했다고 해보자. 이 거래만을 놓고 손익을 계산하라고 하면 '매출액 300만 원 − 매출원가 200만 원 = 매출총이익 100만 원'으로 계산하면 될 것이다. 삼성전자는 판매금액 전액을 매출액으로 인식할 것이다.

이마트가 농가에서 수박 10통을 10만 원에 사 와서 15만 원에 판매했다고 해보자. 이 거래만 놓고 계산한다면 매출액은 15만 원, 매출원가는 10만 원이므로 매출총이익은 5만 원이 될 것이다. 이 경우에도 이마트는 판매금액 전액을 매출액으로 인식하였다.

그럼 이번에는 G마켓에서 압력밥솥 10대가 100만 원에 판매되었다고 해보자. G마켓에서 발생하는 거래는 대부분 입점 업체가 소비자에게 판매한 것이다. 이 압력밥솥도 유통업체가 G마켓 플랫폼에 입점하여 판매한 것이라면 G마켓

입점 업체 ← 90만 원 ← G G마켓 ← 100만 원 ← 소비자
판매수수료 10% 차감

압력밥솥 × 10대

의 매출액은 얼마가 될까? 압력밥솥 판매금액 전액(100만 원)이 아니라 입점 업체로부터 받을 판매수수료(판매액의 10%로 가정)인 10만 원만 G마켓의 매출액이 되어야 한다.

총액법과 순액법 중 어떤 것을 적용할 것이냐

앞에서 예로 든 삼성전자나 이마트처럼 판매금액 전체를 매출액으로 인식하는 경우를 흔히 '총액법'이라고 한다. G마켓처럼 판매수수료만 매출액으로 인식하는 경우를 '순액법'이라고 한다.

소비자가 G마켓 플랫폼에서 압력밥솥을 구매하고 결제한 대금이 일단 G마켓으로 들어오는 것은 맞다. G마켓은 이 가운데 판매수수료를 떼고 입점 업체에 대금을 정산해 준다. G마켓이 한 역할은 입점 업체가 판매를 할 수 있는 플랫폼을 깔아놓은 것이다. 따라서 판매 거래의 당사자(본인)가 아닌 일종의 대리인 역할을 한 셈이다.

앞의 압력밥솥 거래의 경우 매출액은 10만 원이고, G마켓이 직접 매입한 상품을 판매한 것이 아니므로 매출원가를 0으로 본다면 매출총이익은 10만 원이 된다.

총액법을 적용하는 본인 거래냐, 순액법을 적용하는 대리인 거래냐를 구분하는 조건 몇 가지만 살펴보자. 우선 재고자산에 대한 위험 부담을 들 수 있다. 예를 들어 삼성전자나 이마트는 스마트폰과 수박을 재무제표에 재고자산으로 기록해 놓고, 오랫동안 팔리지 않아 가치가 하락하거나 파손 등이 생길 경우 발생하는 손실을 고스란히 떠안아야 한다. 그러나 G마켓은 압력밥솥이라

G마켓이 대리인 거래일 때와 본인 거래일 때 매출 인식 비교

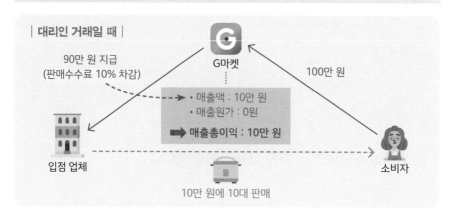

| 대리인 거래일 때 |

G마켓

90만 원 지급
(판매수수료 10% 차감)

100만 원

- 매출액 : 10만 원
- 매출원가 : 0원
➡ **매출총이익 : 10만 원**

입점 업체

소비자

10만 원에 10대 판매

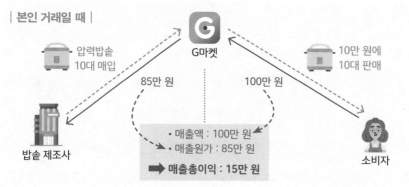

| 본인 거래일 때 |

G마켓

압력밥솥
10대 매입

10만 원에
10대 판매

85만 원

100만 원

- 매출액 : 100만 원
- 매출원가 : 85만 원
➡ **매출총이익 : 15만 원**

밥솥 제조사

소비자

는 재고자산을 장부상으로 보유하고 있지 않고, 따라서 압력밥솥의 가치 하락이나 파손 등을 회계상으로 반영할 이유도 없다.

다음으로 가격 결정권을 보자. 스마트폰이나 수박은 삼성전자와 이마트가 제조원가나 매입가격을 따져 판매가격을 스스로 결정할 것이다. 압력밥솥의 경우 판매가격에 대한 결정권을 G마켓이 갖고 있다고 보기 어렵다. 재고 위험을 떠안으면서 가격 결정권을 갖고 있다면 본인 거래에 해당하여 총액매출 방식을, 그게 아니면 대리인 거래에 해당하여 순액매출 방식을 사용해야 한다.

한편, G마켓 플랫폼에서 발생하는 모든 거래가 다 입점 업체가 판매하는 것은 아니다. G마켓이 직접 구매하여 재고자산으로 장부에 잡아놓고 소비자에게 판매하는 상품도 일부 있다. 만약 앞의 사례에서 압력밥솥 10대를 G마켓이 제조업체로부터 직매입하여 판매하였다고 해보자. 이 경우 손익계산은 매출액 100만 원, 매출원가 85만 원(밥솥을 이 가격에 매입했다고 가정), 매출총이익은 15만 원이 될 것이다.

인터넷서점이 출판사로부터 책을 공급받아 소비자에게 판매하고 판매가격의 5%를 수수료로 받기로 하였다고 해보자. 인터넷서점은 재고에 대한 책임을 지지 않는다. 팔리지 않는 책은 언제든 출판사에 반품할 수 있다. 책 판매가격도 출판사가 결정하므로 인터넷서점은 본인이 아닌 대리인 역할을 한 게 된다. 인터넷서점은 판매수수료를 매출로 인식한다.

여행사가 항공사로부터 항공권을 구매하여 인터넷으로 소비자에게 판매한다고 해보자. 구매한 항공권이 소비자에게 팔리든 팔리지 않든 항공권대금을 항공사에 지불해야 하고, 항공권 판매가격을 여행사가 결정할 수 있다면 여행사는 본인 거래를 한 것이므로 판매액을 전액 매출로 인식할 수 있다.

이커머스 플랫폼 실적에 나타나는 직매입 착시

대형 이커머스 플랫폼을 놓고 보면 쿠팡이나 컬리(브랜드명 마켓컬리, 뷰티컬리)는 직매입(총액법) 비중이 매우 높다. 반면 G마켓, 11번가 등은 직매입보다는 단순판매중개(순액법) 비중이 훨씬 높다.

쿠팡과 컬리의 2023년 별도재무제표 주석을 보면 매출액(고객과의 계약에서 생기는 수익)과 관련한 다음 표를 찾을 수 있다.

쿠팡 2023년 별도재무제표 주석 중 (단위 : 백만 원)

구분	금액	
고객과의 계약에서 생기는 수익	30,664,003	①
상품매출액	27,197,130	②
수수료매출액	2,327,579	③
기타매출액	1,139,294	

컬리 2023년 별도재무제표 주석 중 (단위 : 백만 원)

구분	금액	
고객과의 계약에서 생기는 수익	2,072,265	④
상품매출	2,058,955	⑤
제품매출	78	
용역수입	7,192	
기타매출	6,039	

쿠팡을 보면 2023년 전체 매출액이 30조 6640억 원(①)에 이른다. 이 가운데 상품매출액이 27조 1971억 원(②)으로 89%를 차지한다. 상품매출액은 쿠팡이 외부에서 직매입하여 재고자산으로 장부에 올려놓았다가 판매한 매출을 말한다. 직매입상품은 판매금액이 모두 매출액이 된다. 수수료매출액(2조 3275억 원, ③)은 말 그대로 입점 업체로부터 받은 판매수수료를 매출액으로 인식한 금액이다. 평균 판매수수료율을 10%로 가정한다면 입점 업체들이 쿠팡 플랫폼에서 거래한 금액(소비자에게 판매한 상품금액)도 23조 2750억 원에 이른다는 이야기다. 이러한 판매방식은 총액법으로 인식할 수 없기 때문에 10% 수수료만 인식하는 순액법을 적용한다.

컬리의 경우 직매입 비중이 쿠팡보다 더 높다. 2023년 전체 매출액 2조 722억 원(④)의 99.4%에 이르는 2조 589억 원(⑤)이 직매입 상품을 판매하여 달성한 매출액이다.

G마켓이나 11번가 같은 이커머스 플랫폼은 입점 업체 판매 위주로 운영된다. 11번가는 2021년까지만 해도 직매입을 거의 하지 않았다. 전사 매출액에서 직매입 상품매출이 차지하는 비중은 한 자릿수에 머물 정도로 극히 낮았으나, 2022년부터 전략적으로 직매입 거래를 확대하면서 비중이 커지고 있다. 다음은 11번가 감사보고서 재무제표에 나타난 매출액 내역을 편집한 것이다.

11번가 감사보고서 재무제표   (단위 : 억 원)

구분	2020년	2021년	2022년	2023년
전체매출	5455	5614	7890	8654
상품매출	215	261	3044	4357
플랫폼제공수수료	5240	5353	4846	4297

11번가의 전체 매출액이 5000억 원대에 머물던 2020년과 2021년에는 직매입 상품매출액이 300억 원도 되지 않았다. 그 비중은 각각 3.9%와 4.6%에 불과했다.

2022년에 전체 매출액이 7890억 원으로 확 증가했다. 내용을 보면 플랫폼 제공수수료 즉 판매수수료 매출액은 감소하였는데 상품매출액은 전년 대비 12배 가까이 증가하였다. 11번가에서 전략적으로 직매입 거래 확대에 집중했기 때문으로 보인다. 상품매출은 판매금액 전체가 매출액으로 반영된다. 따라서 직매입 비중을 늘리면 착시가 발생할 수 있다.

예를 들어보자. 11번가에서 2021년에 라면이 총 1500개 팔렸다(1개당 판매금액 1000원). 입점 업체가 1200개를 120만 원에 팔았고, 직매입으로 300개가 30만 원에 팔렸다. 그러나 2022년에는 라면 판매가 대폭 감소해 1000개밖에 못 팔았다. 입점 업체가 500개를 50만 원에 팔았고, 직매입으로 500개를 50만 원에 팔았다. 2022년 11번가 플랫폼의 라면 판매개수는 분명 감소하였는데, 어찌 된 영문인지 회계상 매출액은 증가하였다. 다음 표를 보자.

11번가 매출액 변화 예

* 입점 업체 판매수수료는 10%로 가정

구분	2021년	2022년
입점 업체 판매액 ①	120만 원	50만 원
11번가 매출 반영 ②	12만 원	5만 원
직매입 판매액 ③	30만 원	50만 원
11번가 매출 반영 ④	30만 원	50만 원
전체 판매액(입점 업체 + 직매입) (① + ③)	150만 원	100만 원
11번가 전체 라면 매출액 (② + ④)	42만 원	55만 원

11번가 플랫폼의 라면 판매액은 2021년 150만 원 대비 2022년 100만 원으로, 33%나 감소하였다. 그러나 손익계산서상의 라면 매출액은 42만 원에서 55만 원으로 31% 증가하였다. 그 이유는 2022년에 판매금액 전체를 매출액으로 인식하는 직매입 비중이 높아졌기 때문이다. 2022년에 11번가에서 라면이 덜 팔렸지만 매출액이 증가하였기 때문에 마치 라면이 더 많이 팔린 듯한 착시가 나타날 수 있다.

매출총이익을 한번 따져보자. 라면 매출원가율이 80%라고 가정해 보자.

2021년에 라면 거래에서 발생한 매출원가는 직매입 판매분 300개에 대한 24만 원밖에 없다. 따라서 '라면 매출액 42만 원 – 매출원가 24만 원 = 매출총이익 18만 원'이 된다. 이런 식으로 하면 2022년에는 '라면 매출액 55만 원 – 매출원가 40만 원(직매입 판매액 50만 원 × 80%) = 매출총이익 15만 원'이 된다. 2021년보다 2022년에 회계상 매출액은 더 높았지만, 매출총이익은 낮게 나타났다.

11번가 매출총이익 변화 예

* 입점 업체 판매수수료 10% 가정

구분	2021년	2022년
11번가 전체 라면 매출액	42만 원	55만 원
11번가 매출원가(입점 업체 + 직매입)	24만 원	40만 원
11번가 매출총이익	18만 원	15만 원

다음 표를 보자. 실제로 11번가는 직매입을 대폭 확대한 2022년에 매출액이 이전보다 큰 폭으로 증가한 것으로 나타났다. 하지만 이는 직매입 비중 증가 효과에 따른 것이지 플랫폼에서 상품 거래가 그만큼 증가했다는 뜻은 아니다. 오히려 직매입 증가에 따른 비용 부담으로 2022년에 영업손실이 큰 폭으로 확대되었다.

11번가 2020~2023년 손익계산서

(단위 : 억 원)

구분	2020년	2021년	2022년	2023년
매출액	5455	5614	7890	8654
영업이익(손실)	(97)	(693)	(1514)	(1258)
영업손실률	1.8%	12.3%	19.2%	14.5%

명품 플랫폼 3사는 정말
후발주자에 밀렸나?

: 매출액 비교에는 착시가 있다

명품 판매 플랫폼에 대한 다음 기사를 보자.

한국경제신문 / 2024년 4월 15일

'나홀로 성장' 젠테, 명품 플랫폼 매출 1위 차지

명품 플랫폼 후발업체인 젠테가 3강으로 꼽히는 '머·트·발'(머스트잇·트렌비·발란)

을 제치고 2023년 업계 1위에 오른 것으로 나타났다. 불황으로 대부분 업체의 매

출이 대폭 줄어든 가운데 나홀로 성장했다.

15일 젠테에 따르면 2023년 매출은 488억 원으로 전년(309억 원) 대비 57.9% 급

증했다. 다만 외형 성장에 따른 재고, 물류, 인건비 투자 등이 늘어 영업손실은 14억

원에서 54억 원으로 늘었다.

2020년 설립된 후발주자 젠테는 최근 명품족 사이에서 입소문을 타 매출이 늘었

다. 젠테의 성장은 다른 업체들의 부진한 실적과 대조된다. 금융감독원 전자공시

에 따르면 트렌비와 발란의 2023년 매출은 전년 대비 50% 이상 줄었다. 트렌비

매출은 402억 원으로 54.4%, 발란은 392억 원으로 56% 감소했다. 머스트잇은 2023년 매출이 250억 원으로 24.2% 줄었다. 트렌비, 발란, 머스트잇은 각각 32억 원, 99억 원, 78억 원의 영업손실을 냈다.

김혜수와 김희애 앞세워 광고비를 쏟아붓더니 후발주자에 밀렸다?

이 기사를 읽은 사람들은 '젠테'라는 플랫폼에서 명품 소비자들이 가장 많은 구매를 하고 있다고 생각할 것이다. 젠테가 이른바 3강업체로 불리던 머스트잇, 트렌비, 발란을 제치고 2023년 업계 매출액 1위에 올랐다니 말이다. 그런데 단순히 재무제표 손익계산서상의 매출액 즉 회계상의 매출액만으로 업체들을 비교하면 오해를 불러일으킬 수 있다.

예를 들어보자. A플랫폼에서 300만 원짜리 샤넬 가방 10개가 판매되었다. B플랫폼에서는 같은 가방이 30개 판매되었다. 사람들이 많이 찾는 플랫폼은 A가 아닌 B다. 그러나 매출액은 A가 더 많을 수 있다. 어떻게 이런 결과가 가능할까?

A는 직매입거래업체다. A사는 직접 해외유통업체 이른바 부티크로부터 샤넬 가

명품 플랫폼계 후발주자 젠테가 머스트잇, 트렌비, 발란을 제치고 2023년 업계 매출 1위에 올랐다.

방을 구매하여 소비자에게 판매한다. 따라서 판매금액 3000만 원이 바로 매출액에 반영된다.

B는 거래중개 위주의 사업 구조를 가지고 있다. 입점 업체들이 샤넬 가방을 판매하고, 판매금액에 대해 20%의 수수료를 받는 식이다. 그렇다면 B의 매출액은 1800만 원이 된다(300만 원 × 30개 × 20%).

단순히 매출액 1위라고 하여 사람들이 가장 많이 찾는 플랫폼은 아닐 수 있다는 이야기다. 이렇게 사업 구조가 직매입 중심, 거래중개 중심으로 차이가 나는 업체를 비교할 때 가장 많이 쓰이는 지표로 GMV(Gross Merchandise Volume, 거래액)라는 것이 있다. 예를 들어 A플랫폼에서는 300만 원짜리 가방 10개가 거래되었기 때문에 GMV 즉 거래액은 3000만 원이다. B플랫폼에서는 30개가 거래되었기 때문에 GMV는 9000만 원이다. GMV는 B플랫폼이 압도적으로 높다. 따라서 사람들이 많이 찾는 플랫폼은 B라고 추정할 수 있다.

명품 플랫폼 A와 B사의 GMV와 회계상 매출액   * 판매수수료는 20%로 가정

구분	A플랫폼(직매입)	B플랫폼(거래중개)
거래	샤넬 가방 300만 원 × 10개	샤넬 가방 300만 원 × 30개
GMV(거래액)	3000만 원	9000만 원 (WIN)
회계상 매출액	3000만 원 (WIN)	1800만 원

💰 매출액 구성을 따져보니 뒤바뀐 순위

다음은 명품 플랫폼 젠테의 2023년 감사보고서에 실린 손익계산서 일부다.

젠테 2023년 감사보고서 중 손익계산서	(단위 : 원)
구분	금액
매출액	48,774,085,261
상품매출	48,754,801,219
기타매출	19,284,042
매출원가	45,731,878,079
상품매출원가	45,731,878,079
매출총이익	3,042,207,182
판매비와 관리비	8,430,964,683
영업이익(손실)	(5,388,757,501)

젠테 매출액(487억 7000만 원) 가운데 상품매출액이 487억 5000만 원으로, 99.9%를 차지한다. 다시 말해 젠테는 직접 명품(상품)을 구매하여 소비자에게 판매하는 플랫폼이라는 이야기다. 입점 업체와 고객 간 판매를 중개하는 건 없다고 봐도 된다. 이 회사는 판매액 전액을 매출액으로 인식한다.

매출원가는 457억 3180만 원으로, 매출액에 대한 원가율이 93.8%에 이른다. 매우 높은 편이다. 따라서 매출총이익률이 6.2%밖에 안 된다. 그런데 판매비와 관리비(판관비) 비율이 17.3%로, 매출총이익률을 크게 웃돌다 보니 영업손실이 났다.

다음 표는 명품 플랫폼 발란의 2023년 감사보고서에 게재된 손익계산서 일

발란 2023년 감사보고서 중 손익계산서	(단위 : 원)
구분	금액
매출액	39,245,152,985
상품매출	17,962,912,470
수수료매출	19,721,627,301
광고매출	1,560,613,214
매출원가	19,380,959,355
상품매출원가	19,380,959,355
매출총이익	19,864,193,630
판매비와 관리비	29,844,326,796
영업손실	9,980,133,166

부다. 매출액 구성이 젠테와는 많이 다르다는 사실을 알 수 있다. 상품매출액 (179억 6000만 원) 비중이 전체 매출액(392억 4500만 원)의 45.8%로, 절반에 못 미친다. 수수료매출 즉 거래중개수수료(판매수수료) 매출액(197억 2000만 원)이 50.3%를 차지한다. 여기에 광고매출액이 일부 있다.

전체 매출액 대비 매출원가율이 49.4%밖에 안 된다. 상품매출액의 경우 구입해 오는 명품가격이 매출원가가 되지만, 수수료매출액이나 광고매출액의 경우 이에 대응하는 매출원가가 없기 때문이다. 매출총이익률이 50.6%로 높은 편이다. 하지만 판관비 비율이 76%(298억 4400만 원/392억 4500만 원)로 아주 높고, 매출총이익률을 크게 웃돌고 있어 발란 역시 영업손실을 내고 있다.

트렌비의 경우를 한번 보자. 오른쪽은 2023년 연결손익계산서 중 일부다. 상품매출액 비중이 70.4%로 높은 편이지만 젠테처럼 직매입 상품거래만 있는 것은 아니다. 수수료매출액 비중도 24.8%에 이른다.

트렌비 2023년 연결손익계산서 (단위 : 원)

구분	금액
매출액	40,176,105,826
상품매출	28,284,511,099
서비스수입	1,571,983,650
기타매출	339,997,497
수수료매출	9,979,613,580
매출원가	22,150,430,016
매출총이익	18,025,675,810
판매비와 관리비	21,250,930,452
영업이익(손실)	(3,225,254,642)

손익계산서 매출액 기준으로 젠테가 발란을 능가했다고 하여 소비자들이 젠테에서 명품을 더 많이 구매한다고 말할 수는 없다. 젠테를 찾는 소비자가 이전보다 많아진 것은 확실해 보이나, 소비가 많이 일어나는 곳은 여전히 발란이다. 거래액(GMV) 기준으로는 발란이 여전히 압도적 우위에 있다고 추정되기 때문이다. 젠테와 트렌비를 비교해도 마찬가지다.

젠테는 매출액 487억 원을 총거래액으로 봐도 될듯하다. 발란은 상품매출액 179억 원은 거래액으로 간주하고, 수수료매출액 197억 원은 거래액으로 환산

매출액은 젠테가 487억 7000만 원(발란 392억 4500만 원)으로 발란을 크게 앞서지만, 총거래액으로 보면 발란이 젠테의 세 배나 된다. 소비자들이 젠테보다는 발란에서 더 많은 명품을 구매하고 있다고 판단하는 게 합리적이다.

해야 한다. 예를 들어 수수료율을 15%로 본다면 거래액 기준으로는 1313억 원(197억 원 ÷ 15%)이 된다. 둘을 합하면 발란 플랫폼에서 거래된 상품 총액 (GMV)은 1492억 원(179억 원 + 1313억 원)이 된다. 총거래액으로 보면 발란이 젠테의 세 배나 된다. 소비자들이 젠테보다는 발란에서 더 많은 명품을 구매하고 있다고 판단하는 게 합리적이다. 젠테와 트렌비의 총거래액을 추정해 봐도 역시 트렌비가 훨씬 높게 산출된다.

그러나 매출액의 변동 추이에 주목할 필요는 있다. 젠테의 2023년 매출액은 전년보다 58%나 증가했다. 반면 발란, 트렌비, 머스트잇의 매출액은 각각 20%대~50%대로 감소하였다. 젠테를 찾는 소비자가 증가한 반면 나머지 3사고객은 감소하였을 것으로 추정된다. 이런 트렌드가 오랫동안 이어진다면 매출액은 물론 거래액에서도 젠테가 나머지 3사를 추월할 수도 있을 것이다.

단순히 재무제표 손익계산서상의 매출액 즉 회계상의 매출액만으로 업체들을 비교하면 오해를 불러일으킬 수 있다.

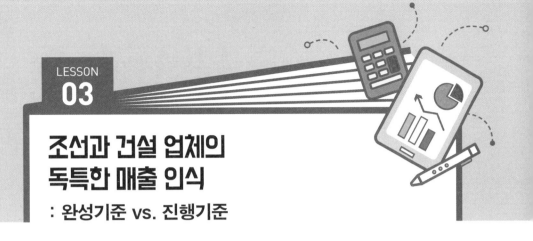

LESSON
03

조선과 건설 업체의
독특한 매출 인식
: 완성기준 vs. 진행기준

우리는 앞에서 매출(영업수익) 인식 방법 가운데 총액과 순액에 관해 공부했다. 이 외 매출 인식과 관련하여 꼭 알아둬야 할 것으로 완성기준과 진행기준을 들 수 있다.

완성기준이란 간단하다. 앞에서 예를 든 것처럼 삼성전자가 스마트폰을 완성하여 소비자에게 판매하면, 판매금액을 매출액으로 인식하는 방식이다.

그럼 진행기준이란 무엇일까? 제품을 만들어 나가면서 중간중간에 진행률을 측정하고, 그 진행률에 맞춰 매출액을 인식하는 방법이다. 조선업체가 선박을 수주한 뒤 오랫동안(적어도 1년 이상) 원가를 투입하여 완성하고, 이 선박을 선주에게 납품하는 경우를 생각해 보자.

완성기준으로 매출을 인식하면 경영 성과가 왜곡되는 수주산업

예를 들어 현대중공업이 LNG선을 1000억 원에 수주하였다고 해보자. 공사 기간은 2023년 초~2024년 말까지 2년이 예상되고, 공사에 투입될 원가(총예정원가)는 800억 원(1년 차 600억 원, 2년 차 200억 원)으로 추정된다. 이를 완성기준으로, 즉 선박을 다 만든 뒤 납품할 때 매출로 인식하는 것으로 처리하면 아래와 같이 될 것이다.

선박 건조 공사 1년 차인 2023년 말 손익결산 시 공사수익(매출액)은 없다. 공사원가(매출원가)도 '0'이다. 원가 600억 원을 투입하여 600억 원짜리 미완성선박 즉 재고자산 상태가 되었기 때문이다. 따라서 공사이익(매출총이익)은 역시 '0'이 될 것이다. 여기에 판관비가 30억 원 발생하였다면 영업이익은 30억 원 적자로 결산해야 할 것이다.

2년 차인 2024년 말 손익결산을 해보자. 이제 완성선박을 선주에게 납품하였으므로 매출액은 1000억 원이 된다. 여기에다 그동안 투입한 원가 800억 원(600억 원 + 200억 원)을 매출원가로 반영하면 공사이익(매출총이익)은 200억 원이 된다. 판관비 30억 원 발생하였다면 영업이익은 170억 원으로 결산된다.

완성기준 적용 시 손익계산서

(단위 : 억 원)

* 공사 예정원가는 계획대로 발생한다고 가정

구분	2023년	2024년	2개년 합산
공사수익(매출액)	0	1000	1000
공사원가(매출원가)	0	800	800
공사이익(매출총이익)	0	200	200
판관비	30	30	60
영업이익	(30)	170	140

공사 기간 2년을 합산하면 매출액 1000억 원, 매출원가 800억 원, 매출총이익 200억 원, 영업이익 140억 원이 된다.

그런데 공사 기간 별로 나누어보면 1년 차에는 매출액도 매출원가도 없고 영업적자를 냈다가 2년 차에는 일시에 매출액을 대거 인식하면서 큰 폭의 이익을 내는 모습을 보이고 있다. 완성기준을 적용하면 다년간 원가를 투입하여 제품을 만드는 단계에서는 무조건 적자를 낼 수밖에 없다. 그러다가 제품을 완성하여 납품하는 시점에는 매출과 이익을 왕창 인식한다. 이런 식으로 회사의 손익 즉 경영 성과를 측정하는 것은 불합리하다. 따라서 조선업이나 건설업 같은 수주산업에서는 진행기준이라는 회계 방식을 사용한다(수주산업 회계에 대해서는 256쪽에서 자세히 다룬다).

완성기준으로 매출을 인식했을 때 발생하는 착시 차단

회사가 계획한 대로 예정원가가 투입된다고 가정하고 진행기준 (투입법)에 따라 손익을 결산하면 다음과 같다.

진행기준 적용 시 손익계산서 (단위 : 억 원)

* 공사 예정원가는 계획대로 발생한다고 가정

구분	2023년	2024년	2개년 합산
공사수익(매출액)	750	250	1000
공사원가(매출원가)	600	200	800
공사이익(매출총이익)	150	50	200
판관비	30	30	60
영업이익	120	20	140

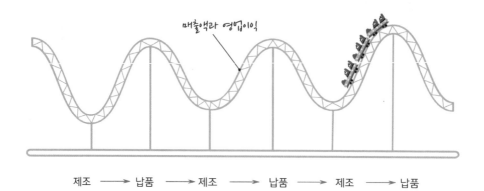

매출액과 영업이익

제조 ⟶ 납품 ⟶ 제조 ⟶ 납품 ⟶ 제조 ⟶ 납품

조선이나 건설업처럼 수주한 뒤 오랫동안 원가를 투입하고 완성하여 납품하는 수주산업이 완성기준으로 매출을 인식하면, 원가를 투입해 제품을 만드는 단계에서는 무조건 적자를 내고 납품하는 시점에는 매출과 이익이 대거 나는 것처럼 보일 수 있다. 이러한 매출 인식은 회사의 손익을 왜곡시킬 수 있다.

총예정원가 800억 원 가운데 1년 차에 600억 원이 투입되었으므로 공사 진행률은 75%(600억 원/800억 원)로 측정한다. 매출액은 '수주대금 1000억 원 × 진행률 75% = 750억 원'이다. 2년 차 매출액은 '1000억 원 – 750억 원 = 250억 원'이 될 것이다. 투입원가는 200억 원이다.

2년 합산 영업이익은 완성기준이나 진행기준이나 똑같다. 그러나 1년 차와 2년 차 각각의 결산을 보면 차이가 크다. 진행기준에서는 원가투입률에 따라 공사가 얼마나 진행되었는지를 측정하고, 이에 맞춰 매출을 인식하였다. 장기간 공사하는 경우에는 이런 식의 진행기준 회계를 해야 합리적인 경영 성적 평가가 가능하다. 회사 손익이 1년 차 때는 완전히 망가진 것으로 나타났다가 2년 차에는 급격하게 개선된 것으로 나타나는 완성기준의 착시를 없앤 것이다.

건설공사 역시 마찬가지다. 예를 들어 건설사가 발주처와 도급계약을 맺고 대형 오피스텔 공사를 한다고 해보자. 공사기간은 2023년 초부터 2025년 말까지 3년이다. 도급금액(공사대금)은 1000억 원이고 예상되는 공사 총예정원가는 800억 원(1년 차 400억 원, 2년 차 200억 원, 3년 차 200억 원)이라고 해보자. 원가는 회사가 예정한대로 발생하는 것으로 가정한다(원가 발생이 예정과 달라지는 경우는 261쪽 수주산업 회계에서 자세히 다룬다).

오피스텔을 준공한 뒤 매출액을 인식하는 방식을 적용한다면 1년 차와 2년 차 때는 막대한 공사적자를 내다가 3년 차에 엄청난 공사이익을 내는 것으로 결산해야 할 것이다. 이는 합리적이지 않다. 따라서 이러한 건설공사 역시 진행기준을 적용해야 한다.

조선업이나 건설업 외에 제작 기간이 1년 이상 소요되는 방산업체나 대규모 설비나 장비 제작업체의 경우 진행기준 회계를 적용해야 하는 경우들이 있다.

진행기준 적용 시 손익계산서
(단위 : 억 원)

* 공사예정원가는 계획대로 발생한다고 가정

구분	2023년	2024년	2025년
공사진행률	50%	25%	25%
공사수익(매출액)	500	250	250
공사원가(매출원가)	400	200	200
공사이익(매출총이익)	100	50	50
판관비(매년 30억 원으로 가정)	30	30	30
영업이익	70	20	20

신세계 강남점 매출액은
3조 원이 맞을까?
: GMV(거래액)와는 다른 손익계산서 매출액

2023년 말 주요 매체에는 다음과 같은 기사가 일제히 실렸다. 신세계백화점 강남점이 단일 점포로는 국내 최초로 매출액 3조 원을 돌파하게 되었다는 소식이다.

헤럴드경제신문 / 2023년 12월 21일

신세계百 강남점 연매출 3兆 돌파 … 국내 백화점 최초

국내 백화점 단일 점포 가운데 처음으로 연매출 3조 원을 돌파한 매장이 나왔다. 신세계백화점 강남점은 이달 20일까지 올해 누적 매출 3조 원을 달성하며 '3조 클럽'에 입성했다고 밝혔다.

단일 점포 기준 연매출이 3조 원을 넘긴 백화점은 영국 해러즈 런던, 일본 이세탄 신주쿠점 등 소수에 불과하다. 국내에서는 신세계 강남점이 처음이다. 올해 강남점의 영업면적 3.3m²(평)당 매출은 1억 800만 원에 달한다. 탄탄한 우수고객층(VIP)을 기반으로 성장을 이어왔고, 20·30세대와 외국인 고객을 끌어안은 성과다.

신세계백화점 강남점 '3조 클럽' 입성 그런데 백화점 사업 매출은 1조 원대?

신세계의 백화점 사업 매출액은 얼마나 되는지 2023년 별도재무제표로 한번 들여다보자. 연결재무제표를 보면 신세계인터내셔날, 신세계센트럴시티, 신세계디에프 등 여러 자회사의 매출액까지 모두 포함되어 나타나기 때문에 백화점 사업 매출을 가늠하려면 별도재무제표를 보는 것이 낫다. 참고로 별도재무제표에는 서울 지역의 본점, 강남점, 타임스퀘어점과 경기점, 의정부점, 센텀시시티점, 마산점 등의 매출액이 합산되어 있다. 대전신세계와 광주신세계의 매출액은 빠져있다. 왜냐하면 이 두 곳은 자회사 형태로 운영 중이기 때문이다.

(주)신세계 별도재무제표 손익
(단위 : 원)

구분	2023년
매출액	1,911,758,589,480
영업이익	276,595,294,123
당기순이익	209,572,674,819

2023년도 신세계의 별도 기준 매출액은 1조 9117억 원이다. 강남점 한 곳만 해도 3조 원을 넘겼다고 했는데, 5조 원, 6조 원은 아닐지라도 2조 원에도 못 미친 것으로 나타났다. 어찌 된 일일까?

신세계백화점 강남점에 다음 그림처럼 매장이 A, B, C 딱 3개만 있다고 가정해 보자. A는 의류 매장이다. 백화점이 직접 의류를 매입하여 판매한다. 즉 백화점이 재고 부담을 진다는 이야기다. 이 매장에서 의류 1억 원어치가 판매되

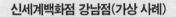

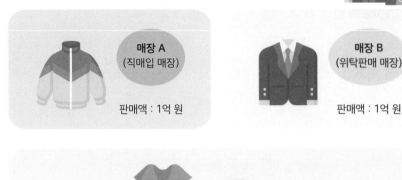

신세계백화점 강남점(가상 사례)

매장 A
(직매입 매장)

판매액 : 1억 원

매장 B
(위탁판매 매장)

판매액 : 1억 원

매장 C
(임대매장)

판매액 : 10억 원

었다면 판매금액은 모두 백화점 소유다.

B도 의류 매장이긴 한데 A와는 차이가 있다. 의류제조업체로부터 백화점이 납품을 받아 판매하는데, 재고 부담을 지지 않는다. 즉 판매하지 못한 의류는 제조업체에 언제든 반품할 수 있다. B 매장에서 백화점은 위탁판매자 정도의 역할을 한다는 이야기다. 이 매장에서 의류 1억 원 어치가 팔렸다면 백화점은 수수료로 2000만 원(판매수수료율을 20%로 가정)을 가지며, 8000만 원은 제조업체에 송금할 것이다.

C는 명품 매장으로, 강남점이 연 1억 원의 임대료를 받기로 계약한 임대매장이라고 가정해 보자. C 매장에서 의류가 10억 원어치가 팔려도 백화점은 명품업체로부터 1억 원의 임대료만 받을 수 있다.

신세계는 재무제표상 강남점 매출액을 얼마로 기록해야 할까? A 매장에서는 1억 원 전액을 매출로 잡을 수 있다. 그런데 B 매장에서는 판매수수료로 받은 2000만 원만 회계상 매출로 인식해야 한다. C 매장에서는 1억 원의 임대료 매출만 계상할 수 있다. 이렇게 본다면 세 매장만으로 재무제표 손익계산서를 만들 때 매출액은 2억 2000만 원(1억 원 + 2000만 원 + 1억 원)이 된다.

그런데 신세계 강남점이 "우리 매출은 12억 원"이라는 보도자료를 만들어 뿌린다고 해보자. 이때의 매출이라는 것은 회계상 매출을 뜻하는 게 아니다. 말하자면 총거래액(GMV : Gross Merchandise Volume)을 의미한다.

GMV는 A, B, C 세 군데 매장에서 판매된(거래된) 상품금액의 합을 말한다. 회계 기준으로 보면 매장에 따라 판매금액의 전액 또는 일부만 매출액으로 잡히지만, GMV 기준으로는 세 군데 매장에서 거래된 상품액을 모두 GMV에 포함시킬 수 있다.

신세계 강남점의 2023년 매출액이 3조 원을 넘어섰다고 이야기하는 것은 회계 기준상 매출액 개념을 적용하면 틀린 얘기가 된다. 그러나 백화점 업계에서는 관행적으로 거래액을 매출이라고 불러왔다. 따라서 '강남점 매출 3조 원 돌파'를

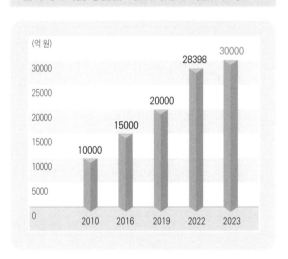

신세계백화점 강남점 매출(거래액 기준) 추이

딱 꼬집어 잘못된 이야기라고 말하기는 애매하다. 강남점에서 3조 원 어치 상품이 거래된 것은 맞기 때문이다.

강남점은 3조 원 가운데 절반이 연간 800만 원 이상 지출하는 VIP 고객에게서 나왔다고 밝혔다. 에르메스(4개), 루이비통(3개), 샤넬(4개), 구찌(6개), 디올

(4개) 등 명품 브랜드는 카테고리별(패션, 주얼리, 뷰티 등)로 여러 매장을 강남점에 입점시켰다. 이런 명품 브랜드는 대개 백화점에 계약된 임대료만 지급하는 임대매장 방식으로 운영된다. 정액 임대료일 수도 있고, 매출액에 비례한 임대료일 수도 있다.

총매출에서 이것을 차감해야 백화점의 진짜 매출

한편, 며칠 뒤 롯데백화점 본점은 신세계에 질세라 강북 상권 최초로 매출 2조 원을 돌파했다는 보도자료를 냈다. 내용은 다음과 같다.

매일경제신문 / 2023년 12월 26일

롯데百 본점 매출 2조 돌파 ··· 서울 강북권 최초

롯데백화점 본점이 올해 매출 2조 원을 돌파할 전망이다. 서울 강북 상권 백화점 최초의 기록으로, 잠실점에 이은 롯데의 두 번째 '2조 클럽' 입성이다.

한편 롯데백화점 잠실점 에비뉴엘은 국내 백화점 명품관 최초로 자체 매출 1조 원을 돌파했다. 에비뉴엘이 단독으로 매출 1조 원을 기록한 것은 '3대 명품'으로 불리는 '에·루·샤(에르메스·루이비통·샤넬)'와 롤렉스를 모두 1층에 두는 등 풍부한 라인업을 갖췄기 때문으로 풀이된다.

백화점의 매출 구조를 재무제표를 통해 조금 더 자세히 들여다보면 다음과 같다.

현대백화점 2023년 별도재무제표 손익계산서 (단위 : 천 원)

구분	금액
매출액	1,739,691,390
매출원가	310,246,641
매출총이익	1,429,444,749
판매비와 관리비	1,200,149,998
영업이익(손실)	229,294,751

현대백화점의 손익계산서상 매출액은 이 표에서 보는 것처럼 약 1조 7397억 원이다. 재무제표 주석에 들어가 보면 이 같은 매출액을 산출한 과정이 설명되어있다.

현대백화점 2023년 별도재무제표 주석 (단위 : 천 원)

구분		금액
총매출액		4,837,086,429
총매출	상품매출	4,691,392,723
	용역매출	145,693,706
매출 차감		3,580,908,659
매출 차감	매출 에누리	218,322,622
	특정매입원가	3,205,917,584
	기타매출 차감	156,668,453
기타임대수익		483,513,620
수익(매출액)		1,739,691,390

이 표에서 말하는 '총매출액'은 백화점이 직접 매입하여 재고 위험을 안고 판매한 상품금액 뿐 아니라, 예를 들어 재고 위험을 지지 않고 언제든 반품할

수 있는 조건으로 의류제조업체로부터 납품받아 위탁판매한 상품금액도 포함된 것이다. 따라서 총매출액은 회계상 매출은 아니고 거래액에 가까운 개념으로 봐야 한다. 총매출액에서 차감하는 항목의 내역을 보자. '특정매입원가'라는 것이 있다. 백화점이 의류제조업체로부터 납품받은 옷(반품 가능 조건)을 10만 원에 팔고 2만 원의 판매수수료를 차감한 뒤, 8만 원을 의류제조업체에 정산해 줬다고 해보자. 이 8만 원이 특정매입원가다. 이런 식으로 총매출액에서 특정매입원가와 매출 에누리 같은 것을 빼고, 고정 임대수익 같은 것을 더하면 회계상으로 인식하는 매출액 1조 7397억 원이 산출된다.

다음은 롯데쇼핑의 2024년 반기 별도재무제표 주석에 나타난 매출액 관련 표다. 롯데쇼핑의 반기 손익계산서상 매출액은 4조 1872억 원이다.

롯데쇼핑 2024년 반기(1~6월) 별도재무제표 주석 중 (단위 : 천 원)

구분	금액
총매출액	6,994,050,663
상품매출액	6,457,542,589
제품매출액	337,272,833
기타매출액	199,235,241
매출 차감	3,588,414,995
매출에누리	621,249,416
특정상품 매출원가	2,845,723,515
기타 임대수익	781,606,136
합계(매출액)	4,187,241,804

앞의 현대백화점과 거의 같은 구조로 설명되어있다. 매출 차감 항목에 나타난 특정상품 매출원가가 특정매입원가와 같은 말이라고 보면 된다.

LESSON 05

금융감독원이 잡아낸 매출액 분식회계 사례들

금융감독원(이하 금감원)에 따르면 회계 심사나 감리에서 문제가 되는 사례 중에는 매출액 인식 관련한 건이 가장 많았다. 한국채택국제회계기준(K-IFRS) 시행 이후 2011~2023년까지 13년 동안의 지적 사례 155건을 살펴보아도 매출액과 매출원가 인식 문제가 차지하는 비중이 25%로 가장 높다. 이 기간에 발생한 실제 사례들을 분석해 보면 회사의 과실로 회계 기준을 위반한 경우도 있지만, 고의 위반 다시 말해 회사가 적극적으로 분식회계를 저지른 경우도 상당하다.

💲 직영점·가맹점·위탁가맹점에 따른 매출 인식

매출액(영업수익)과 관련한 회계 기준 위반 사례들을 보면 다음과 같다. A사는 화장품 제조판매업체다. A사 화장품은 직영점, 가맹점, 위탁가맹점을 통해 유통되었다. 직영점의 매장사업자는 A사이며 매장에서 일하는 직원들은 A사 소속이다. 매장재고는 A사 소유이며 매장운영비 역시 A사가 부담한다. 반면 가맹점은 가맹점주가 매장사업자이며 매장재고는 가맹점주 소유다. 매장운영비는 당연히 가맹점주가 부담한다.

그렇다면 위탁가맹점은 어떤 구조일까. 위탁가맹점의 매장사업자는 가맹점주다. A사는 화장품 판매·영업 업무를 위임하였을 뿐 매장재고나 매장운영비는 모두 A사가 부담한다.

A사의 유통채널에 따른 책임 주체

구분	직영점	가맹점	위탁가맹점
매장사업자	A사	가맹점주	가맹점주
매장운영관리자	A사	가맹점주	A사
매장재고	A사 소유	가맹점주 소유	A사 소유
매장운영비	A사 부담	가맹점주 부담	A사 부담

이 세 가지 유통채널을 통해 A사는 매출을 어떻게 인식할까. A사는 직영점에 화장품을 공급하고, 이 화장품이 소비자에게 판매될 때 매출로 반영해야 한다. 가맹점에 대해서는 A사가 화장품을 공급할 때 곧바로 매출을 인식해도 된다. 화장품은 가맹점의 재고자산이 되면서 관리통제권이 가맹점으로 넘어간다.

위탁가맹점은 어떨까. A사는 위탁가맹점에 화장품을 인도(공급)하는 시점에 매출을 인식하였다. 그리고 위탁가맹점에서 발생한 매장운영비용을 A사의 판매관리비로 반영하지도 않았다. 올바른 회계 처리일까?

금감원은 A사의 이 같은 회계 처리가 회계 기준에 위반되는 것으로 판단하였다. 위탁가맹점은 일반가맹점과는 다르다. A사는 점주와 맺은 위탁가맹계약서에 따라 관리 주체로서 매장운영비용을 부담하고 있었다. 판매되는 화장품

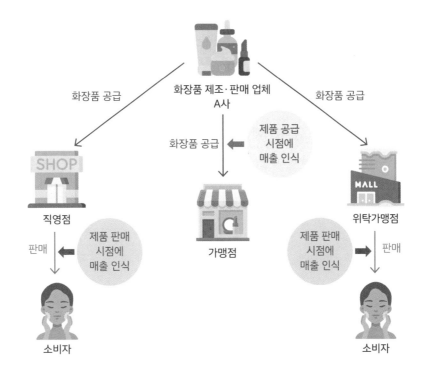

A사의 유통채널에 따른 올바른 매출 인식 시점

화장품 제조·판매 업체
A사

화장품 공급 화장품 공급

화장품 공급 ← 제품 공급 시점에 매출 인식

직영점 위탁가맹점

가맹점

판매 ← 제품 판매 시점에 매출 인식

제품 판매 시점에 매출 인식 → 판매

소비자 소비자

재고는 A사의 소유로, 관리통제권을 A사가 보유(위험과 보상을 A사가 부담)하고 있으며 점주에게는 판매·영업 활동에 대한 수수료만 지급되고 있었다. 따라서 직영점과 마찬가지로 소비자에게 제품이 판매되는 시점에 매출을 인식해야 했다. 아울러 매장운영비용 등은 A사의 판매관리비로 반영해야 했다.

수출하는 장비를 선적할 때 매출로 인식해도 될까?

B사는 의약품 제조·판매 업체다. B사는 판매 촉진을 위해 유통 도매상과 의

약품별 판매장려금 요율을 정해놓은 상태다. B사는 도매상에게 의약품을 공급할 때 판매장려금을 차감한 금액을 매출액으로 인식하는 게 맞을까? 판매장려금은 나중에 결산 시에 비용으로 반영하는 것이 맞을까?

회계 기준에 따르면 매출액(영업수익)은 판매자와 구매자 간 합의에 따라 결정된다. 판매자가 구매자에게 제공하는 매매 할인이나 수량 리베이트, 공제 등이 있다면 이를 차감한 금액을 매출액으로 인식하여야 한다.

따라서 B사는 매출 발생 시점(의약품을 도매상에 인도하는 시점)에 확정되는 판매장려금을 차감하여 매출액을 인식하여야 했다. 금감원은 B사가 도매상에게 의약품을 판매하여 받게 될 금액(매출액)을 추정할 때는 거래 계약상 할인이나 장려금(인센티브), 성과 보너스 등의 제공 여부를 적정하게 반영해야 한다고 지적했다.

C사는 반도체 장비 제조·판매 업체다. 고객에게 장비를 판매하면 설치와 시운전을 C사가 책임지고 수행하며, 무상보증 기간도 제공한다. C사는 이 장비들을 해외에 수출하면서 일괄적으로 선적 시점에 매출로 인식하였다. 회계처리에 문제는 없을까?

이런 경우 구매자와의 계약 내용에 따라 매출 인식 시점이 결정된다. 설치 후 검수 의무가 있는 수출이라면 검수 완료 시점에 매출을 인식해야 한다. C사의 경우 대금 회수는 '계약금 → 중도금 → 잔금' 순서로 진행되며, 검수를 통과하지 못하면 계약금과 중도금을 반환해야 한다. 다시 말해 최종적으로 검수가 완료되어야 법적 소유권이 구매자에게 이전되며 C사가 대금을 수취할 권리(지급청구권)가 생긴다는 이야기다. 금감원은 "최종 검수가 완료되기 전까지 유의적인 위험과 보상이 모두 고객에게 이전되었다고 보기 어렵다"고 지적했다.

태양광 발전설비 제조업체 D사의 경우도 비슷하다. 이 회사는 설비 납품과 설치 용역 계약을 따로 체결하였고, 설비를 납품하는 시점에 설비에 대한 통제권이 구매자에게 이전되었다고 판단하여 매출액을 인식하였다.

그러나 D사가 구매자와 맺은 계약에 따르면 납품 이후 사용 승인 및 시운전을 완료한 이후 설비 대금을 받기로 하였다. 납품의 위험과 효익이 그때 가서 구매자에게 이전된다는 이야기이므로, 설비를 납품하는 시점이 아니라 설치 용역이 완료된 시점에 매출액을 인식하는 것이 맞다.

이번에는 건설공사로 가보자. E사는 열배관 공사업체다. 공사를 진행하는 과정에서 실제 투입 원가가 E사가 당초 예상했던 원가(예정원가)를 초과할 것으로 예상되었다. 그러자 E사는 발주처와 명시적으로 공사대금(도급금액) 변경 계약을 체결하지도 않은 채 스스로 공사대금을 상향 조정하고 이 금액을 기준으로 공사매출을 인식하였다.

예를 들자면 이런 식이다. 도급금액이 100억 원인 상태에서 공사진행률이 50%라면 50억 원(100억 원 × 50%)을 공사매출로 인식할 수 있다. 하지만 도급금액을 120억 원으로 조정한다면 공사매출은 60억 원(120억 원 × 50%)이 된다(건설공사 등 수주산업 회계에 대해서는 256쪽 참조).

금감원은 "공사매출은 건설업자가 발주처로부터 지급받을 공사계약금액에 근거하여 계상해야 한다"며 "발주처와 구두로 협의가 되었다는 이유로 계약서상 도급금액과는 다른 금액을 기초로 공사매출을 인식하는 것은 잘못"이라고 지적했다. 공사매출을 신뢰성 있게 추정하기 위해서는 당사자 간에 구속력 있는 권리 등을 규정한 계약에 따라야 한다는 이야기다.

부채도 부채 나름!
SK하이닉스 '선수금'은 뭐가 다를까?

선수금은 재화(상품, 제품)나 서비스를 제공해 주기로 하고 미리 받은 돈이다. 나중에 재화 또는 서비스를 제공해야 할 '의무'가 붙은 돈이기 때문에 '부채'가 된다. 선수금을 받으면 재무제표에서 자산에 현금의 유입(현금 증가)을 기록하고, 부채에 선수금 부채 증가를 기록해야 한다. 재화 또는 서비스를 공급하는 의무를 이행하면 선수금 부채는 제거되고 그만큼 매출액이 기록된다.

HBM으로 대박 터트린 SK하이닉스는 왜 부채가 급증했을까?

SK하이닉스의 2021~2023년 연결재무제표 손익을 보자. 메모리 반도체 경기가 나빠지면서 2021년 대비 2022년 매출액은 소폭 증가했지만 영업이익은 12조 4103억 원에서 6조 8094억 원으로 45%나 감소하였다. 2023년으로 가서는 매출액도 27% 줄고, 영업이익은 대규모 적자(7조 7303억 원 손실)를 기록하였다. 이 해에는 매출총이익에서부터 5334억 원 적자가 발생했기 때문에 여기에 판매관리비 7조 1968억 원이 반영되면서 영업적자가 7조 원 중반을 넘어섰다.

SK하이닉스 연결재무제표 손익

(단위 : 백만 원)

구분	2021년	2022년	2023년
매출액	42,997,792	44,621,568	32,765,719
매출총이익	18,952,192	15,627,855	(533,448)
영업이익(손실)	12,410,340	6,809,417	(7,730,313)

그런데 2024년에 들어서서는 드라마틱한 반전이 일어난다. 다음은 상반기 실적이다.

SK하이닉스 2024년 상반기 연결재무제표 손익

(단위 : 백만 원)

구분	금액
매출액	28,852,856
매출총이익	12,291,109
영업이익	8,354,565

2분기에 역대 최고 분기매출(16조 4232억 원)을 기록하면서 상반기 매출액은 28조 8523억 원을 기록했다. 2024년 2분기에 2018년 이후 처음으로 분기 영업이익이 5조 원을 돌파(5조 4685억 원)하면서, 상반기 영업이익은 8조 3545억 원에 이르렀다.

이처럼 대반전 실적을 창출한 핵심 비결은 업계 1위로 올라선 제품 HBM(High Bandwidth Memory, 고대역폭 메모리) 덕분이었다. SK하이닉스의 HBM은 대부분 미국 엔비디아의 AI가속기에 탑재된다. AI 관련 시장이 폭발적으로 커지고 있는 데 반해 첨단 HBM 제품을 대량생산할 수 있는 곳이 SK하이닉스 밖에 없다 보니 그야말로 대박을 터트린 것이다. HBM이 SK하이닉스 실적을 견인했다는 사실은 재무제표에서 선수금 내역을 보면 아주 잘 알 수 있다.

연결재무제표 주석에 나타난 이 회사 계약 부채 잔액 추이를 보면 다음과 같다.

SK하이닉스 연결재무제표 주석 중 계약 부채 잔액

* 계약 부채에 대한 기술 : 고객으로부터 받은 선수금과 반품 부채가 포함되어 있습니다.

구분	2022년 말	2023년 말	2024년 1분기 말
계약 부채	3456억 원	1조 5851억 원	2조 7459억 원

SK하이닉스는 계약 부채와 관련하여 주석에서 '고객으로부터 받은 선수금과 반품 부채가 포함되어 있습니다'라고 설명하고 있는데, 계약 부채 금액 대부분이 선수금이다.

오른쪽 그래프를 보자. 계약 부채 잔액은 2022년 말 기준 3456억 원에 불과했는데, 2023년 말 1조 5851억 원으로 급증한다. 그리고 2024년 1분기 말 기준으로 2조 7459억 원까지 늘어났다.

업계에서는 SK하이닉스의 계약 부채 내 선수금 대부분은 거래처인 엔비디아로부터 HBM을 수주하는 과정에서 받은 것으로 추정한다. SK하이닉스의 연결 기준 계약 부채 잔액은 2022년까지 1조 원을 넘은 적이 없었다. 2023년에 가서도 3분기 말까지 2565억 원에 불과했으나 2023년 말에 가서 1조 5851억 원까지 급격하게 증가하였다. 이를 통해 우리가 알 수 있는 것은 SK하이닉스

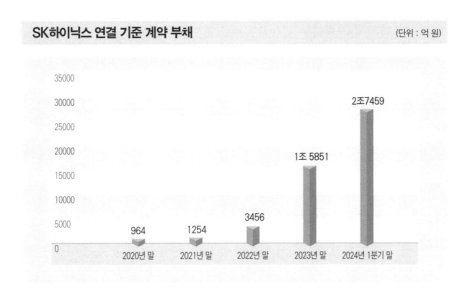

SK하이닉스 연결 기준 계약 부채 (단위 : 억 원)

- 2020년 말: 964
- 2021년 말: 1254
- 2022년 말: 3456
- 2023년 말: 1조 5851
- 2024년 1분기 말: 2조 7459

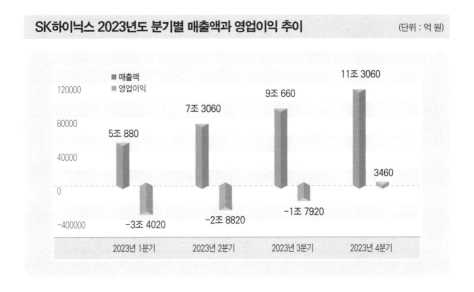

SK하이닉스 2023년도 분기별 매출액과 영업이익 추이 (단위 : 억 원)

■ 매출액
■ 영업이익

- 2023년 1분기: 매출액 5조 880, 영업이익 -3조 4020
- 2023년 2분기: 매출액 7조 3060, 영업이익 -2조 8820
- 2023년 3분기: 매출액 9조 660, 영업이익 -1조 7920
- 2023년 4분기: 매출액 11조 3060, 영업이익 3460

의 2023년도 실적이 4분기에 크게 개선되었을 가능성이다.

실제 SK하이닉스의 2023년도 분기별 매출액과 영업이익을 보자. 그림에서 보는 것처럼 매출액은 1분기부터 4분기까지 분기마다 꾸준하게 증가한다. 영업이익은 1~3분기까지 조 단위 적자를 냈지만 적자 폭을 계속 줄이다가 4분기에 가서 흑자로 전환하는 모습을 보여주고 있다.

선수금의 일반적인 회계 처리는 다음과 같다. SK하이닉스가 2023년 4분기 중에 엔비디아로부터 HBM을 1만 개 납품하는 조건으로 100억 원(개당 100만 원)의 선수금을 받았다고 해보자. SK하이닉스의 재무상태표 자산에서 현금 100억 원이 증가하고 부채에 선수금 100억 원이 잡힐 것이다. 4분기 중에 HBM을 4000개 납품하였다면 2023년 말 선수금 부채 잔액은 60억 원이 된다. 그리고 HBM 매출액 40억 원이 발생한다.

선수금 부채는 앞으로 매출액 전환이 예정된 금액이라고 볼 수 있다. 따라서 어떤 회사의 부채가 증가하였어도 선수금 부채 때문이라면 긍정적인 시각으로 볼 필요가 있다. 2024년 1분기 중에 나머지 HBM 6000개를 납품 완료하였다면 1분기 말 결산 시 선수금 부채는 '0'이 된다. 그리고 매출액이 60억 원 발

선수금 회계 처리 예

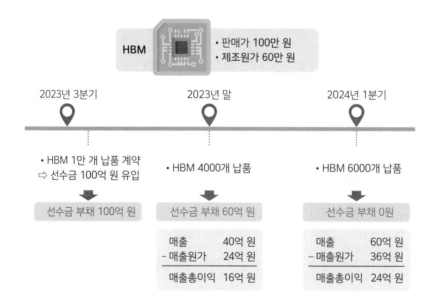

생한다.

HBM 1개당 제조원가가 60만 원이라고 해보자. 2023년 4분기에는 HBM에서 16억 원의 매출총이익(매출액 40억 원 - 매출원가 24억 원)이 생긴다. 2024년 1분기에는 24억 원의 매출총이익(매출액 60억 원 - 매출원가 36억 원)이 기록될 것이다.

🏭Ⓦ K-방산 특수에 부채가 매년 급증하는 한화에어로스페이스

최근 수년 동안 수주 증가로 선수금 증가세가 뚜렷한 대표적 업종으로 방산을 들 수 있다. 한화에어로스페이스는 항공과 방산 부문이 사업의 주축이다. 항공은 가스터빈엔진과 엔진 부품 등을 주로 생산하고, 방산은 자주포, 장갑차, 정밀유도무기 등이 주력 생산품이다. 방산 같은 수주산업은 대체로 계약 이후 선수금을 받는다. 아래 표는 한화에어로스페이스의 연결재무제표 부채 항목 일부를 편집한 것이다. 표에서 '기타 유동부채' 금액이 2021년 이후 해마다 급증

한화에어로스페이스 연결재무제표 중 부채

(단위 : 백만 원)

구분	2021년 말	2022년 말	2023년 말	2024년 반기 말
부채총계	7,114,272	11,233,518	14,858,674	17,354,536
유동부채	4,330,103	8,222,937	12,076,597	13,461,702
매입채무 및 기타채무	886,972	1,300,899	1,879,294	1,586,845
차입금 및 사채	782,701	1,735,250	2,538,079	3,098,221
기타 유동부채	2,505,107	5,032,009	7,444,627	8,584,251

하는 것을 볼 수 있다. 이 회사의 기타 유동부채는 선수금과 충당부채로 구성되는데, 선수금이 대부분을 차지한다(비중 95% 이상).

다음은 한화에어로스페이스의 선수금 잔액 추이와 손익 변화를 나타낸 것이다.

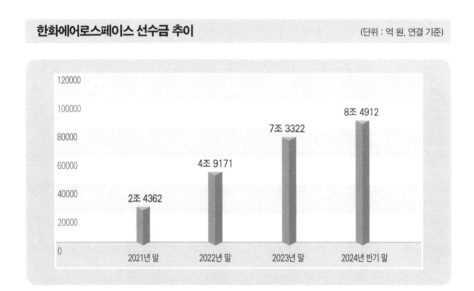

한화에어로스페이스 선수금 추이 (단위 : 억 원, 연결 기준)

2021년 말	2022년 말	2023년 말	2024년 반기 말
2조 4362	4조 9171	7조 3322	8조 4912

한화에어로스페이스 손익 추이 (단위 : 원, 연결 기준)

구분	2021년	2022년	2023년	2024년 반기
매출액	5조 5413억	7조 603억	9조 3590억	4조 6343억
영업이익	2770억	4003억	6911억	3961억

메가스터디 재무상태표에 있는 대규모 부채의 정체

: 어떨 땐 선수금 어떨 땐 선수수익?

앞에서 선수금은 재화나 서비스를 제공하기로 하고 미리 받은 돈이며, 일단 부채로 처리한 뒤 재화나 서비스 제공 의무를 이행할 때 매출(수익)로 처리한다는 것을 살펴봤다. 제품이나 상품을 공급하기로 하고 받는 계약금 같은 것이 대표적인 선수금이라고 할 수 있겠다.

💰 정해진 기간 동안 의무를 이행할 때의 회계 처리

그렇다면 선수수익은 무엇일까? 선수수익도 재화나 서비스를 제공하기로 하고 미리 받은 돈이다. 부채로 인식한다는 점에서는 선수금과 거의 비슷하다. 하지만 차이가 좀 있다(실무적으로는 선수금과 선수수익을 구분하지 않고 선수금으로 통합 처리하는 경우가 많다).

예를 들어보자. 수학학원 기가스터디가 2025년 4월 1일부터~6월 30일까지 3개월 동안 미적분 강의를 들을 수 있는 상품(90만 원)을 100명에게 팔았다고 해보자. 학원에 9000만 원의 현금이 들어오지만, 이 돈에는 앞으로 강의를 제공해야 할 의무가 붙어있다.

의무를 이행하는 데 3개월이라는 기간이 딱 정해져 있다. 다시 말해 3개월이라는 '정해진 기간' 동안 의무를 이행해 나가면서 매출액을 인식하면 된다는 이야기다.

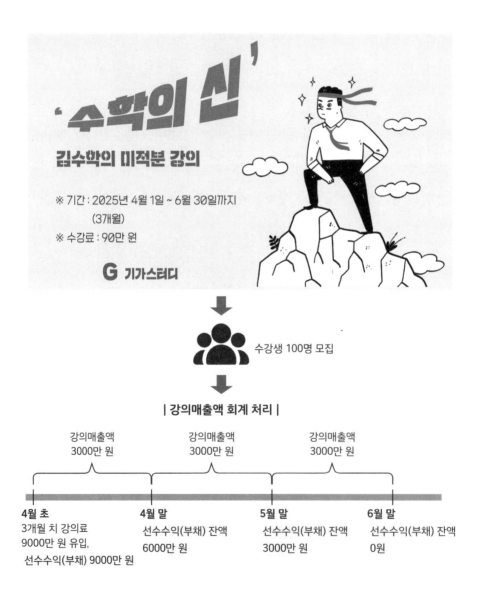

'수학의 신'

김수학의 미적분 강의

※ 기간 : 2025년 4월 1일 ~ 6월 30일까지
(3개월)
※ 수강료 : 90만 원

G 기가스터디

수강생 100명 모집

| 강의매출액 회계 처리 |

강의매출액
3000만 원

강의매출액
3000만 원

강의매출액
3000만 원

4월 초
3개월 치 강의료
9000만 원 유입,
선수수익(부채) 9000만 원

4월 말
선수수익(부채) 잔액
6000만 원

5월 말
선수수익(부채) 잔액
3000만 원

6월 말
선수수익(부채) 잔액
0원

기가스터디는 9000만 원을 일단 선수수익(부채)으로 인식한다. 한 달이 지났다고 해보자. 약속한 강의 서비스 중 한 달 치 의무를 이행한 셈이다. 그래서 선수수익 9000만 원 가운데 3000만 원을 강의매출액으로 인식한다. 선수수익 잔액은 6000만 원이 된다. 또 한 달이 지나면 여기서 3000만 원을 강의매출액으로 인식한다. 선수수익 잔액은 이제 3000만 원으로 감소할 것이다. 마지막 한 달이 지나면 강의매출액 3000만 원을 인식하고 이제 선수수익 부채는 '0'이 된다.

어떤 기업이 사업 구조조정을 진행하기로 했다. 그래서 전문 컨설팅업체로부터 4개월짜리 컨설팅 용역을 제공받기로 하고 1억 원을 지급하였다고 해보자. 컨설팅업체는 정해진 기간에 용역을 제공해야 할 의무를 지고 1억 원을 받았으므로, 이 돈을 일단 선수수익(부채)으로 처리한다. 1개월이 지날 때마다 컨설팅매출액으로 2500만 원을 인식해 나가고, 동시에 선수수익은 2500만 원씩 감소할 것이다.

부채가 늘어나도 메가스터디가 웃을 수 있는 이유

다음은 코스닥업체 메가스터디교육에 관한 기사를 요약·편집한 것이다.

머니투데이 / 2024년 4월 19일

사교육 불패에 1조 클럽 기대감 '쑥'… 주가도 오를까

메가스터디교육의 올해 매출액이 1조 원을 넘을 것으로 전망된다. 에프앤가이드에 따르면 올해 매출액 전망치는 전년 동기 대비 7.55% 증가한 1조 58억 원이다. 영업이익은 전년 동기 대비 13.37% 증가한 1445억 원으로 전망된다.

특히 매출의 약 63%를 차지하는 고등사업 부문이 실적 상승의 기대를 높인다. 고등학생과 재수생을 대상으로 하는 고등사업 부문 중 오프라인 기숙학원의 가동률이 대폭 늘어나면서다. 유안타증권에 따르면 메가스터디교육은 양지기숙학원을 신축하고 안성기숙학원을 인수하며 2015년 1000명 수준이던 수용 인원을 2022년 2400명까지 늘렸다.

오프라인 사업 못지않게 온라인 사업도 성장 중이다. 메가스터디교육은 지방 학생들을 대상으로 서울에 위치한 러셀대치학원의 현장 강의를 실시간 비대면 수업으로 제공하는 '러셀Core(코어)' 사업을 운영 중이다. 현재 전국에 7개 지점이 진출해 있는데, 지방 거점 도시 위주로 확장할 계획이다. 권명준 유안타증권 연구원은 "지방 학생·학부모에게 일타 강사들의 실시간 강의에 대한 수요를 충족시킬 수 있는 사업이라고 판단된다"며 "러셀Core의 경우 학원 내 강사 수요가 없는 상태라 수강생 증가에 따른 이익률 개선이 기대된다"고 내다봤다.

권 연구원은 "대학 입시 관련 오프라인 학원 사교육비가 빠르게 증가하고 의대 정원 증원 이슈로 직영학원 및 재수학원 매출 성장은 여전히 기대 요인"이라고 밝혔다.

메가스터디교육은 학원 강의와 온라인강의를 제공하는 업체다. 사업 부문은 유초중 사업 부문, 고등 사업 부문, 대학 사업 부문, 취업 사업 부문 등으로 나뉜다. 사업 부문별 매출은 용역 제공과 재화 판매로 구분되는데, 용역 제공이 바로 온라인 및 오프라인학원 강의를 말한다. 재화 판매는 도서와 기타 상품으로 구분된다.

다음 표는 메가스터디교육의 2023년 사업 부문별 매출액(연결 기준) 비중인데, 고등학생 및 N수생을 대상으로 한 고등 사업 부문이 압도적이다. 강의용역이 45.4%, 재화 판매(도서 등)가 17.0%로 전체 매출액(9352억 원) 가운데 62.4%(약 5834억 원)가 고등 사업 부문에서 발생하였다.

메가스터디교육 사업 부문별 매출 비중(2023년 연결 기준)

사업 부문	매출 유형	품목	구체적 용도	비율
유초중 사업 부문	용역	강의	온라인 및 학원 강의	19.2%
	재화	도서 등	교재, 학습기기 등	4.7%
고등 사업 부문	용역	강의	온라인 및 학원 강의, 모의고사 등	45.4%
	재화	도서 등	교재 등	17.0%
대학 사업 부문	용역	강의	온라인 및 학원 강의	7.1%
	재화	도서	교재 등	0.4%
취업 사업 부문	용역	강의	온라인 및 학원 강의	5.0%
	재화	도서 등	교재 학습기기 등	1.1%

메가스터디교육의 2021~2023년 연결 실적 추이를 보면 매출액은 해마다 성장해 왔고 영업이익률은 13%~16%대를 안정적으로 유지해 왔다. 2024년 매출액은 기사 내용과 달리 1조 원에 못 미친 9422억 원을 기록하였다.

메가스터디교육의 매출 성장세를 이끈 것은 고등학생들이 수능, 내신, 논술 전 강좌를 1년 동안 무제한으로 이용할 수 있는 '메가패스'라는 상품으로 알려져 있다.

메가스터디교육 2021~2023년 실적 추이 (단위 : 원)

	2023년	2022년	2021년
매출액	935,225,125,443	835,952,852,633	703,869,131,483
매출원가	408,137,261,306	362,330,931,756	316,408,395,870
판매비와 관리비	399,622,157,843	338,213,066,558	288,427,738,544
영업이익	127,440,527,255	135,389,636,306	99,007,256,559

한편, 이 회사의 2023년 말 기준 연결재무상태표 부채 항목을 보면 가장 큰 비중을 차지하는 것이 바로 선수수익이다.

메가스터디교육 연결재무상태표(2023년 기준) (단위 : 원)

구분	금액
자산총계	955,494,455,263
부채총계	464,021,649,940
유동부채	406,540,183,305
매입채무	37,704,867,183
기타채무	51,515,224,317
단기차입금	56,911,738,681
선수수익	162,444,725,450
기타 유동부채	44,846,556,667
비유동부채	57,481,466,635
장기리스부채	44,573,020,059
자본총계	491,472,805,323

메가스터디교육의 매출 성장세를 이끈 것은 '메가패스'라는 상품으로 알려

져있다. 메가패스는 고등학교 1~3학년 학생이 메가스터디 사이트에서 수능, 내신, 논술 전 강좌를 1년 동안 무제한으로 이용할 수 있는 상품이다. 1년 치를 한 번에 결제하기 때문에 결제액을 선수수익 부채로 잡아놓고 매월 분할하여 매출로 인식하는 것으로 추정된다.

이 회사는 재무제표 주석에서 '고객과의 계약에서 생기는 수익' 즉 매출액을 인식하는 시기와 관련해 다음과 같은 표를 제시하고 있다(실제 표를 요약·편집).

메가스터디교육 2023년 재무제표 주석 중 수익(매출액) 인식 시기 구분 (단위 : 천 원)

구분	강의매출액 679,017,898	도서판매매출액 175,434,289	기타매출액 80,330,412	합계 934,782,599
한 시점에 수익 인식	–	175,434,289	50,671,563	226,105,852
기간에 걸쳐 수익 인식	679,017,898	–	29,658,849	708,676,747

강의매출액은 기간에 걸쳐 분할하여 매출액으로 반영한다는 것을 알 수 있다. 강의매출액 가운데 일시(한 시점)에 매출로 인식하는 금액은 없다. 반면 도서 판매 같은 경우는 판매 시점에 즉시 전액 매출액으로 인식한다.

"마일리지 좀 소진해 주세요"
항공사가 읍소하는 이유
: 이연수익부채

항공사는 고객이 항공권을 구매하여 항공서비스를 이용하면 이른바 '마일리지'를 적립해 준다. 고객은 적립된 마일리지를 이용하여 보너스 항공권이나 좌석 승급 서비스를 받을 수 있다. 항공사가 운영하는 쇼핑몰이나 항공사 제휴 쇼핑몰에서 상품을 구매하고 마일리지로 결제할 수도 있다. 따라서 항공사 입장에서 마일리지는 고객에게 금전적 가치가 있는 혜택을 제공해야 할 의무에 해당하기 때문에 '부채'로 인식해야 한다.

부채에 뒀다가 매출로 옮기는 이연수익

예를 들어 고객이 100만 원짜리 항공권을 구매하였고 이때 고객에게 제공하는 마일리지의 공정가치가 3만 원으로 평가된다고 해보자. 그렇다면 항공사의 현금은 100만 원 증가하겠지만, 인식하는 수익(매출액)은 97만 원이다. 마일리지 3만 원은 부채로 인식했다가 나중에 고객이 사용할 때, 즉 항공사가 마일리지에 해당하는 재화나 용역을 제공하여 의무를 이행하였을 때 매출액으로 반영한다. 마일리지는 이처럼 수익 인식을 뒤로 미루는 역할을 하기 때문에 흔히 '이연수익'이라고 한다. 이연수익은 부채 계정 과목 중 하나다.

다음은 대한항공의 2024년 상반기 말 기준 별도재무제표의 부채 항목을 편집한 것이다.

대한항공 별도재무제표의 부채 (단위 : 원)

구분		2024년 상반기 말
부채		20,637,866,731,410
유동부채		10,106,992,401,788
유동성 이연수익	①	708,352,800,430
비유동부채		10,530,874,329,622
이연수익	②	1,819,437,717,909

대한항공의 마일리지 부채(이연수익)가(① + ②) 총 2조 5277억 원이라는 것을 알 수 있다. 이 가운데 1년 내 고객에 대한 의무가 발생할 수 있는 유동성 이연수익(①)이 7083억 원으로 평가되었다. 고객이 1년 내 마일리지를 사용하거나 사용하지 않고 유효기간이 지난다면 대한항공은 의무에서 벗어나기 때문에 그만큼을 매출액(수익)으로 반영할 것이다. 1년 이후에 의무가 발생하는 비유동 이연수익(②)은 1조 8194억 원으로 평가되었다.

아시아나항공은 어떨까? 별도재무제표의 부채 항목을 보면 아시아나항공은 이연수익을 따로 표시하지 않았다. 아시아나항공은 마일리지 이연수익 부채를 단기선수금(유동부채 선수금)과 장기선수금(비유동부채 선수금)에 포함시켰다.

아시아나항공 별도재무제표의 부채   (단위 : 원)

구분	2024년 반기 말
부채	11,769,632,542,044
유동부채	5,406,222,521,222
선수금	939,829,929,102
비유동부채	6,363,410,020,822
장기선수금	824,969,126,022

장단기선수금이 전부 마일리지 이연수익인 것은 아니다. 장단기선수금에서
마일리지 이연수익만 따로 보려면 재무제표 주석을 찾아가야 한다.

아시아나항공 2024년 반기 별도재무제표 주석 중 이연수익   (단위 : 천 원)

구분	선수금
기초	963,090,775
수익 이연(발생)	100,077,892
수익 인식(감소)	(87,343,873)
기말	975,824,794

2024년 초(기초) 아시아나항공의 마일리지 관련 이연수익은 9630억 원이다.
2024년 상반기 말(기말)에는 9758억 원으로 증가하였다. 상반기 중에 새로 이
연수익으로 인식한 금액이 1000억 원(이연수익의 발생)이고, 고객이 마일리지를
사용하여 매출로 전환된 이연수익(이연수익 감소분)이 873억 원이라는 사실을
알 수 있다. 아시아나항공은 "장단기선수금에 포함된 9758억 원의 이연수익
가운데 유동성 이연수익은 1508억 원"이라고 밝혔다.

대한항공과 아시아나항공 합병의 '뜨거운 감자' 마일리지 통합비율

대한항공의 아시아나 인수에 대한 해외 이해 당사국들의 기업 결합 승인이 사실상 완료되면서 두 항공사 고객 간의 마일리지 통합 논쟁이 달아오를 조짐이다. 알려진 바로는 앞으로 약 2년 동안 대한항공은 아시아나를 자회사로 운영하다 합병한다. 이때 아시아나의 마일리지가 대한항공 마일리지로 전환될 것인데, 통합비율에 대한 갑론을박이 벌써 나타나고 있다. 1대 1 통합은 어려울 것이라는 전망이 대세다. 두 항공사의 마일리지 가치가 다르다는 게 그 근거다.

2020년 국정감사 때 진성준 의원이 낸 자료를 보자. 신용카드사 중에는 고객들의 결제금액에 대해 마일리지를 적립해 주는 회사들이 있다. 이 마일리지는 항공사로부터 구매한 것인데 두 항공사의 판매가격이 다르다. 진 의원이 조사한 내용을 보면 대한항공은 1마일당 대략 14.5원, 아시아나는 1마일당 대략 10.8원이었다.

2024년 12월 11일 아시아나가 대한항공의 자회사로 편입되었다. 앞으로 2년여 뒤인 2026년 10월 대한항공이 아시아나를 완전히 흡수합병한다. 양사 간 마일리지 통합도 그때 진행될 것이다.

2018~2020년 항공사별 제휴 마일리지 판매 현황

(단위 : 마일리지)

연도	대한항공		아시아나항공	
	적립 마일리지	판매금액	적립 마일리지	판매금액
2018년	147억 2,915만	2,172억 원	119억 6786만	1,293억 원
2019년	177억 3,829만	2,531억 원	128억 1,634만	1,380억 원
2020년 8월	111억 2,438만	1,614억 원	73억 8810만	798억 원
합계	435억 9,183만	6,317억 원	321억 7230만	3,472억 원

자료 : 진성준의원실

카드사가 구입한 1마일당 가격을 보면 대한항공은 14.5원, 아시아나항공은 10.8원으로 대한항공 쪽이 더 높았다.

카드사들이 고객 결제액에 대해 적립해 주는 마일리지도 두 항공사 간 차이가 있다. 예를 들어 기업은행에서 제공하는 같은 이름의 카드 2개를 보면 결제액 1000원 당 대한항공은 1마일리지, 아시아나는 1.5마일리지를 적립해 준다.

시장에서는 이 같은 내용에 근거해 대한항공 대 아시아나 마일리지의 통합 비율은 대략 1 대 0.7 정도가 될 것으로 추정한다. 대한항공 마일리지 가치를 1로 볼 때 아시아나는 0.7에 해당하는 셈이다. 통합시 아시아나 1마일리지가 대한항공 0.7 마일리지로 전환된다는 이야기이기도 하다.

대한항공은 아직 정해진 것이 아무것도 없다며 1 대 0.7설을 강력하게 부인한다. 그럼에도 아시아나 고객들은 관련 보도에 대한 댓글이나 SNS 등을 통해 비균등 통합에 반발하며 1 대 1 통합을 요구하고 있다.

현재 대한항공이나 아시아나 고객이 마일리지를 활용해 인천공항에서 미국 존 F. 케네디 공항을 가려면 5만 2500마일리지 정도가 필요하다. 만약 두 항공사의 마일리지가 1 대 0.7 비율로 통합된다면 아시아나는 7만 5000마일리지가 필요하다. 즉 아시아나 7만 5000마일리지와 대한항공 5만 2500마일리지가 대등해진다. 아시아나 고객 입장에서는 2만 마일리지를 웃도는 손실을 본다고 생각할 수 있다.

최근 소비자주권시민회의라는 시민단체는 성명을 발표해 마일리지 1대 1 통합을 요구했다. 항공사 간 이해관계에 따른 합병 때문에 아시아나 고객이 경제적 손실을 보면 안 된다는 주장이다.

일부 아시아나 고객들은 두 항공사 간 합병으로 동맹 항공사 이용면에서 불리해지는데 마일리지 통합 불이익까지 감수할 수 없다며 목소리를 높이고 있다. 항공동맹은 전 세계 항공사들이 서로 뭉쳐서 노선 운영이나 마일리지 등을 통합적으로 공유하는 시스템을 말한다. 대한항공은 '스카이팀', 아시아나는 '스타얼라이언스'에 소속되어 있다. 아시아나가 대한항공에 합병되면 스타얼라이언스에서는 탈퇴해야 한다. 스타얼라이언스 소속 해외 항공사들을 선호해 아시아나 마일리지를 적립해 온 고객들은 동맹 탈퇴 불이익은 어쩔 수 없다고 해도 마일리지 불이익이 있어서는 안 된다고 말한다.

그러나 항공업계 전문가들은 대체로 1대 1 통합은 어려울 것이라 보면서도 구체적 통합비율에 대한 언급에는 신중한 분위기다. 고객들이 이해할 만한 객관적 근거를 제시해야 할 것이라는 원론적 입장을 밝히는 정도다.

해외 사례는 어떨까? 대체로 1대 1 통합이 많았다. 2008년 미국 델타항공과 노스웨스트항공이 합병할 때는 두 항공사 간 마일리지 적립 방식의 차이에도 불구하고 1대 1 통합이 채택됐다. 2010년 미국 유나이티드항공과 컨티넨탈항공 간 합병, 최근 알라스카항공과 하와이안항공 간 합병에서도 1대 1 통합이 단행됐다.

물론 통합비율을 달리한 사례도 있다. 2016년 알라스카항공과 버진아메리카 간 합병의 경우 1대 1.3 비율이 적용됐다. 두 항공사는 마일리지 체계가 많이 달랐다. 알라스카항공은 비행 거리에 따라, 버진아메리카는 구매금액에 따라 마일리지를 적립해 줬다.

대한항공은 두 회사 간 마일리지 통합방안을 2025년 6월까지 공정거래위원회에 보고해야 한다. 공정거래위원회는 두 항공사 간 인수 논의가 시작된 2019년 무렵보다 소비자에게 불리한 마일리지 정책은 허용할 수 없다는 원론적 입장을 제시할 뿐 구체적 통합비율 등에 관해서는 지시할 위치에 있지 않다는 입장이다.

업계에서는 두 항공사가 해외 사례 등을 검토하고 전문 컨설팅업체의 조언을 받아 통합비율을 정할 것으로 보고 있다. 1대 1 통합을 하면 아시아나 고객에게는 좋겠지만 상대적으로 대한항공 고객에게는 불이익이 될 수 있다. 마일리지 통합비율이라는 뜨거운 감자를 대항항공이 어떻게 다룰지 주목된다.

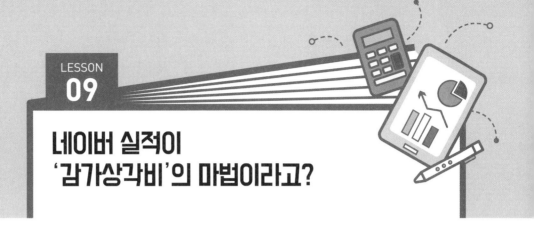

네이버 실적이
'감가상각비'의 마법이라고?

기업이 유형자산이나 무형자산을 취득하였을 때, 취득 시점에 비용 처리를 하지 않는다. 예를 들어 삼성전자가 유형자산인 기계장치(반도체 장비)를 100억원에 취득하였다고 해보자. 삼성전자는 장비를 여러 해 동안 사용하면서 수익 창출에 활용할 것이다. 그렇다면 이 장비를 취득하는 데 들어간 지출을 손익계산서에서 비용 처리하는 것은 장비를 수익 창출에 활용하는 기간에 걸쳐 나누어서 하면 된다.

감가상각비, 기계장치가 창출하는 수익에 대응하는 비용

2023년 초 장비를 100억 원에 취득하여 가동하기 시작하였다고 해보자. 이 장비는 5년 동안 수익 창출에 사용할 수 있을 것으로 예상된다. 물론 이 장비가 실제로 딱 5년만 사용 가능한 것은 아닐 것이다. 회계적으로 추정한 사용 기간 5년을 '내용연수'라고 한다. 100억 원을 5년 동안 정액법으로 나눈다면 1년에 20억 원씩 비용 처리해 나가면 된다. 이를 '감가상각한다'고 말하고, 이

비용을 '감가상각비'라고 한다.

장비를 취득하는 데 100억 원이 지출되었다면 취득 과정에서 삼성전자 재무상태표에는 100억 원의 현금자산 감소가 기록될 것이다. 아울러 100억 원의 유형자산 증가도 기록될 것이다. 이것은 재무상태표의 변화일 뿐이다.

손익계산서에 변화가 생기는 것은 이 장비를 가동하는 시점부터다. 기계장치는 사용할수록, 시간이 지날수록 낡아간다. 이러한 진부화 과정에서 기계장치의 가치는 감소하기 때문에 가치 감소분을 비용 처리한 것이 감가상각비라고 말할 수 있겠다. 결국 감가상각비는 기계장치가 창출하는 수익에 대응하는 비용의 개념이라고 할 수 있다.

2023년 초 가동을 시작할 때 재무상태표 유형자산 항목에서 100억 원으로

기계장치는 사용할수록, 시간이 지날수록 낡아간다. 진부화 과정에서 기계장치의 가치는 감소하기 때문에 가치 감소분을 비용 처리한 것이 감가상각비라고 할 수 있다.

기록된 반도체 장비 장부가액은 1년이 지난 2023년 말이 되면 80억 원이 된다. 가치 하락분 20억 원은 손익계산서에서 감가상각비로 반영이 된다. 다음 표는 유형자산의 감가상각을 보여준다.

만약 이 반도체 장비의 추정 내용연수를 5년이 아닌 10년으로 본다면, 매년 손익에 반영되는 감가상각비는 10억 원(100억 원/10년)으로 줄어들 것이다.

유형자산의 감가상각

*반도체 장비 취득금액 : 100억 원   *내용연수 : 5년(정액 상각 적용)

	2023년 초	2023년 말	2024년 말	2025년 말	2026년 말	2027년 말
재무상태표 유형자산 장부가격 변화	100억 원	80억 원	60억 원	40억 원	20억 원	0
손익계산서 감가상각비 반영	-	20억 원	20억 원	20억 원	20억 원	20억 원
감가상각 누계액	-	20억 원	40억 원	60억 원	80억 원	100억 원

표에서 보는 것처럼 이 반도체 장비의 장부가격은 2027년 말 결산에서 '0'이 된다. 이 시점이 지나면 이제 이 장비에서 감가상각비도 발생하지 않는다. 따라서 장비가 2027년 말 이후에도 계속 가동이 가능하다면 감가상각비 없이 수익 창출 활동을 하는 셈이므로 수익성이 좋아진다고 할 수 있겠다.

대규모 설비투자를 한 기업이 "감가상각이 끝나면 수익성이 개선될 것"이라고 말하는 것은 이 때문이다. 일반적으로 설비투자를 많이 하는 기업은 감가상각비도 많이 발생한다. 실제 삼성전자의 연간 감가상각비는 얼마나 될까?

다음 표는 삼성전자의 2024년 반기 연결재무제표 주석에 나타난 판매비 및 관리비(판관비) 내역이다. 감가상각비가 8313억 7000여만 원인 것으로 나타나 있다. 이를 삼성전자 전체 감가상각비라고 생각하면 안 된다.

삼성전자 2024년 반기 연결 기준 판매비 및 관리비 내역　　　　　(단위 : 백만 원)

구분	금액
급여	4,361,506
지급수수료	4,281,199
감가상각비	831,374
광고선전비	2,758,671
판매촉진비	3,616,828
운반비	1,361,544
서비스비	2,023,641
기타 판관비	3,088,507
경상연구개발비	15,869,153
계	38,735,658

삼성전자의 주된 영업활동 즉 제품을 생산·제조하고 판매하는 활동에 사용되는 유형자산(공장의 기계장치 등)에서 발생하는 감가상각비는 제품 제조원가에 포함된다. 그리고 이 제품이 판매되면 매출원가가 된다. 삼성전자 같은 기업에서 발생하는 감가상각비의 대부분은 매출원가에 반영된다. 판관비에 반영되는 감가상각비는 예를 들어 삼성전자 사옥(건물 유형자산)에서 발생하는 감가상각비 같은 것들이다.

삼성전자의 전체 감가상각비 규모를 알려면 재무제표 주석에서 '비용의 성격별 분류'를 찾아보면 된다. 매출원가에 반영되었건, 판관비에 반영되었건 감가상각비라는 이름(성격)으로 비용 처리된 것의 총액이 얼마인지를 파악할 수 있다.

성격별 비용 합계(②) 128조 9340억 원은 2024년 상반기 매출원가와 판관비의 합계액이다. 이 가운데 감가상각비(①) 18조 6072억 원은 매출원가 반영분과 판관비 반영분(8313억 원)을 합한 것이므로, 매출원가로 반영된 감가상각비는 17조 7758억 원 정도 된다는 이야기다. 전체 감가상각비의 96%에 해당한다.

삼성전자 2024년 상반기 연결 기준 비용의 성격별 분류 (단위 : 백만 원)

구분		금액
제품 및 재공품 등의 변동		(994,371)
원재료 사용액, 상품 매입액 등		47,155,223
급여		16,228,699
감가상각비	①	18,607,158
유틸리티비		3,993,356
외주용역비		3,767,051
광고선전비		2,758,671
판매촉진비		3,616,828
기타 비용		28,220,102
성격별 비용 합계	②	128,934,016

다음은 삼성전자와 SK하이닉스의 2021~2023년 연간 연결 기준 감가상각비 변화 추이를 나타낸 그림이다.

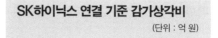

삼성전자 연결 기준 감가상각비	SK하이닉스 연결 기준 감가상각비
(단위 : 억 원)	(단위 : 억 원)

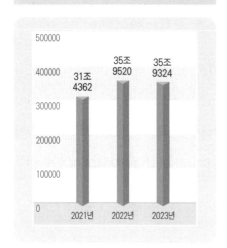

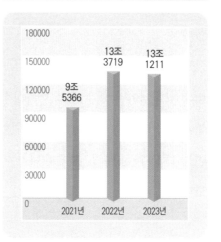

🪙 중도에 내용연수를 변경해 '회계 마법'을 부린 네이버와 영업이익이 줄어든 아시아나항공

감가상각비를 비용 처리할 때는 실무적으로 정액법을 가장 많이 사용한다. 유형자산의 내용연수에 맞춰 각 회계 기간 별로 감가상각비를 정액 배부하는 방법이다.

정률법은 일정한 비율만큼 감가상각해 나가기 때문에 초기에 감가상각비가 많이 발생하는 특징이 있다. 예를 들어 감가상각률을 40%로 정해놓았다면 반도체 장비 100억 원(추정 내용연수 5년)의 1차 연도 감가상각비는 100억 원 × 40% = 40억 원, 장비 장부가액은 60억 원이 된다. 2차 연도 감가상각비는 60억 원 × 40% = 24억 원이 되고, 장비 장부가액은 36억 원이 될 것이다. 이외 생산량 비례법, 연수합계법 등 몇 가지 감가상각 방식이 있으나 앞에서 말한 대로 정액법이 가장 많이 쓰인다.

감가상각의 추정 내용연수는 합리적인 이유가 있을 경우 도중에 변경할 수 있다. 예를 들어 2020년 초 기계장치를 1억 원에 취득하였고, 추정 내용연수 10년 동안 정액법으로 연 1000만 원을 감가상각해 왔다. 4년 뒤인 2024년 초에 점검해보니 기계장치 장부가액은 6000만 원이 되었고 잔존 내용연수는 6년이 되었다. 이 시점에 회사가 잔존 내용연수를 4년으로 변경한다면(전체 내용연수를 10년에서 8년으로 변경한다면) 어떻게 될까?

회사는 남은 4년 동안 연 1500만 원씩(6000만 원/4년)을 감가상각비로 반영하면 된다. 이렇게 되면 아마 2024년부터는 증가한 감가상각비(연 1000만 원 → 연 1500만 원) 때문에 이익이 줄어들 수도 있다.

이와 달리 2024년 초에 잔존 내용연수를 6년에서 10년으로 변경한다면(전체 내용연수를 10년에서 14년으로 변경한다면), 회사는 2024년부터는 연 600만 원(6000만 원/10년)을 감가상각비로 처리하면 된다. 2024년부터는 감가상각비 감소로 이익이 증가하는 효과를 볼 수도 있다.

다음은 네이버의 유형자산 내용연수 변경에 따른 이익 증가를 다룬 기사를 요약한 것이다.

한국경제신문 / 2023년 5월 10일

好실적 뜯어보니 … 네이버의 '회계 마법'

네이버는 2023년 1분기 영업이익이 3305억 원으로 작년 동기 대비 9.5% 증가했다고 발표했다. 시장이 예상한 영업이익 전망치 3071억 원을 넘어 '깜짝 실적'이라는 평가를 받았다. 증권가 애널리스트들은 '미국판 당근마켓'이라 불리던 미국 포시마크 인수 효과, 핀테크와 콘텐츠 분야의 고른 성장세 등을 실적 호조 이유로 꼽았다.

네이버 깜짝 실적엔 '회계 처리 변경'도 크게 기여한 것으로 나타났다. 네이버는 서버, 네트워크 장비 등 주요 장비의 감가상각 내용연수를 2023년부터 늘리면서 1분기에만 200억 원 이상 영업이익이 증가하는 효과를 본 것으로 파악됐다.

네이버는 1분기 실적 발표에서 올해부터 서버 등 주요 장비의 감가상각 내용연수를 기존 4년에서 5년으로 늘렸다고 발표했다. 국내 정보기술(IT) 기업 가운데 내용연수 연장을 공식적으로 발표한 건 네이버가 처음이다. 김남선 네이버 CFO(최고재무책임자)는 콘퍼런스콜에서 "국내외 업체들도 서버와 중앙처리장치(CPU) 등 내용연수를 기존 4년에서 5~6년으로 늘리는 추세"라며 "이는 현재 회사의 평균 장비 사용 기간이 5.4년 이상인 현실을 정확히 반영한다"고 말했다.

감가상각 내용연수 연장은 2022년부터 구글 등 글로벌 테크기업에서 이미 보편화된 현상이다. 빅테크 기업들은 인공지능(AI)과 클라우드 등 신기술 등장으로 데이터센터와 서버 구축에 막대한 자본을 투자한 이후 속속 내용연수를 연장했다.

2023년 구글(알파벳)과 아마존, 마이크로소프트(MS)가 서버 등 내용연수를 기존 5년에서 6년으로, 페이스북(메타)은 4년에서 5년으로 연장했다. 구글과 아마존, MS는 2021년부터 두 번에 걸쳐 내용연수를 연장했다. 테크 리서치기업 옴디아에 따르면 빅테크 기업의 서버 내용연수는 2022년 5.2년에서 2023년 5.6년으로 늘어난 것으로 조사됐다. 알파벳은 이런 변화로 올해 감가상각 비용이 34억 달러 (약 4조 4982억 원) 감소할 것이란 예상도 나온다.

네이버와는 달리 내용연수 단축으로 이익이 감소한 사례도 있다. 다음은 아시아나항공이 제시한 2024년 1분기 실적 관련 설명 자료 중 일부다.

아시아나항공 2024년 1분기 요약 손익계산서(별도)   (단위 : 억 원)

구분	1분기			
	2023년 1분기	2024년 1분기	증감	증감률
매출액	14,563	16,330	1,766	12.1%
영업비용	13,638	16,642	3,004	22.0%
영업이익	925	−312	−1,238	적자 전환

* 매출 : 국제선 공급 및 수요 증가로 인한 국제 여객 매출 증가에 따라 여객 수입 비중 증가
* 비용 : 사업량 회복에 따른 운항비용, 연료유류비 및 외주수리비 등 증가, 내용연수 변경에 따른 감가상각비 반영 증가

별도재무제표 기준 손익을 보면 매출액은 2023년 1분기 대비 2024년 1분기에 12.1% 증가하였다. 그러나 영업이익은 오히려 925억 원에서 312억 원 손실을 기록, 적자로 전환하였다. 영업비용이 22%나 증가하였기 때문이다.

이와 관련하여 아시아나항공은 실적 설명 자료에서 국제선 공급 및 수요 증가로 국제 여객 매출이 증가하였다고 밝혔다. 그러나 사업량 회복에 따른 운항비용, 연료유류비 및 외주수리비가 늘어나고 항공기 내용연수 변경(단축)에 따른 감가상각비가 증가하면서 영업비용이 큰 폭으로 증가하였다고 설명했다. 다음은 아시아나항공 실적과 관련한 매체 보도를 요약한 것이다.

아시아나, 1분기 영업손실 312억 원
비용 증가 탓에 적자 전환

아시아나항공이 2024년 1분기에 분기 기준 역대 최대 매출을 기록했다. 그러나 운영 항공기 감가상각비 증가와 안전 투자비용 확대 등으로 영업손실을 기록하며 적자 전환했다.

아시아나항공에 따르면 별도재무제표 기준 2024년 1분기 매출은 전년 동기 대비 12.1% 증가한 1조 6330억 원으로 집계됐다. 견고한 국제 여객 수요를 바탕으로 여객 노선 공급을 지속 확대한 덕분이다.

그러나 감가상각비 증가 및 수송량 증가 등에 따른 영업비용 증가, 환율 상승의 영향으로 영업이익은 312억 원 적자를 기록했다. 감가상각비의 경우 비효율기재 반납 스케줄 변경에 따른 내용연수 단축으로 317억 원이 증가했으며 2023년 4분기 신규 도입한 항공기에서 67억 원이 추가됐다.

아시아나항공 관계자는 "항공기 장기 운영 계획에 따른 기단 세대 교체 작업의 일환"이라며 "최근 3년간 높은 영업이익을 바탕으로 기재경쟁력 강화 추진에 나선 것"이라고 설명했다.

기아, LG엔솔, SK하이닉스, 네이버 기사에 공통으로 등장하는 'EBITDA'

영업수익(매출액)이 1억 원, 영업비용(매출원가, 판관비)이 7000만 원이라면 영업이익은 3000만 원으로 산출된다. 그렇다면 이 회사가 영업활동으로 벌어들인 현금도 3000만 원이라고 할 수 있을까? 당연히 그렇지는 않을 것이다. 일반적으로 회계상의 영업이익 즉 손익계산서상의 영업이익은 영업활동으로 창출한 현금흐름과 일치하지 않을 뿐 아니라 차이가 꽤 큰 경우도 많다.

영업이익과 영업활동으로 벌어들인 현금이 일치하지 않는 이유

우선 손익계산서 최상단에 자리 잡은 매출액부터가 현금흐름과 차이가 날 수 있다. 회사는 모든 거래를 그때그때 현금으로만 하지 않는다. 외상거래를 하면 매출액으로는 잡히지만, 재무제표에서 증가하는 것은 현금이 아닌 매출채권이다.

영업비용도 마찬가지다. 현금으로 지출한 비용도 있을 것이고, 현금이 지출되지는 않았지만 비용으로 처리한 것도 있을 것이다. 예를 들어 감가상각비를 한번 보자. 2022년 초에 기계설비를 1000만 원에 취득하였고, 이 설비를 가동하여 제품을 만든다. 내용연수 5년에 정액상각을 한다면 연 감가상각비는 200만 원씩 반영될 것이다. 2024년에 영업비용으로 반영된 감가상각비 200만 원은 현금 지출과는 무관한 회계적 비용이다. 현금은 기계설비 취득 시점에 소모되었고, 이후 감가상각비로 처리되는 금액은 현금 유출을 수반하지 않는 비용인 것이다.

영업활동으로 회사가 창출한 현금흐름을 측정하는 방법은 여러 가지가 있다. 재무제표 중에 '현금흐름표'라는 것이 있다(현금흐름표에 대해서는 375쪽 참조). 우리가 흔히 접할 수 있는 이 현금흐름표를 보면 영업활동 현금흐름, 투자활동 현금흐름, 재무활동 현금흐름이 기재되어 있다. 영업활동 현금흐름은 현금이 나가지 않은 비용과 현금이 들어오지 않은 수익을 더하거나 빼고, 현금흐름과 관련이 있는 영업자산(매출채권, 재고자산, 선급금 등)과 영업부채(매입채무, 선수금 등)의 증감까지 반영하여 계산한다. 간단한 듯하지만, 익숙하지 않은 사람에게는 상당히 복잡하게 느껴질 수도 있다.

기아 2024년 반기 연결재무제표 현금흐름표 중 '영업활동 현금흐름' (단위 : 백만 원)

구분	금액
영업활동 현금흐름	**6,001,709**
영업에서 창출된 현금흐름	7,531,316
이자 수취	469,829
이자 지급	(79,446)
배당금 수취	155,320
법인세 부담액	(2,075,310)

기아 2024년 반기 연결재무제표주석 중 '영업에서 창출된 현금흐름'　　　(단위 : 백만 원)

구분	금액
당기순이익	**5,765,674**
당기순이익 조정을 위한 가감	**4,597,399**
감가상각비 조정	975,988
무형자산 상각비 조정	263,158
판매보증비 조정	1,543,584
법인세비용 조정	2,058,822
지분법손익	(435,365)
순이자손익	(436,749)
외화환산손익 조정	190,474
영업활동으로 인한 자산 · 부채의 변동	**(2,831,757)**
매출채권 감소(증가)	(1,644,399)
미수금 감소(증가)	(53,400)
재고자산 감소(증가)	(887,907)
매입채무 증가(감소)	(477,092)
선수금 증가(감소)	201,964
미지급비용 증가(감소)	1,059,906
판매보증 충당부채 증가(감소)	(1,173,631)
영업에서 창출된 현금흐름	7,531,316

ⓦ 영업활동 현금흐름을 간단히 파악할 수 있는 EBITDA

이보다 훨씬 간단하게 영업활동 현금흐름을 파악해 보는 방법이 있다. 바로 'EBITDA'라는 것인데, 오래전부터 관행적으로 기업의 영업활동 현금흐름을 간

영업이익과 영업활동 현금흐름은 일치하지 않을 뿐 아니라 차이가 꽤 큰 경우도 있다. 영업이익에는 실제 현금이 유출되지 않는 비용, 현금이 유입되지 않는 수익 등이 반영되어 있기 때문이다. 기업의 영업활동 현금흐름을 간단하게 측정하는 지표로 EBITDA를 활용하고 있다.

영업이익

영업활동
현금흐름

단하게 측정하는 지표로 활용해 왔다. EBITDA는 회계 기준에 따라 산출하는 값은 아니나, 요즘도 많은 기업이 실적 설명 자료에 EBITDA를 제시하고 있다. 특히 기업의 M&A를 다룬 보도에 이 지표가 많이 등장하는 것을 볼 수 있다.

EBITDA를 그대로 풀어쓰면 'Earnings Before Interest, Taxes, Depreciation and Amortization'이다. 우리말로 '이자비용, 세금, 감가상각비, 무형자산 상각비를 반영하기 전의 영업 이익'이라고 할 수 있겠다(무형자산과 상각에 대해서는 107쪽 참조).

손익계산서에서 영업이익을 산출하는 단계에서는 이자비용이나 세금을 반영하지는 않는다. 따라서 EBITDA는 감가상각비나 무형자산 상각비를 차감하기 전의 영업이익이라고 말할 수 있다. 다시 말해 EBITDA 값을 구하려면 영업이익에 감가상각비와 무형자산 상각비를 더해주면 된다는 것이다. 감가상각비나 무형자산 상각비는 대표적으로 현금 유출을 수반하지 않는 회계적 비용이다. 따라서 회계상의 영업이익 즉 손익계산서상의 영업이익을 현금흐름상의 영업이익(영업활동 현금흐름)으로 교정하는 방법으로 EBITDA를 고안해 냈다고

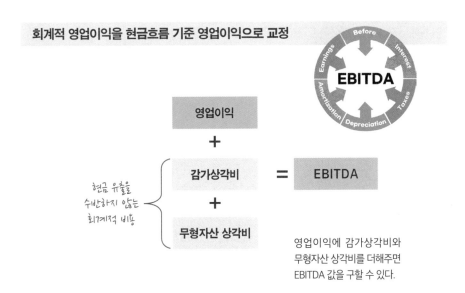

회계적 영업이익을 현금흐름 기준 영업이익으로 교정

영업이익

+

감가상각비 = EBITDA

현금 유출을
수반하지 않는
회계적 비용

+

무형자산 상각비

영업이익에 감가상각비와
무형자산 상각비를 더해주면
EBITDA 값을 구할 수 있다.

생각하면 된다.

현금흐름표 내 영업활동 현금흐름과 EBITDA 값은 일치하지 않으며, 차이가 꽤 나는 경우도 있다. 하지만 감가상각비 등 현금 유출을 수반하지 않는 비용이 많이 발생하는 기업의 경우 현금흐름 기준 영업이익을 간편하게 측정할 수 있는 지표로 EBITDA를 많이 쓴다고 보면 되겠다.

다음에 나오는 표는 LG에너지솔루션이 투자자들에게 제시한 2024년 2분기 실적 설명 자료 중 일부다. LG에너지솔루션은 2024년 1분기와 2분기에 각각 1570억 원과 1950억 원의 영업이익을 냈다. 영업이익률로는 2.6%와 3.2%다. EBITDA 즉 영업이익에 현금 비유출 비용인 감가상각비와 무형자산 상각비를 더한 현금흐름 기준의 영업이익은 각각 8160억 원(마진율 13.3%)과 9310억 원(마진율 15.1%)으로 산출되었다.

구분	2024년	
	1분기	2분기
매출액	6,129	6,162
매출원가	5.205	5,469
매출총이익	924	693
마진율(%)	15.1%	11.2%
판매관리비	956	945
영업이익	157	195
마진율(%)	2.6%	3.2%
EBITDA	816	931
마진율(%)	13.3%	15.1%
세전 이익	223	91
마진율(%)	3.6%	1.5%
당기순이익	212	△24
마진율(%)	3.5%	△0.4%

LG에너지솔루션 2024년 2분기 실적 설명 자료 중 (단위 : 십억 원)

다음 표는 SK하이닉스의 2024년 3분기 실적 설명 자료 중 일부다. 2024년 2분기와 3분기의 영업이익은 각각 5조 4690억 원, 7조 300억 원인데, EBITDA로는 8조 5910억 원과 10조 1000억 원에 이른다. 영업이익보다 EBITDA가 더 크다.

2023년 3분기부터 2024년 3분기까지 SK하이닉스의 이익률 추이를 보여주는 그림을 보자. EBITDA 마진율을 기준으로 2024년 2분기부터 50%를 넘어섰다는 사실을 알 수 있다(2분기 52%, 3분기 57%). EBITDA 마진율은 EBITDA를 매출액으로 나눈 것으로, 매출 대비 감가상각비와 세금, 이자 차감 전 영업이익이 어느 정도 되는지를 나타내는 수익성 지표다.

SK하이닉스 2024년 3분기 실적 설명 자료 중

(단위 : 십억 원)

구분	2024년	
	2분기	3분기
매출액	16,423	17,573
매출총이익	7,496	9,171
영업이익	5,469	7,030
EBITDA	8,591	10,100
순이익	4,120	5,753

SK하이닉스의 이익률 추이

(단위 : %)

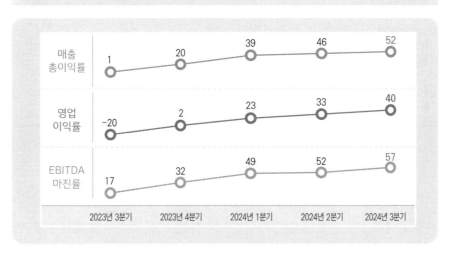

스톡옵션을 많이 준 회사에서 볼 수 있는 조정 EBITDA

다음은 네이버의 2024년 2분기 실적 설명 자료 중 일부다. 우리가 앞에서 본 자료와 두 가지 점에서 차이가 있다. 첫째는 영업이익에 앞서 EBITDA를 배치하고 있다는 점이다. 둘째는 '조정 EBITDA'를 제시하고 있다는 점이다.

네이버 2024년 2분기 실적 설명 자료 중

(단위 : 십억 원)

구분	2024년	
	1분기	2분기
매출액	2,526.1	2,610.5
서치플랫폼	905.4	978.4
커머스	703.5	719.0
핀테크	353.9	368.5
콘텐츠	446.3	420.0
클라우드	117.0	124.6
영업비용	2,086.8	2,137.8
조정 EBITDA	581.0	638.4
조정 EBITDA 이익률(%)	*23.0%*	*24.5%*
영업이익	439.3	472.7
영업이익률(%)	*17.4%*	*18.1%*
당기순이익	555.8	332.1
당기순이익률(%)	*22.0%*	*12.7%*

조정 EBITDA라고 해서 특별한 것은 아니다. 회계상 영업이익에 더해주는 항목으로 감가상각비와 무형자산 상각비 외에 주식보상비용(스톡옵션비용)을 추가한 값이다. 스톡옵션을 많이 부여한 기업의 경우 이에 따른 회계적 비용 또한 많이 발생한다. 현금 유출과 무관한 비용이기 때문에 이것까지 더하여 조정 EBITDA를 제시하는 경우들이 있다. 네이버의 경우 영업이익률은 2024년 1분기와 2분기에 각각 17.4%와 18.1%인데 비해, 조정 EBITDA 마진율로는 20%가 넘는다(23.0%, 24.5%).

다음은 마켓컬리와 뷰티컬리를 운영하는 컬리의 실적 설명 자료 중 일부다. 컬리는 설립 이래 계속하여 영업적자를 기록하였고 EBITDA 기준으로도 적자가 지속되었다. 그러다 2023년 하반기에 조정 EBITDA 마진율을 -4.3%까지

조정 EBITDA

영업이익
+
감가상각비
+
무형자산 상각비
+
주식보상비용

현금 유출을 수반하지 않는 회계적 비용

= 조정 EBITDA

스톡옵션을 많이 부여한 기업의 경우 이에 따른 회계적 비용 또한 많이 발생한다. 영업이익에 감가상각비, 무형자산 상각비, 주식보상비용을 더하면 조정 EBITDA 값을 구할 수 있다.

컬리 조정 EBITDA 추이

(단위 : 억 원, 매출액 대비 %)

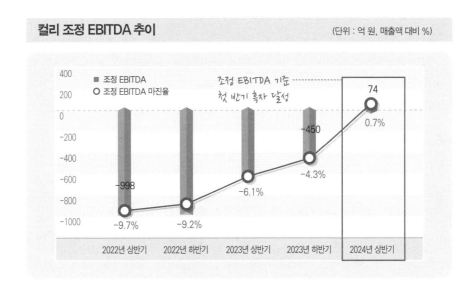

축소시켰고, 2024년 상반기에는 0.7%를 기록하였다. 컬리는 2024년 연간으로도 조정 EBITDA 기준 흑자(137억 원, 마진율 0.6%)를 달성하였다.

왜 HMM은 빌려 쓰는 선박에도 감가상각을 할까?

우리는 앞에서 기계장치나 건물 등 기업이 영업활동에 사용하는 유형자산에 대한 감가상각비를 살펴봤다. 기업이 자기 소유로 취득하지 않고 '빌려'서 사용하는 유형자산에 대한 감가상각비는 회계에 어떻게 반영할까? 상식적으로 생각하면, 법적으로 내가 소유권을 가지는 것이 아니라 누군가로부터 임차하여 사용하는 유형자산이라면 정기적으로 지급하는 사용료를 비용으로 처리하면 되지 감가상각비를 인식할 필요는 없을 것 같다.

빌려서 사용하는 유형자산, 운용리스 회계 처리는 옛말

예를 들어보자. 항공사는 영업용 유형자산인 비행기를 직접 취득하기도 하지만 리스하여 운용하는 경우도 많다. 해운회사가 사용하는 선박도 마찬가지다. 멀티플렉스 영화관 운영업체나 대형 유통마트도 영화관 건물이나 마트 건물을 직접 취득하기 보다는 리스하여 사용하는 경우가 많다. 과거에는 비행기나 선박, 부동산 등을 리스로 이용하는 기업은 계약 기간에 리스료를 지급할 때마다 손익계산서에서 리스료를 영업비용으로 처리하는 식의 단순회계가 가능했다. 이를 '운용리스'라고 불렀다.

그런데 2018년부터 IFRS(국제회계기준) 리스 회계 기준이 바뀌면서 변화가 생겼다. K-IFRS(한국채택국제회계기준)를 적용하는 기업들(상장기업과 일부 비상장기업 등)은 리스 이용 시 운용리스 회계를 적용할 수 없고, 오로지 '금융리스'식의 회계 처리만 가능하게 되었다.

금융리스 회계에서 리스 이용 기업은 리스자산을 마치 자기 소유로 취득한 것처럼 처리한다. 재무상태표에 리스자산을 자기의 유형자산으로 반영한다. 그런데 이 리스자산은 사실 빌려 쓰는 것이고 정기적으로 리스료를 내야 하기 때문에, 리스자산을 반영함과 동시에 리스기간 동안 지급해야 할 총리스료를 리스부채로 반영한다.

리스자산이 법적으로는 여전히 리스를 해주는 기업의 소유물이겠지만 회계

금융리스 회계 처리

㈜맛있어의 유형자산 → 사용권자산 → 사용권자산 상각비 발생

리스 제공자
㈜한국캐피탈

제조설비 리스 →
← 총리스료

리스 이용자
㈜맛있어

㈜맛있어의 리스부채

적으로는 리스 이용 기업의 소유물로 처리하는 셈이고, 이 때문에 이 리스자산에서 발생하는 감가상각비를 리스 이용 기업이 회계 처리해야 한다.

금융리스 방식을 적용하여 회계상 소유하게 된 리스 유형자산을 특별히 '사용권자산'이라고 부르고, 이 사용권자산에서 발생하는 감가상각비를 '사용권자산 상각비'라는 이름으로 처리한다.

다음은 해운회사 HMM의 2024년 상반기 말 기준 재무상태표에서 자산과 부채 상황을 요약·편집한 것이다.

HMM 2024년 상반기 말 재무상태표 요약·편집

(단위 : 백만 원)

구분	금액
자산	**29,058,922**
유동자산	**15,588,190**
현금 및 현금성자산	1,654,801
매출채권 및 기타 채권	1,302,799
기타 유동금융자산	11,946,798
비유동자산	**13,470,732**
유형자산	8,669,083
사용권자산	3,603,422
부채	**5,383,191**
유동부채	**2,555,990**
매입채무 및 기타 채무	904,490
유동성 장기부채	207,615
유동성 리스부채	761,580
비유동부채	**2,827,201**
장기차입금	217,266
리스부채	2,473,257

자산 항목을 보면 비유동자산에서 유형자산(8조 6690억 원)과는 별개로 사용권자산(3조 6034억 원)이 잡혀있다. 리스한 선박을 자산으로 인식한 금액으로 볼 수 있다. 부채 항목을 보면 이와 관련하여 유동부채에서 유동성 리스부채(1년 안에 상환해야 하는 리스부채)로 7615억 원, 비유동부채에서 리스부채로 2조 4732억 원이 잡혀있다.

HMM의 2024년 반기보고서 연결재무제표 주석에서 찾아본 사용권자산 관련 내용들은 다음과 같다.

HMM 2024년 상반기 말 기준 사용권자산 내역 (단위 : 백만 원)

사용권자산	건물	토지	구축물	선박	공기구비품	합계
금액	54,792	98,146	169,313	2,719,365	559,736	3,603,422

HMM 2024년 상반기 감가상각비 (단위 : 백만 원)

구분	유형자산	사용권자산
감가상각비	(157,619)	(277,949)

우선 HMM은 연결재무제표 기준으로 선박, 건물, 컨테이너 등을 리스하였으며 평균 잔여 리스기간은 4년이라고 주석에서 밝히고 있다. 감가상각비의 경우 유형자산에서 발생한 금액이 1576억 원, 사용권자산에서 발생한 금액은 2779억 원이다. 사용권자산이 유형자산보다 금액이 훨씬 적은데도 감가상각비 인식액이 큰 이유는 감가상각 기간(유형자산의 경우 내용연수, 사용권자산의 경우 리스 계약 기간)이 짧기 때문인 것으로 보인다.

다음은 대한항공의 2024년 반기 연결재무상태표를 축약한 것이다. 대한항공은 자산 항목에 유형자산과 사용권자산을 따로 구별하여 기재하지 않고 유형자산(①, 18조 1539억 원)으로 통합하여 반영하였다.

대한항공 2024년 반기 말 기준 재무상태표

(단위 : 백만 원)

구분		금액
자산		**31,483,226**
유동자산		9,457,495
비유동자산		22,025,731
유형자산	①	18,153,929
부채		**21,141,868**
유동부채		10,401,968
유동성 리스부채	②	1,170,775
비유동부채		10,739,900
리스부채	③	3,066,500

항공기 관련 리스부채는 유동으로 1조 1707억 원(②), 비유동으로 3조 665억 원(③)이 반영되었다. 유형자산 가운데 사용권자산액과 감가상각비를 파악하려면 재무제표 주석을 봐야 한다.

오른쪽은 유형자산 가운데 항공기 관련 항목만 간추린 것이다. 대한항공이 직접 구매하여 운항하고 있는 항공기는 3조 2573억 원이다. 리스하여 운항하고 있는 항공기(사용권자산)는 5조 7672억 원이다. 감가상각비는 2024년 상반기에 항공기에서 1338억 원, 항공기 사용권자산에서 4015억 원이 발생하였다.

대한항공 2024년 반기 말 기준 유형자산 중 항공기 관련 (단위 : 백만 원)

	항공기	엔진	항공기재	사용권자산 : 항공기	사용권자산 : 기타	합계
반기 말	3,257,349	1,625,689	1,595,850	5,767,226	236,723	18,153,930
감가상각비	133,810	116,267	91,477	401,578	38,376	829,413

⬢Ⓦ EBITDA에 사용권자산 상각비도 포함될까?

CJCGV 2024년 2분기 실적 설명 자료 (단위 : 억 원)

구분	금액
매출	4,299
매출원가	2,727
매출총이익	1,573
판매비 및 관리비	1,349
영업이익	223
금융손익	(355)
기타 영업외	55
세전손익	(77)
당기순손익	(67)
EBITDA	883

　　우리가 앞에서 EBITDA에 대해 살펴볼 때, EBITDA는 손익계산서 영업이익에다 유형자산 감가상각비와 무형자산 상각비를 더한 것이라고 하였다. 그렇다면 이때 유형자산 감가상각비에 사용권자산 상각비도 포함시키는 게 맞을

CJCGV의 2024년 2분기 실적 설명 자료에 있는 EBITDA 883억 원은 영업이익 223억 원에 감가상각비 660억 원을 더해서 나온 것이다.

까? 거의 대다수 기업에서는 사용권 자산 상각비를 포함시켜 EBITDA를 계산한다.

앞의 표는 CJCGV의 2024년 2분기 실적 설명 자료 중 일부다. 표에서 보면 2분기 영업이익은 223억 원, EBITDA는 883억 원으로 나타나 있다.

CJCGV 연결재무제표 주석에 나타난 2분기 감가상각비를 정리하면 아래와 같다. 2분기 감가상각비 합계 660억 원은 사용권자산 감가상각비 395억 원이 포함된 금액이다. EBITDA 883억 원은 영업이익 223억 원에 감가상각비 합계액 660억 원을 더해서 나온 것이다.

CJCGV 2024년 2분기 연결재무제표 주석 중 감가상각비

(단위 : 억 원)

구분	금액
유형자산 감가상각비	235
사용권자산 감가상각비	395
무형자산 상각비	30
합계	660

자산이 됐다가 비용이 됐다가, 여러 가지 무형자산들

: 스튜디오드래곤 제작비, 곰표 상표권, 일타 강사 전속금 등

2024년 10월 25일 국회에서 열린 국정감사장에서 한 국회의원이 대한제분을 강하게 질타했다. 대한제분은 세븐브로이라는 맥주 제조 업체의 영업비밀과 기술을 탈취했다는 의혹을 받고 있었다. 제분 회사와 맥주 회사 간 영업비밀 탈취 논란이라니, 어떻게 된 일일까.

대한제분과 세븐브로이는 2020년 손을 잡고 '곰표 밀맥주'를 출시했다. '곰표'는 대한제분이 만드는 밀가루 제품의 상표다. 즉 세븐브로이는 대한제분으로부터 곰표 상표권 사용 권한을 부여받아 맥주를 제조했다. 곰표 밀맥주는 출시 이후 약 6000만 캔이 판매될 정도로 맥주 시장에서 큰 인기를 끌었다. 코로나19가 대유행했던 시절에는 '홈술(집에서 술을 마신다는 뜻의 신조어) 열풍'을 타고 출시된 많은 수제 맥주 가운데 최고 히트 상품으로 부상하기도 했다.

두 회사 간에 갈등이 불거진 것은 2023년 3월 상표권 사용 계약이 만료된 이후부터다. 대한제분은 3년 계약이 끝난 뒤 곰표 밀맥주 제조사를 세븐브로이에서 제주맥주로 바꿨다. 이후 세븐브로이는 '곰표 밀맥주 시즌2' 제품의 판매를 금지해달라는 가처분 신청을 냈다. 대한제분이 세븐브로이의 영업비밀에 해당하는 시험성적표와 성분 배합표 등 기술자료를 제주맥주에 넘겨줬고, 세 븐브로이의 곰표 밀맥주가 여전히 유통점에서 판매 중인 상황에서 이와 유사 한 디자인과 성분을 가진 제주맥주 제품이 나오면 시장에서 두 제품이 뒤섞일 수 있다는 이유로 소송을 낸 것이었다. 세븐브로이가 곰표 밀맥주 재고를 판매 할 수 있는 기한(2023년 9월)이 남아 있는 상태에서 대한제분과 제주맥주가 기 존 제품과 유사한 곰표 밀맥주 시즌2를 내놓았기 때문이다.

법정에 선 곰표 밀맥주

대한제분은 이와 관련해 "곰표 밀맥주 시즌2는 제주맥주의 독자적인 레시피 로 생산되는 제품"이라며 "고유 디자인 역시 대한제분이 소유권을 갖고 있 다"며 맞섰다. 1년 6개월 넘게 지속된 두 회사 간 다툼은 2024년 10월 공정 거래위원회에 대한 국정감사장으로까지 이어졌다. 국회의원들은 대한제분이 약자를 상대로 갑질을 한 것으로 보인다며, 세븐브로이에 대한 정당한 보상 을 촉구하였다.

우리는 앞에서 회사가 수익 창출 활동에 다년간 사용할 수 있는 유형자산 에 관하여 공부했다. 마찬가지로 수익 창출에 사용할 수 있는 무형자산도 있 다. 무형자산은 말 그대로 눈에 보이지 않는, 즉 형태가 없는 자산이다. 특허권 이나 상표권 같은 산업재산권이 대표적이다. 앞에서 세븐브로이는 대한제분과 상표권 사용 계약을 체결하고, '곰표' 상표를 활용하여 수제 맥주를 생산·판매 하였다. 만약 세븐브로이가 3년의 계약 기간 동안 곰표 상표를 사용하는 대가 로 30억 원을 지출하였다면, 세븐브로이는 30억 원을 무형자산(상표 사용권)으로 잡아놓고 3년(계약 기간)에 걸쳐 연 10억 원을 무형자산 상각비용(매출원가 또는 판매관리비)으로 처리할 것이다.

그렇지 않고 3년 동안 매출액의 일정 비율(예를 들어 10%)을 지급하는 방식으로 상표권 사용 계약을 체결하였다고 해보자. 결산 결과 매출액이 100억 원이라면, 대한제분에 10억 원을 줘야 하므로 세븐브로이는 부채(미지급금)로 10억 원을 잡을 것이다. 그리고 손익계산서에는 매출원가 또는 판매관리비(지급수수료)로 10억 원을 반영하면 될 것이다. 실제로 10억 원을 지급하는 시점에는 부채 10억 원을 없애고 현금 10억 원 감소를 기록하면 된다.

2020년 출시 이후 6000만 캔 가까이 팔리며 수제 맥주 열풍을 이끌었던 '곰표 밀맥주'는 대한제분이 상표권을 갖고, 세븐브로이가 생산·판매하는 형태였다. 2023년 3월 상표권 사용 계약이 만료된 이후, 대한제분은 제조사를 제주맥주로 바꾸어 '곰표 밀맥주 시즌2'를 내놓았다. 세븐브로이는 패키지 디자인과 성분이 기존 제품과 비슷하다며 제주맥주가 판매 중인 곰표 밀맥주 시즌2에 판매 금지 가처분 신청을 내고, 공정거래위원회에 대한제분을 제소했다.

드라마 제작사 장부에 등장하는 '건설 중인 자산'의 정체

무형자산의 종류로 '판권'이라는 것이 있다. 영화나 드라마 제작사는 제작 기간 중에 많은 금액을 제작비로 지출한다. 국내만 해도 수백억 원의 제작비를 투입하는 영화가 드물지 않고, 10회 안팎의 시리즈물 드라마도 총제작비가 수백억 원을 오르내리는 일이 흔해졌다.

영화나 드라마는 완성된 뒤 상영 단계에서 매출액(영업수익)이 발생한다. 만약에 그때그때 제작비 지출이 발생할 때마다 모두 비용으로 처리한다고 해보자. 제작사는 영화나 드라마를 제작하는 동안에는 매출 없이 비용만 반영하여 큰 적자를 보다가 상영 시점 이후에는 비용 없이 매출만 발생하므로 큰 흑자를 내는 등 손익이 크게 출렁이는 모습을 보일 것이다.

이는 합리적인 손익 측정 방식이 아니다. 손익계산에서는 수익과 비용을 대응시키는 게 원칙이다. 매출(영업수익)은 영업비용과 대응이 되어야 한다. 제작비 투자는 미래에 영화나 드라마가 상당 기간 수익을 낼 것으로 기대되는 지출이다. 따라서 제작비로 지출되는 금액 가운데 상당 부분은 일단 자산으로 잡아놓는다. 그리고 나중에 예를 들어 드라마가 판매되어 매출이 발생하는 기간 동안 나누어 비용 처리(매출원가)를 한다. 설비투자(유형자산) 취득에 지출한 금액을 바로 비용 처리하지 않고 회계적 내용연수(수익 창출 기간) 동안 비용으로 반영하는 감가상각과 유사하다.

영화나 드라마 제작사가 제작비 지출액의 일부를 무형자산으로 처리할 때 사용하는 항목 이름이 바로 '판권'이다. 예를 들어 드라마 〈선재 업고 튀어〉 제작에 지출한 50억 원 가운데 20억 원은 바로 매출원가로 비용 처리하고, 30억 원은 일단 무형자산으로 잡는다고 해보자. 이 30억 원은 〈선재 업고 튀어〉가

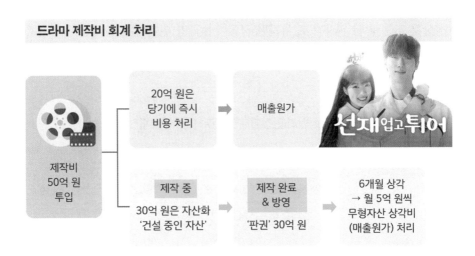

드라마 제작비 회계 처리

제작비 50억 원 투입
→ 20억 원은 당기에 즉시 비용 처리 → 매출원가
→ 제작 중 30억 원은 자산화 '건설 중인 자산' → 제작 완료 & 방영 '판권' 30억 원 → 6개월 상각 → 월 5억 원씩 무형자산 상각비 (매출원가) 처리

완성되기 전까지는 무형자산 중에서도 '건설 중인 자산'이라는 이름으로 분류된다. 드라마가 완성되면 항목 이름이 '판권'으로 바뀌고 드라마가 방영에 들어가면서 매출이 발생하는 단계에서 매출원가로 비용화(상각 처리)가 시작된다. 이 드라마로 매출을 올릴 수 있는 추정 기간을 6개월로 정했다면, 이 기간에 무형자산 상각비(30억 원 ÷ 6개월 = 월 5억 원)가 발생하는 것이다.

판권을 외부에서 취득할 수도 있다. 외부에서 제작된 드라마를 사 온다면 지출액은 곧 '판권'인 무형자산이 될 것이다. 회사에서 추정하는 매출 창출 기간 동안 나누어 무형자산 상각비로 처리하면 된다.

드라마 제작을 주력으로 하는 스튜디오드래곤의 2024년 반기 연결재무제표 주석 무형자산 항목은 112쪽 표와 같다. 2024년 초에 이 회사의 판권은 약 500억 원이었다(①). 상반기 중 새로 175억 원의 판권을 외부에서 '취득'하였다(②). 그럼 '대체'로 잡힌 1349억 원은 무엇일까(④)? '건설 중인 자산'(현재 미완성 상태의 드라마에 지출한 금액 중 자산화한 금액)으로 분류되어 있다가(⑤) 드라마 완성과 함께 '판권'으로 갈아 탄 금액이 1349억 원이라는 이야기다. 상반기 중 상각 또는 손상 비용으로 처리된 금액이 866억 원이다(③)(손상은 155쪽에서 설명한다). 이를 다 종합하면 기말(상반기말) 판권 잔액은 374억 원이 된다(⑥).

스튜디오드래곤 2024년 상반기 연결재무제표 주석 중 '무형자산 (단위 : 천 원)

구분	영업권	판권		기타 무형자산	건설 중인 자산	
기초	69,824,877	①	50,044,488	11,448,127	221,752,100	
취득	–	②	17,529,973	–	72,868,312	
상각 및 손상	–	③	(86,604,827)	(1,978,736)	–	
대체	–	④	134,917,500	–	⑤	(134,917,500)
기타	–		(78,477,172)	–	–	
기말	69,824,877	⑥	37,409,962	9,469,391	162,935,751	

다음은 스튜디오드래곤의 2024년 상반기 연결재무제표 손익계산서와 주석의 '성격별 비용'을 축약·편집한 것이다. 성격별 비용에서 매출원가 2823억 원의 구성을 살펴보자. 제작원가가 1509억 원이다. 투입된 제작비 가운데 당기에 비용으로 처리한 금액이라 볼 수 있다. 무형자산 상각비가 885억 원이다.

스튜디오드래곤 2024년 상반기 연결손익계산서 (단위 : 원)

구분	2024년 상반기
매출액	329,190,654,723
매출원가	282,381,782,265
판매비와 관리비	14,829,743,947
영업이익	31,979,128,511

스튜디오드래곤 2024년 상반기 연결재무제표 주석 성격별 비용 (단위 : 천 원)

구분	매출원가	판매비와 관리비	합계
제작원가	150,961,608	–	150,961,608
종업원급여	7,021,261	5,842,118	12,863,379
감가상각비	719,562	998,313	1,717,875
무형자산 상각비	88,583,562	221,860	88,805,422
지급수수료	32,730,216	4,326,490	37,056,706
합계	282,381,782	14,829,744	297,211,526

제작에 투입된 금액 중 판권 무형자산으로 잡았다가 상각한 금액이 2024년 상반기에 885억 원이라는 이야기다. 매출원가 중 제작원가와 무형자산 상각비가 차지하는 비중이 85%에 이른다.

넷플릭스 오리지널 드라마는 무형자산 상각비가 없다?

콘텐트리중앙의 경우를 한번 보자. 다음은 콘텐트리중앙의 판권 상각과 관련한 기사를 요약한 것이다.

이데일리 / 2024년 7월 12일

콘텐트리중앙, 판권 상각으로 실적 부진

대신증권은 12일 콘텐트리중앙에 대해 판권 가속 상각 영향으로 2분기 실적 부진이 예상된다고 밝혔다.

김회재 연구원은 "콘텐트리중앙의 2분기 매출액은 2200억 원으로 전년 동기 대비 20% 감소하고 153억 원의 영업손실이 발생하여 적자로 돌아설 것"이라고 분석했다. 김 연구원은 〈비밀은 없어〉, 〈히어로는 아닙니다만〉 등 상반기에 종영된 드라마 가운데 넷플릭스와 동시 방영한 3편에 대해서는 외부감사인이 상반기 내 판권 상각 완료를 권고함에 따라 비용을 조기 반영하면서 2분기 손익 부진이 전망된다고 설명했다.

김 연구원은 "3분기에는 상각 이슈가 없고 〈조립식 가족〉, 〈가족×멜로〉, 〈옥씨부인전〉 등 JTBC용 작품들과 넷플릭스 오리지널(넷플릭스용 드라마)인 〈아무도 없는 숲 속에서〉, 〈지옥S2〉 등의 영향으로 영업흑자로 전환할 것으로 예상했다.

넷플릭스 같은 OTT와 계약하고 드라마를 제작하여 납품하는 경우에는 판권 무형자산으로 인식할 게 없다. 따라서 무형자산 상각비가 발생하지 않는다. 투입되는 제작비에 일정한 마진을 얹어서 넷플릭스에 납품하는 구조이며, 저작권을 넷플릭스가 소유하기 때문이다.

JTBC와 OTT에 동시방영하는 작품의 경우에는 추가 유통을 통하여 장기간 매출을 올리는 게 어렵다고 보고 대체

저작권은 OTT가 갖고, 드라마 제작사는 제작비에 일정한 마진을 얹어 납품하는 구조라면 무형자산 상각비가 발생하지 않는다. 사진은 콘텐트리중앙의 자회사 SLL중앙이 스튜디오플로우와 공동 제작한 넷플릭스 오리지널 드라마 〈아무도 없는 숲속에서〉 포스터(출처 : NETFLIX).

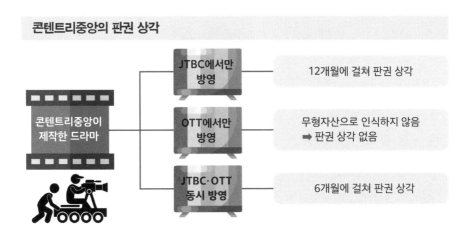

콘텐트리중앙의 판권 상각

콘텐트리중앙이
제작한 드라마

- JTBC에서만 방영 → 12개월에 걸쳐 판권 상각
- OTT에서만 방영 → 무형자산으로 인식하지 않음 ➡ 판권 상각 없음
- JTBC·OTT 동시 방영 → 6개월에 걸쳐 판권 상각

로 판권을 6개월 이내에 상각한다. JTBC에서만 방영하는 작품은 12개월 이상의 기간에 걸쳐 판권 상각을 진행한다.

 일타 강사의 전속계약금은 어떻게 회계 처리할까?

다음은 이른바 학원 일타 강사들의 수입과 관련한 언론 기사를 요약한 것이다.

중앙일보 / 2023년 3월 6일

연 316억 원 버는 이지영
현실 '일타 강사'의 비밀 풀었다

입시교육업체 이투스 소속 사회탐구 영역 강사 이지영 씨는 '일타 강사(학원이나 온라인 강의에서 가장 인기 있는 강사)'의 이적은 자유계약선수(FA) 시장과 비슷하다며 "강사의 이적에 따라 회사 주가가 움직이기도 한다"고 말했다.

이 씨는 5일 방송된 SBS 예능 〈미운 우리 새끼〉에 출연하여 수익 배분 구조에 대해 "신규 강사로 시작할 때는 회사가 7보다 더 많이 가져가고, 재계약하면서 조건이 달라지고 협상을 통해 더 올라가기도 한다"면서 "온라인으로 교재나 강의가 판매되면 회사와 수익을 배분한다"고 말했다. 그러면서 "오프라인 강의도 학원에 학생들이 모이면 수강료를 학원과 배분한다"고 덧붙였다.

이 씨는 2022년 6월 유튜브 채널 〈세바시〉 강연에서 "개인 교재 매출 59억 원, 강의 판매 매출 218억 원, 현장 강의 매출 39억 원 등"이라며 "저는 인터넷 강의 사이트 매출에서 상당 부분을 차지한 강사였기 때문에 계약 조건이 유리했고 저 금액의 50~70%를 수익으로 정산받았다"고 언급했다.

아이돌이나 인기 연예인들은 엔터테인먼트 회사와 전속계약을 하고 전속금을 받는다. 마찬가지로 입시 전문 교육업체도 이른바 '일타 강사급'의 인기 강사들과는 전속계약을 하는 경우가 있다. 전속계약금을 교육업체는 어떻게 회계 처리할까?

예를 들어 메가스터디교육이 A강사에게 3년 전속 조건으로 30억 원의 계약금을 주었다고 해보자. 학원은 3년의 전속계약 기간 동안 A강사가 학원에 돈을 많이 벌어다 줄 것으로 기대하고 투자한 것이므로 지출액 30억 원은 일단 무형자산(전속계약금)으로 잡는다. 이후

인기 강사에게 지급한 전속계약금은 학원에 돈을 많이 벌어다 줄 것으로 기대하고 투자한 것이므로, 무형자산으로 잡은 뒤 계약 기간 동안 나누어 무형자산 상각비로 비용 처리한다. 엔터테인먼트 회사가 인기 연예인에게 지급한 전속계약금도 동일한 방식으로 회계 처리한다.

메가스터디교육 2023년 연결재무제표 주석
'무형자산' 중 전속계약금 부분   (단위 : 천 원)

구분	무형자산
기초	33,485,420
취득	6,906, 600
기타 증감	10,067,400
상각	11,750,862
기말	38,723,356

계약 기간 동안에 나누어 무형자산 상각비로 비용 처리한다.

위 표는 메가스터디교육의 2023년 연결재무제표 주석 '무형자산'에서 전속계약금 부분만 발췌하여 재편집한 것이다. 메가스터디가 전속강사에게 준 전속계약금 가운데 상각으로 비용 처리하고 남은 잔액이 2023년 초에는 334억 원이었다. 2023년 중에 69억 원을 새로 전속계약금으로 지급하였고, 117억 원을 상각비로 처리하였다. 2023년 말 기준으로 앞으로 회계적으로 비용 처리해 나가야 할 전속계약금 잔액은 387억 원이다. 이때의 전속계약금은 현금이 아니다. 현금은 강사에게 전속계약금을 지급할 때 이미 지출이 되었다. 잔액에 기재되어 있는 전속계약금은 무형자산으로서 재무제표에 기록되어 있는 수치를 말한다.

현대차는 1조 원이 넘는데
삼성전자는 0,
개발비 회계 처리의 세계

자동차 회사가 하나의 차종을 개발하는 데는 몇 년에 걸쳐 수천억 원의 개발

비가 투입된다. 반도체나 첨단 IT 제품 또는 바이오의약품 개발도 마찬가지다.

예를 들어 현대자동차가 신차나 신형엔진, 각종 자동차 전동화 장치나 자율

주행 소프트웨어 등을 연구 · 개발하기 위해 해마다 지출하는 돈은 3조~4조

원 안팎에 이른다. 현대차는 연구개발비 지출을 모두 당기에 비용으로 처리하

지는 않는다. K-IFRS(한국채택국제회계기준)나 일반기업회계기준(K-GAAP)에서는

개발비 지출 가운데 일정 요건을 만족시키는 금액은 무형자산으로 처리하라

고 한다.

우리가 앞에서 배운 유형자산이나 여러 가
지 종류의 무형자산을 떠올리면 된다. 자동차
개발비는 신차를 시장에 내놓고 오랫동안 돈
을 벌기 위해 투자하는 지출이다. 따라서 개
발에 지출한 금액 중 일부는 무형자산으로
잡아놓고 신차가 판매될 것으로 예상되는 기
간에 나누어 비용 처리(상각)하면 된다는 이

개발비 지출 가운데 일정 요건을 만족시키
는 금액은 무형자산으로 처리한다.

야기다. 이는 IT 제품이나 바이오의약품 개발비에도 똑같이 적용된다.

🄦 현대차가 연구와 개발 단계를 나누는 분기점, 개발 승인

자동차 개발에 들어가는 지출은 크게 연구와 개발 단계 지출로 나눌 수 있다. 연구 단계 지출액은 발생(지출)한 해에 비용으로 바로 처리한다. 재무제표에서 이때 사용하는 계정 이름은 '경상연구비', '경상개발비', '경상연구개발비', '연구비' 등으로 다양하다. 이런 계정 이름들은 당기에 비용 처리되는 지출이라고 보면 된다. 반면 개발 단계 지출액은 일단은 무형자산으로 계상한 뒤 상각하는 방식으로 비용 처리해 나간다고 하였다. 개발 지출 가운데 이렇게 자산화하는 금액은 '경상'이라는 단어를 붙이지 않고 '개발비'라는 계정 이름을 사용한다. '비(費)'라는 글자가 붙어있어 비용으로 처리한 금액이라는 인상을 풍기지만, 무형자산임을 기억하자.

그렇다면 연구와 개발 단계는 어떻게 구별할까? 일반적인 자동차 개발 단계를 크게 기획과 선행 연구, 개발 승인(제원 확정, 판매 계획까지 포괄), 본격적인 제품 개발, 초도 양산과 본격 양산 등으로 구별한다면 개발 승인 이후 투입되는 자금은 무형자산 개발비로 처리한다고 보면 된다. 회계기준서에는 개발 지출을 무형자산으로 인식하기 위한 회계상 요건이 나열되어 있다. '기술적 실현 가능성', '판매할 수 있는 기업의 능력' 등 여섯 가지 요건을 다 만족시켜야 무형자산으로 인식할 수 있다는 것인데, 요건이 추상적이라 여기서 다 소개하지는 않는다.

현대차는 재무제표 주석에서 개발비 무형자산과 관련한 회계 처리 방침에 관해 다음과 같이 설명하고 있다.

현대차 개발비 회계 처리 방침

연구 활동에서 발생한 지출은 발생한 기간에 비용으로 인식하며, 개발 활동과 관련된 지출은 무형자산(개발비)으로 인식하고 관련 제품 등의 판매 또는 사용이 가능한 시점부터 경제적 내용연수에 따라 정액법으로 상각하고 있습니다.

연구 및 개발 활동은 선행 연구, 개발 승인, 제품 개발, 양산 개시의 단계로 진행됩니다. 일반적으로 제품 제원, 출시 일정, 판매 계획 등이 확정되는 개발 승인 단계 이후부터는 개발 활동으로 보아 무형자산으로 인식하며 이전 단계에서 발생한 지출은 연구 활동으로 보아 발생한 시점에 비용으로 인식합니다.

다음은 현대차 2023년 사업보고서에 나타난 연구개발지출(연결재무제표 기준)의 내역이다. 현대차의 연구개발용 지출은 최근 3년간 계속 증가하였다(3조 1001억 원 → 3조 3405억 원 → 3조 9735억 원).

2023년 현대자동차 연구개발비용

(단위 : 백만 원)

구분	2021년	2022년	2023년
연구개발비용 계	3,100,111	3,340,589	3,973,573
정부보조금	(2,214)	(4,016)	(4,708)
연구개발비/매출액 비율	2.6%	2.3%	2.4%

오른쪽 표는 2023년 현대차 연결재무제표 주석에 나타난 연구개발비 회계 처리 내용이다. 2023년 한 해 동안 연구개발에 쓴 지출은 총 3조 9688억 원(③)이다. 이 가운데 자산화한 금액(무형자산 개발비)은 1조 3397억 원(①)으로, 약 34%의 자산화율을 보였다. 당기에 비용으로 처리한 금액은 2조 6291억 원(②)인데, 일부는 제조경비(제조원가)로, 일부는 판관비 중 관리비로 처리

2023년 현대차 연결재무제표 주석 중 연구개발비

(단위 : 백만 원)

구분		금액
개발비(무형자산)	①	1,339,701
연구개발비용(제조경비 및 관리비)	②	2,629,163
연구개발 활동 총지출액	③	3,968,864

되었다.

재무제표 주석의 판관비 항목을 찾아보면 관리비 항목 가운데 경상개발비가 2조 1634억 원 반영되어있다. 따라서 당기에 비용으로 처리된 연구개발비용은 제조원가보다는 관리비로 처리된 비중(약 80%)이 압도적으로 높다는 걸 알 수 있다.

다음 표는 연결재무제표 주석에 나타난 2023년 현대차 개발비 자산의 변동 내역이다. 2023년 초 개발비 자산 누적잔액은 3조 5544억 원이었다. 2023년

현대차는 회계 지침에 따라 제품 제원, 출시 일정, 판매 계획 등이 확정되는 개발 승인 단계 이후부터는 개발 활동으로 보아 무형자산으로 인식하고, 이전 단계에서 발생한 지출은 연구 활동으로 보아 발생한 시점에 비용으로 인식한다.

중에 새로 1조 3180억 원의 개발비 자산이 반영되었다. 2023년 중에 비용으로 상각된 개발비 즉 무형자산 상각비가 1조 4087억 원이고, 손상 발생으로 비용 처리된 개발비가 1972억 원이다(무형자산 손상에 대해서는 155쪽 참고). 이를 종합하면 2023년 말 개발비 자산 잔액은 3조 3558억 원이 된다.

2023년 현대차 연결재무제표 주석 중 개발비 자산 변동 내역 (단위 : 백만 원)

구분	자본화된 개발비
기초	3,554,425
취득	1,318,026
상각	(1,408,725)
손상	(197,229)
기말	3,355,872

다음 표는 2023년 현대차 개발비 자산 가운데 상각 중인 개발비 내역이다.

2023년 현대차 개발비 자산 중 상각 중인 개발비 내역 (단위 : 백만 원)

구분	개발 중인 개발비			상각 중인 개발비			합계
	완성차	파워트레인	기타	완성차	파워트레인	기타	
개발비 자산	1,209,380	103,963	34,748	1,711,268	105,478	191,035	3,355,872
잔여 상각기간				30개월	24개월	42개월	

현대차의 개발비 자산은 완성차, 파워트레인, 기타의 세 가지 부문에서 발생한다. '개발 중인 개발비'라는 것은 말 그대로 현재 개발 과정에 있어서 개발비 투입이 계속되고 진행 중이라는 것으로, 아직 상각에 들어가지 않은 상태를 말한다.

유형자산의 감가상각은 쉽게 말해 그 자산을 사용하거나 가동할 수 있는 단계에서부터 진행된다. 개발비 무형자산의 상각 역시 신차나 파워트레인 등이 개발 완료되어 판매 또는 사용 가능한 상태에 이르렀을 때부터 진행된다. 현대차의 개발비 상각은 개발 제품의 종류에 따라 3~7년에 걸쳐 진행된다. 표를 보면 완성차의 경우 상각 진행 중인 개발비의 경우 잔여 상각기간이 30개월, 파워트레인은 24개월인 것으로 나타났다.

삼성전자는 잘 알려진 대로 당기의 연구개발비용 가운데 자산화하는 금액이 거의 없다. 다음 표는 최근 2개년(2022~2023년) 삼성전자의 연결재무제표 연구개발비용 회계 처리 내역이다. 무형자산으로 처리하는 금액이 '0'이다.

삼성전자 연결재무제표 연구개발비용 회계 처리　　　　　(단위 : 백만 원)

구분		2023년	2022년
연구개발비용 총계		28,352,769	24,929,171
(정부보조금)		△13,045	△9,973
연구개발비용 계		28,339,724	24,919,198
회계 처리	개발비 자산화(무형자산)	–	–
	연구개발비(비용)	28,339,724	24,919,198

개발비 회계 처리를 보면 임상시험 진행률을 알 수 있다

이번에는 바이오기업의 연구개발비에 대해 알아보자. 신약이나 바이오시밀러를 개발하는 바이오 분야는 연구개발비를 대규모로 지출해야 하는 대표적 업종이다. 과거에는 이러한 지출 가운데 얼마를 개발비 자산으로 인식할지를 기업의 자율에 맡겼다. 그러다 보니 연구개발비 자산화율이 70%를 넘는 기업도 있었고, 이런 기업 가운데 상장기업에 대해서는 외국계 애널리스트들이 손익계산서를 신뢰할 수 없다는 리포트를 내기도 하였다. 글로벌 제약사의 연구개발비 자산화율은 약 20% 수준으로 알려져 있다. 연구개발비를 자산으로 처리하는 비중이 높으면 단기적으로 당기순이익이 좋아지는 효과를 볼 수 있다.

금융당국에서는 바이오기업의 개발비 자산 처리에 문제가 있다고 보고, 2018년 감독지침을 내놓았다. 지침에 따르면 바이오시밀러 기업은 임상 1상부터, 신약 개발 기업은 임상 3상부터 개발에 투입하는 자금을 자산화하는 것이 가능하다.

다음 표는 바이오시밀러업체 셀트리온의 2016~2017년, 2022~2023년 연결재무제표에 나타난 개발비 회계 처리 내역이다.

셀트리온 2016~2017년 연결재무제표 중 개발비 회계 처리 (단위 : 천 원)

구분		2017년	2016년
연구개발비용 계		227,019,364	264,706,198
(정부보조금)		(238,002)	(742,938)
회계 처리	판매비와 관리비	57,976,585	65,358,027
	개발비(무형자산)	168,804,777	198,605,233

셀트리온 2022~2023년 연결재무제표 중 개발비 회계 처리 (단위 : 천 원)

구분		2023년	2022년
연구개발비용 계		342,736,271	412,361,987
(정부보조금)		–	(78,622)
회계 처리	판매비와 관리비	161,112,164	139,714,341
	개발비(무형자산)	181,624,107	272,569,024

2016~2017년 연구개발비 지출액 가운데 개발비 자산화 비율이 75% 안팎에 이르러 자산화율이 상당히 높은 편이었다. 감독지침이 시행된 이후 최근 2개년(2022~2023년)의 자산화율을 보면 50%대~60%대로 떨어졌다.

다음은 신약 개발 전문 기업으로 알려진 디앤디파마텍의 연구개발비용 회계 처리 내역이다.

디앤디파마텍 연구개발비용 회계 처리 (단위 : 천 원)

구분	2024년 반기	2023년	2022년
연구개발비용 합계	9,310,000	19,973,195	47,125,397
판관비	9,310,000	19,973,195	47,125,397
제조경비	-	-	-
개발비(무형자산)	-	-	-

이 회사는 비만 및 MASH(비만, 당뇨병, 고혈압 등 대사 이상 증후군이 있는 환자에게 발생하는 지방간 질환)를 포함한 대사성 질환, 퇴행성 뇌질환 분야에서 혁신 신약을 연구·개발하는 회사다. 연구개발비용 가운데 개발비 자산화율은 '0'이다. 연구개발비를 전액 판관비로 처리하고 있다는 사실을 알 수 있다. 개발에 투입한 자금을 자산화할 수 있는 임상 3상이 진행 중인 신약 파이프라인이 없기 때문이다.

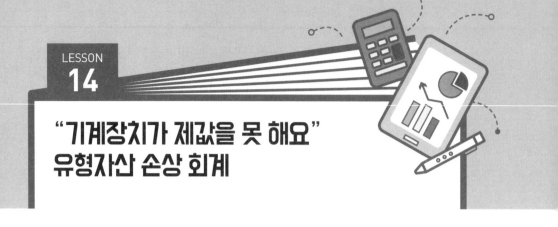

"기계장치가 제값을 못 해요"
유형자산 손상 회계

자산은 재무제표 장부에 적힌 장부가액만큼 가치를 가져야 한다. 회사가 보유한 유형자산(기계장치)의 장부가액이 100억 원이라고 하자. 이 기계장치를 활용하면 미래에 적어도 100억 원 이상의 현금흐름을 만들어낼 수 있을 것으로 기대한다는 뜻이다. 만약 기계장치를 가동하여 창출할 수 있는 미래 현금흐름이 60억 원밖에 안 되는 것으로 추정된다고 하자. 그러면 이 기계장치의 장부가액은 100억 원이 아니라 60억 원이 되어야 한다. 40억 원만큼 기계장치라는 유형자산의 가치가 손상된 것이다. 이런 식으로 재무제표를 작성해야 이용자에게 정확한 정보를 제공할 수 있다.

손익에는 악영향, 현금흐름에는 영향 없음

앞에서 우리는 판권이라는 무형자산에 관해 살펴봤다. 드라마 제작에 투입한 지출 가운데 50억 원을 판권으로 처리하였다고 해보자. 이 드라마에서 적어도 50억 원 이상의 현금흐름이 발생할 것으로 기대되어야 판권의 장부가액 50억 원이 유지될 수 있다. 만약 예상보다 드라마 방영권 판매가 부진하여 미래 기대 현금흐름 추정액이 30억 원 밖에 안된다면 판권의 장부가액은 50억 원에서 20억 원을 차감한 30억 원으로 수정되어야 한다.

자산에서 발생한 손상은 자산의 장부가액을 낮출 뿐 아니라 손익계산서에 '손상차손'이라는 비용으로 반영된다. 기계 장치와 드라마 판권의 예에서 손익계산서 영업외비용으로 반영되는 유형자산(기계장치) 손상차손은 40억 원, 무형자산(판권) 손상차손은 20억 원이다. 자산 손상차손이 대규모로 발생하면 손익에 큰 영향을 미친다. 물론 이러한 손상차손은 실제로 현금이 지출된 비용이 아니라 회계적으로 처리한 비용이기 때문에 회사의 현금흐름에 미치는 악영향은 없다.

한편 매출채권이라는 자산에서도 손상이 발생할 수 있다. 예를 들어 매출채권 장부가액이 10억 원이라면, 이 매출채권을 회수하면 10억 원의 현금이 유입될 가능성이 매우 높다는 뜻이다. 만약 이 가운데 3억 원은 회수하지 못할 것으로 추정된다면 이 매출채권의 장부가액은 10억 원이 아니라 7억 원으로 수정되어야 할 것이다. 매출채권이라는 자산의 가치가 손상된 것이다. 매출채권의 손상과 비용 처리는 다른 유형자산이나 무형자산과 달리 '대손충당금'과 '대손상각비'라는 회계 방식을 이용한다. 이에 대해서는 159쪽에서 자세히 설명하기로 하고, 여기서는 유무형자산의 손상만 다루기로 한다.

자산이 손상되었을 때 발생하는 비용, 손상차손

예를 들어 딜리셔스제과에 스낵 사업부와 아이스크림 사업부가 있다고 해보

자. 스낵 제조설비와 아이스크림 제조설비는 종류가 다르며 각 사업부에서 별도로 가동하고 있다.

2023년 말 현재 감가상각 적용 이후 스낵 설비의 장부가액은 100억 원, 아이스크림 설비의 장부가액은 80억 원이다. 스낵 사업은 영업이 잘되고 있고,

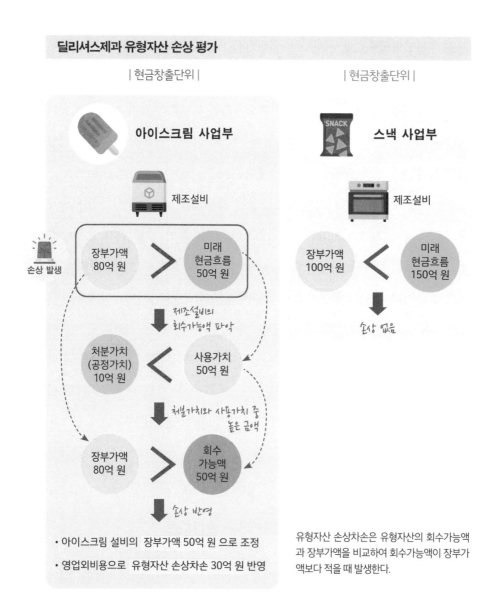

딜리셔스제과 유형자산 손상 평가

| 현금창출단위 |

| 현금창출단위 |

아이스크림 사업부

제조설비

손상 발생

| 장부가액 80억 원 | > | 미래 현금흐름 50억 원 |

제조설비의 회수가능액 파악

| 처분가치 (공정가치) 10억 원 | < | 사용가치 50억 원 |

처분가치와 사용가치 중 높은 금액

| 장부가액 80억 원 | > | 회수 가능액 50억 원 |

손상 반영

- 아이스크림 설비의 장부가액 50억 원으로 조정
- 영업외비용으로 유형자산 손상차손 30억 원 반영

스낵 사업부

제조설비

| 장부가액 100억 원 | < | 미래 현금흐름 150억 원 |

손상 없음

유형자산 손상차손은 유형자산의 회수가능액과 장부가액을 비교하여 회수가능액이 장부가액보다 적을 때 발생한다.

설비를 가동하였을 때 예상되는 미래 현금흐름이 150억 원으로 추정되었다. 현재 장부가액보다 높은 금액이다. 반면 아이스크림 사업은 계속 부진을 겪고 있다. 아이스크림 설비의 미래 현금흐름 추정액은 50억 원밖에 안 되는 것으로 측정되었다.

유형자산의 미래 현금흐름을 추정하는 것을 우리는 '회수가능액을 산출한다'고 한다. 회수가능액은 '사용가치'와 '공정가치' 중 큰 값이다.

사용가치는 아이스크림 설비를 돌려서 앞으로 창출할 수 있는 현금흐름이다. 공정가치는 쉽게 말해 처분가치인데, 아이스크림 설비를 매각했을 때 받을 수 있는 금액이라고 할 수 있다.

사용가치 측정액이 50억 원이고 공정가치 측정액이 10억 원이라면, 아이스크림 설비의 '회수가능액'은 이 가운데 높은 값인 50억 원이 된다.

그런데 이 값이 장부가액(80억 원)보다 30억 원 낮다. 그렇다면 설비 장부가액을 80억 원에서 50억 원으로 하향 조정하고, 차이 30억 원을 손익계산서에 유형자산 손상차손(영업외비용)으로 반영해야 한다.

정리하자면 유형자산 손상차손은 유형자산의 회수가능액(사용가치와 공정가치 가운데 큰 금액)과 장부가액을 비교하여 회수가능액이 장부가액보다 적을 때 발생한다. 손상 검사는 손상 징후가 있을 때 시행하게 된다. 손상 징후란 업황이 계속 악화하거나 시장 트렌드가 변화하여 수익성 개선을 기대하기 어렵거나, 자산이 급격히 진부화하여 정상적인 수준으로 사용하기가 어려운 경우 등을 말한다.

예로 든 딜리셔스제과는 스낵 사업부와 아이스크림 사업부 등 사업 부문별로 손상을 측정하였다. 유형자산의 손상을 측정할 때 각각의 사업 부문을 우리는 '현금창출단위(CGU : Cash Generating Unit)'라고 부른다. 현금창출단위를 기업회계기준에서는 '독립적으로 현금 유입을 창출할 수 있고 식별이 가능한 최소의 자산 집단'이라고 정의한다. 쉽게 말해 하나의 사업 부문이라고 생각해도 무방하다. 물론 대기업이라면 사업 부문보다는 좀 더 작은 단위일 수도 있다.

콕 집어 이 사업 부문 때문에 당기순손실, LG디스플레이 6천억 원대 영업이익에도 당기순손실, 한화솔루션

다음은 LG디스플레이가 개최한 2022년 4분기 실적 관련 컨퍼런스콜(상장사가 기관투자가와 증권사 애널리스트 등을 대상으로 자사 실적과 향후 전망을 설명하는 자리)에서 재무 담당 임원이 설명한 내용의 일부다.

"4분기 당기순손실이 확대된 이유에 대해 설명드리겠다. 그동안 중대형 디스플레이 사업은 하나의 현금창출단위로 평가해 왔다. 그러나 TV용 LCD 사업을 단계적으로 철수하면서 대형 OLED 부문을 별도의 현금창출단위로 4분기부터 분리하였다. 분리된 현금창출단위에 대해 외부 기관이 자산가치를 검토하고 평가했다. 지난해 경기침체로 고가 TV 시장이 부진한 모습을 보였고 향후 수요 전망 또한 하향 조정되면서 대형 OLED 사업 부문에서 1조 3000억 원을 손상처리했다. 이것이 4분기 영업외비용으로 반영되면서 당기순손실 규모가 커졌다. 다만 이는 현금흐름과는 관계없는 회계상의 조정으로, 사업의 미래 불확실성을 줄인다는 측면에서 긍정적 효과도 기대된다."

LG디스플레이의 2022년 연결재무제표 주석에서 '기타 영업외비용' 항목을 보면 다음과 같다. 유형자산 손상차손으로 1조 2604억 원, 무형자산 손상차손으로 1363억 원이 손실비용으로 반영됐음을 알 수 있다.

LG디스플레이 2022년 연결재무제표 주석 중 기타 영업외비용	(단위 : 백만 원)
구분	금액
외환손실	2,957,048
유형자산 손상차손	1,260,436
무형자산 손상차손	136,372
합계	4,446,414

연결재무제표 주석에 기재되어 있는 자산 손상 관련 설명을 축약하면 다음과 같다.

"당기 중 세계 경제 불확실성 지속 및 악화, 산업의 변동성 증대 등으로 당사는 대형 OLED 패널사업과 관련한 유형자산 및 무형자산에 대한 손상 평가를 진행하였습니다. 당사는 국내 LCD TV 사업 철수 결정 및 사업전략 개편 등으로 인하여 대형 OLED 사업을 별도의 현금창출단위로 식별하였습니다. 당사의 현금창출단위는 현재 ▲디스플레이 ▲대형 OLED ▲AD PO 등 세 가지로 구분되어 있습니다. 각 현금창출단위에 대해 외부 기관으로부터 손상 검토와 평가를 받은 결과 디스플레이 부문의 현금창출단위는 회수가능액이 장부금액을 초과하여 손상이 발생하지 않았습니다. 대형 OLED의 현금창출단위는 경기침체에 따른 프리미엄 TV 수요 부진과 수요 전망 하향 조정으로 인하여 당기 중 1조 3305억 원의 유무형자산 손상차손을 '기타 영업외비용'으로 인식하였습니다."

LG디스플레이의 유무형자산 손상액은 다음 표와 같다. 유형자산에서 1조 2366억 원, 무형자산에서 939억 원을 반영하여 유무형자산 합계 1조 3305억 원의 손상을 인식하였다.

LG디스플레이 2022년 유무형자산 손상액

(단위 : 백만 원)

현금창출단위	유형자산	무형자산	합계
대형 OLED	1,236,563	93,966	1,330,529

다음은 화학 및 태양광 소재를 주력으로 생산하는 한화솔루션의 손익계산서를 축약한 표다.

한화솔루션 2023년 연결손익계산서

(단위 : 백만 원)

구분	금액
영업수익	13,288,744
영업이익	604,528
영업외수익(손실)	(706,561)
기타 수익	607,258
기타 비용	1,007,073
금융수익	95,274
금융비용	416,136
지분법손익	14,114
당기순이익(손실)	(155,257)

손익계산서를 보면 한화솔루션은 2023년에 6045억 원의 영업이익을 냈지만, 1552억 원의 당기순손실을 기록하였다. 영업이익에도 불구하고 당기순손실이 난 가장 큰 이유는 '영업 외'에서 7065억 원의 손실을 냈기 때문이다. 영업 외 영역에서 막대한 손실이 난 가장 큰 이유는 1조 70억 원의 '기타 비용(기타 영업외비용)' 탓이다. 연결재무제표 주석에서 기타 비용의 내역을 찾아보

자. 이 회사의 영업외 기타 비용 1조 70억 원 가운데 가장 큰 비중을 차지하는 것은 유형자산 손상차손 3358억 원이다.

한화솔루션 2023년 연결재무제표 주석 중 기타 비용 내역 (단위 : 천 원)

구분		금액
기타 비용 합계		1,007,073,355
기타 비용 내역	외환차손	250,522,753
	외화환산손실	135,883,092
	유형자산 손상차손	335,849,161
	기타	82,821,890

손상된 줄 알았는데 손상된 게 아니었다면

유형자산의 회수가능액이 장부가액에 미치지 못해 손상차손을 반영(영업외비용 발생)하였는데, 이후에 그 자산의 회수가능액을 측정해 봤더니 장부가액을 초과했다면 어떻게 해야 할까? 과거에 인식했던 손상차손을 환입(영업외수익 발생)해야 한다.

예를 들어보자. 2021년 초에 기계장치를 100억 원에 취득하여 가동을 시작하였다. 이 기계장치의 내용연수는 5년이고 정액법으로 감가상각을 한다(장부가액 100억 원 ÷ 내용연수 5년 = 매년 20억 원씩 감가상각).

2년이 흐른 2022년 말 기계장치의 장부가액은 60억 원이 되었다(최초 장부가격 100억 원 − 감가상각 누계액 40억 원). 이때 손상 징후 때문에 평가를 하였더니 회수가능액이 36억 원으로 나타났다(사용가치는 36억 원, 공정가치는 10억 원으로

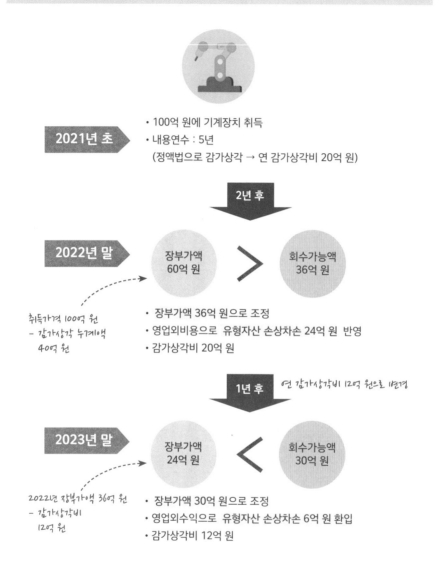

2021년 초
- 100억 원에 기계장치 취득
- 내용연수 : 5년
  (정액법으로 감가상각 → 연 감가상각비 20억 원)

2년 후

2022년 말

장부가액
60억 원

>

회수가능액
36억 원

취득가격 100억 원
− 감가상각 누계액
40억 원

- 장부가액 36억 원으로 조정
- 영업외비용으로 유형자산 손상차손 24억 원 반영
- 감가상각비 20억 원

1년 후 연 감가상각비 12억 원으로 변경

2023년 말

장부가액
24억 원

<

회수가능액
30억 원

2022년 장부가액 36억 원
− 감가상각비
12억 원

- 장부가액 30억 원으로 조정
- 영업외수익으로 유형자산 손상차손 6억 원 환입
- 감가상각비 12억 원

평가). 따라서 손상차손으로 24억 원을 반영해야 한다.

2022년 말의 기계장치 장부가격은 최종적으로 36억 원이 된다. 2022년 손익계산서에 반영된 이 기계장치 관련 비용은 감가상각비 20억 원과 손상차손

24억 원(60억 원 - 36억 원)이라는 이야기다.

이제 이 기계장치의 남은 내용연수는 2023~2025년까지 3년이다. 2023년 초에 현재의 장부가격 36억 원을 3년 동안 감가상각하므로 연 감가상각비는 12억 원으로 변경된다.

2023년 말 기계장치의 장부가격은 12억 원의 감가상각을 반영하여 24억 원 (36억 원 - 12억 원)이 된다. 그런데 이때 회수가능액을 평가하였더니 30억 원으로 산출되었다. 장부가액보다 6억 원이 더 많다. 따라서 2023년 말에 최종 기계장치의 장부가액을 30억 원으로 조정해 준다. 그리고 차액 6억 원은 유형자산 손상차손의 환입으로 처리해 준다. 영업외수익으로 반영되는 것이다.

인수·합병의 껍딱지, '영업권'과 'PPA 상각'

A사가 B사 지분 100%를 인수하려고 한다. B사 주주는 박 회장 한 사람뿐이라고 가정하자. B사의 재무제표 장부상 자산은 100억 원, 부채는 60억 원이다. 자산에서 부채를 뺀 B사의 순자산(자본)은 40억 원이므로, A사가 B사의 주주 박 회장에게 40억 원을 제시하면 거래는 성사될까? 그렇지는 않을 것이다.

인수·합병할 때 오가는 웃돈의 정체

김 씨가 운영하는 치킨 가게가 있다. 장사가 잘된다. 어느 날 이 치킨 가게를 인수하고 싶다는 송 씨가 찾아와 "이 가게의 자산(3억 원)에서 부채(2억 원)를 차감한 순자산이 1억 원이군요. 내가 1억 원을 낼 테니 가게를 나에게 넘기시죠."라고 말했다. 김 씨는 송 씨의 제안에 순순히 응할까? 당연히 김 씨는 "노(No)"라고 말할 것이다.

이 치킨 가게는 위치가 좋고, 비법 소스를 사용하여 맛있기로 소문나 단골이 많을 뿐 아니라, 숙련된 종업원도 보유하고 있다. 연 순이익이 1억 원인 가게를 송 씨가 1억 원에 인수하면 불과 1년 만에 투자원금을 회수하는 셈이 된다. 김 씨가 치킨 가게를 판다면 아마 5년 치 순이익에 해당하는 5억 원 정도는 제시할 것이다.

이렇게 5억 원에 거래가 성사가 된다면 송 씨는 순자산 1억 원인 치킨 가게를 5억 원에 인수하였으니, 그 차액인 4억 원만큼 '웃돈'을 준 셈이 된다. 웃돈은 가게의 탁월한 위치나 비법 소스, 수많은 단골, 종업원들의 높은 숙련도 등이 종합적으로 어우러져 이익을 많이 낼 가능성에 대한 대가로 해석할 수 있다. 일반적으로 개인 간 거래에서는 이러한 웃돈을 '권리금'이라고 부르기도 한다.

기업 간 거래에서도 비슷하다. 인수·합병 시 단순히 재무제표에 기재된 금액을 기준으로 거래금액을 정하지 않는다. 예를 들어 회사의 미래 현금창출력 등을 고려하거나, 비슷한 업종의 기업이 과거에 거래된 가격 등을 참고하여

거래금액을 결정한다. 앞의 예에서 A사가 순자산 40억 원짜리 B사를 인수하면서 박 회장에게 70억 원을 지급하기로 하였다고 해보자. 그 차액인 30억 원은 B사가 가진 브랜드나 기술력, 고객 네트워크 등에 대한 웃돈성 대가로 해석할 수 있다. 이를 기업 재무회계에서는 '영업권'이라고 말한다.

　A사가 B사를 인수하면 A사는 B사에 대한 '지배력'을 획득한 것이 된다. 지배력이 생기면 A사와 B사를 묶은 연결재무제표를 만들어야 하는데, 이때 영업권은 무형자산으로 반영해야 한다.

명확하게 규명하지 못한 대가만 영업권

자, 그러면 이 사례를 좀 더 정교하게 따져보자. B사의 장부상 자산과 부채는 다음과 같았다.

B사의 장부상 자산과 부채	
자산 100억 원 현금 20억 원 매출채권 30억 원 기계장치 30억 원 토지 20억 원	**부채 60억 원** 매입채무 30억 원 차입금 30억 원
	순자산 40억 원

　이 상태에서 A사가 B사 지분을 100% 인수하는 대가로 70억 원을 지급한다면 30억 원(인수대가 70억 원 − 순자산 40억 원)이 영업권이라고 생각할 수 있다. 그런데 영업권을 계산하기 위해서는 B사의 자산과 부채를 공정가치로 평가해

야 한다. 예를 들어 토지의 경우 20억 원으로 기록되어있지만 이 금액이 취득원가라면 현재의 시세는 장부가격과 다를 수 있는 것이다. 시세대로 공정가치로 평가한 토지가격이 30억 원이라고 하자. 그렇다면 공정가치를 기준으로 한 B사의 자산, 부채(부채의 공정가치는 장부가액과 같다고 가정), 순자산은 다음과 같이 바뀐다.

B사의 장부상 자산과 부채(공정가치 기준) 변화

자산 110억 원	부채 60억 원
현금 20억 원	매입채무 30억 원
매출채권 30억 원	차입금 30억 원
기계장치 30억 원	
토지 30억 원	순자산 50억 원

공정가치 기준 순자산 50억 원인 B사를 70억 원에 인수하므로 영업권은 20억 원이 될 것이다. 그런데 이게 끝이 아니다. 한 번 더 평가할 것이 있다. B사의 재무제표에는 잡혀있지 않지만 평가가 가능한 무형자산이 있을 수 있다. 예를 들어 B사가 가진 브랜드 또는 상표가 유명해서 소비자들의 구매에 영향을 크게 미치고 있다든지, B사가 구축한 거래처(고객) 네트워크가 탄탄해서 영업활동에 큰 도움이 되고 있다고 해보자. 그렇다면 이 브랜드 가치나 고객 네트워크의 가치를 무형자산으로 간주하여 그 가치를 산출해낼 수 있다. 평가를 해 봤더니 브랜드 가치 5억 원, 고객관계 가치 10억 원으로 산출되었다고 해보자. 그렇다면 B사의 자산, 부채, 순자산은 다음과 같이 변한다.

B사의 장부상 자산과 부채(무형자산 식별 후) 변화

자산 125억 원	부채 60억 원
현금 20억 원	매입채무 30억 원
매출채권 30억 원	차입금 30억 원
기계장치 30억 원	
토지 30억 원	순자산 65억 원
무형자산(브랜드) 5억 원	
무형자산(고객관계) 10억 원	

이렇게 놓고 보면 순자산 공정가치가 65억 원인 회사에 대해 70억 원을 지급하는 것이므로, 최종적으로 영업권은 5억 원이 된다.

정리하자면 이렇다. 장부상의 순자산 40억 원인 회사의 지분을 100% 인수하는 데 70억 원을 지급하여 30억 원의 웃돈이 발생하였다. 이 웃돈의 성격을 규명하기 위해 B사의 장부상 자산과 부채를 공정가치로 평가하여 보니 토지가 10억 원 증가하였다(20억 원 → 30억 원).

아울러 장부에는 잡혀있지 않았던 무형자산을 새로 식별하여 파악하게 되었다. 브랜드 가치로 5억 원, 고객관계 가치로 10억 원을 새로 무형자산으로 반영하였다.

이런 과정을 거쳐 30억 원의 웃돈 중 25억 원은 무엇에 대한 대가로 지급하였는지를 규명하였다. 나머지 명확하게 규명하지 못한 대가 5억 원만 '영업권'으로 분류한다. 이런 과정을 우리는 'PPA' 즉 '인수가격배분(Purchase Price Allocation)'이라고 한다.

A사는 B사 지분을 100% 인수하여 지배력을 취득하였기 때문에 A사와 B사

PPA(인수가격배분)

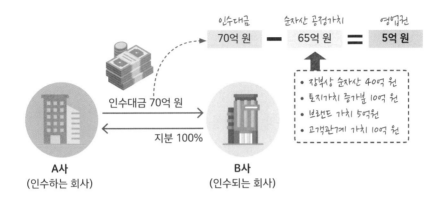

인수대금
70억 원 ━ 순자산 공정가치
65억 원 = 영업권
5억 원

인수대금 70억 원

지분 100%

A사
(인수하는 회사)

B사
(인수되는 회사)

- 장부상 순자산 40억 원
- 토지가치 증가분 10억 원
- 브랜드 가치 5억원
- 고객관계 가치 10억 원

를 묶은 연결재무제표를 작성하여야 한다. A사와 B사를 한 회사처럼 합친 것을 '연결 실체'라고 하는데, 연결 실체의 재무제표 즉 연결재무제표의 무형자산 항목을 보면 새로 인식한 브랜드 5억 원, 고객관계 10억 원, 영업권 5억 원이 나타난다.

연결재무제표(A사와 B사를 합친 연결 실체 재무제표)

부채 ○○○억 원
:

자산 ○○○억 원
:

무형자산(브랜드) 5억 원
무형자산(고객관계) 10억 원
무형자산(영업권) 5억 원

순자산 ○○○억 원

141

🏭 지분을 50% 이상 인수할 때의 PPA

지금까지 우리는 B사의 주주가 박 회장 한 사람뿐이며, 그가 가진 지분 100%를 인수하는 경우를 가정하였다. 만약 B사의 대주주 박 회장이 가진 지분은 60%이며, 나머지 지분 40%는 일반주주가 보유하고 있는 경우를 가정해 보자.

A사는 박 회장 지분만 인수하여도 경영권을 확보할 수 있다. 따라서 A사가 B사 지분 60%만 취득하여 지배력을 확보한다고 하자. 그 대가로 70억 원을 지급한다고 가정한다. 영업권은 얼마가 될까? 지분 60%에 해당하는 순자산 공정가치는 'B사의 순자산 공정가치 65억 원 × 박 회장 지분율 60% = 39억 원'이다. 이에 대해 70억 원을 지급하므로 영업권은 그 차액인 31억 원이 된다. A사와 B사를 합친 연결재무제표에 기록되는 무형자산 항목에는 브랜드 5억 원, 고객관계 10억 원, 영업권 31억 원이 기록된다는 이야기다.

지금까지 살펴본 사례는 다른 기업의 지분을 인수하여 지배력을 확보하는 경우다. 회계상으로 지배력을 확보하는 기준은 일반적으로 지분율이 50%를 초과했을 때다. 즉 50% 초과 지분을 인수할 때는 PPA를 해야 한다는 말이다. 그러나 지분율이 50% 이하이더라도 여러 가지 조건을 따져서 지배력 취득으로 인정하는 경우가 있다(이에 대해서는 352쪽에서 자세히 다룬다).

또 한 가지 우리가 살펴봐야 할 것은 인수가 아니라 다른 기업을 합병하는 경우다. A사가 B를 '인수'하면 A사와 B사는 모두 그대로 존재한다. 그런데 A사가 B사를 '합병'하면 B사는 소멸한다. B사의 주주들이 가진 주식은 모두 소각되고, B사의 자산과 부채는 A사에 이전된다. B사의 주주들은 그 대가(합병소멸대가)를 받게 되는데, 대가는 현금일 수도 있고 A사가 발행하는 신주일 수도 있다.

이 경우에도 마찬가지다. A사가 B사를 합병하는 대가로 B사의 주주들에게 70억 원의 신주(또는 현금)를 지급하였고, 합병되는 B사의 순자산 공정가치가 65억이라고 해보자. A사와 B사가 합쳐져 탄생한 합병회사의 재무제표에는 5억 원의 영업권이 무형자산으로 기록된다. 앞에서 예로 든 브랜드 5억 원, 고객관계 10억 원도 같이 기록됨은 물론이다.

영업권도 상각할까?

A사가 B사의 지분을 100% 인수한 이후 작성된 연결재무제표의 모습을 다시한번 보자.

연결재무제표(A사와 B사를 합친 연결 실체 재무제표)

자산 ○○○억 원	부채 ○○○억 원
⋮	⋮
무형자산(브랜드) 5억 원 무형자산(고객관계) 10억 원 무형자산(영업권) 5억 원	순자산 ○○○억 원

우리는 앞에서 무형자산을 상각하여 비용화하는 과정에 대해 살펴봤다. 개발비나 판권, 전속계약권, 상표권 등의 사례를 들었다. 이렇게 지배력을 취득한 이후 PPA를 거쳐 새로 인식한 무형자산들의 상각은 어떻게 진행이 될까?

한국채택국제회계기준(K-IFRS)에 따르면 무형자산 가운데 영업권은 상각하지 않아도 된다. 즉 결산 때마다 정기적으로 비용화하지 않아도 된다. 영업권을 비한정 내용연수를 가진 자산으로 간주하기 때문이다. 그러나 영업권은 일반적인 상각은 하지 않더라도 손상이 발생하면 손상 처리는 해야 한다(무형자산의 손상에 대해서는 155쪽에서 다룬다).

영업권 외의 브랜드나 고객관계 같은 무형자산은 일반적으로 상각하여 비용으로 처리한다. 다만 브랜드 가치의 경우 회사 선택에 따라 비한정 자산으로 간주하고 상각하지 않는 경우도 있기는 하다. 하지만 여기서는 상각하는 것으로 가정한다.

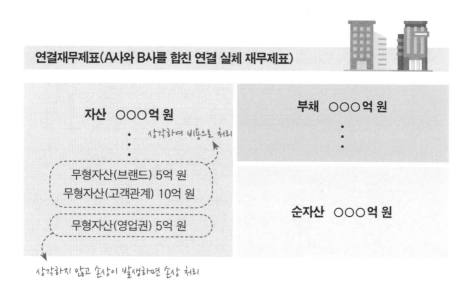

예를 들어 브랜드(5억 원)와 고객관계(10억 원) 모두 각각 5년 정액상각한다고 해보자. 브랜드는 연 1억 원씩, 고객관계는 연 2억 원씩 장부가격이 낮아지면서 그만큼의 무형자산 상각비(합계 연 3억 원)가 손익에 반영될 것이다. PPA에서 발생한 무형자산의 상각비용 처리나 손상의 실제 사례는 다음 레슨에서 다룬다.

이마트의 G마켓 인수와
셀트리온의 헬스케어 합병에서
배우는 PPA

해태제과는 2020년 초 아이스크림 사업부를 분할하여 100% 자회사로 만들었다. 회사 이름은 해태아이스크림으로 정했다. 그리고 그해 10월 해태제과는 해태아이스크림 지분 100%를 빙그레에 매각하였다.

해태제과의 아이스크림 사업부 매각 과정

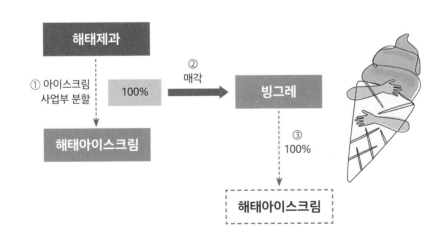

🏛️ 브라보콘을 품에 안은 빙그레

이 거래로 빙그레는 해태아이스크림에 대한 지배력을 취득하였다. 이에 따라 PPA(인수가격배분)를 진행하였고, 빙그레와 해태아이스크림을 합친 연결재무제표를 만들 때 PPA의 결과를 반영하였다.

아래의 표가 PPA 결과를 나타낸 것으로, 2020년 빙그레의 연결재무제표 주석에 기재되어 있다.

2020년 빙그레 연결재무제표 주석 중 사업 결합의 회계 처리 (단위 : 백만 원)

구분		금액
이전대가		132,500
취득한 자산 및 부채 :		
유동자산		63,290
비유동자산		111,532
무형자산(고객과의 관계)	①	10,600
무형자산(산업재산권)	②	32,100
유동부채		(43,587)
비유동부채		(16,067)
식별 가능한 순자산 공정가치		115,168
이연법인세부채		(9,394)
영업권		26,726

표를 설명하자면 이렇다. 해태아이스크림 지분을 100% 인수한 대가로 빙그레가 해태제과에 지급한 돈은 1325억 원이다. 표에는 '이전대가'라고 표기되

어 있다.

해태아이스크림의 재무제표에 기재되어 있는 자산과 부채 항목을 공정가치로 재평가한 결과를 나타내는 '식별 가능한 순자산 공정가치'는 1151억 6800만 원으로 산출되었다.

이 금액에는 해태아이스크림의 원래 재무제표 항목에는 없었지만, 자산과 부채를 재평가하는 과정에서 새로 인식하게 된 무형자산(식별해 낼 수 있는 무형자산) 2개가 포함되어 있다. 바로 '고객과의 관계' 106억 원과 '산업재산권' 321억 원이다.

이전대가(인수대가로 지급한 금액)와 순자산 공정가치의 차액인 173억 3200만 원이 영업권이라고 생각할 수 있다. 그런데 표를 보면 여기에다 이연법인세부채 93억 9400만 원을 더해준 금액 267억 2600만 원이 최종 영업권으로 기재되어 있다(이연법인세부채는 회사가 미래에 내야 할 세금을 현재 재무제표에 반영해 둔 것이다).

여기서 중요한 것은, 우리나라 상장기업과 일부 비상장기업이 사용하는 K-IFRS(한국채택국제회계기준)에서는 영업권 267억 2600만 원을 상각하지 않는 점이다. 앞에서 설명한 대로 상각하지는 않되 손상이 발생한 것으로 파악되면 손상차손은 반영해야 한다.

고객과의 관계와 산업재산권은 어떨까? PPA를 거쳐 인식하게 된 일반 무형자산은 상각한다고 했다. 빙그레는 이

K-IFRS(한국채택국제회계기준)에서는 영업권을 상각하지 않지만, 손상이 발생한 것으로 파악되면 손상차손은 반영해야 한다.

무형자산을 5년 동안 정액상각하기로 하였다. 427억 원(①+②)을 5년 상각하면 연 85억 4000만 원을 손익계산에서 무형자산 상각비로 반영해야 한다는 이야기다. 분기 단위로는 21억 3500만 원 정도다. 그 당시 빙그레에 대한 증권사의 한 리포트를 보면 다음과 같이 문장이 있다.

"해태아이스크림 인수에 따른 무형자산 감가상각비가 2025년 2분기까지 분기마다 약 20억 원씩 발생함에 따라 장기간 이익 성장에 다소 부담으로 작용할 전망이다."

참고로, 다음 표는 2020년 빙그레 연결재무제표 주석에 기재된 '무형자산 변동 내역'을 축약하여 편집한 것이다.

2020년 빙그레 연결재무제표 주석 중 무형자산 변동 내역 (단위 : 백만 원)

구분	산업재산권	소프트웨어	고객관계	영업권	합계
기초금액	1,092	3,138	–	–	5,961
취득금액		–	–	–	
처분금액	–	–	–	–	–
사업 결합 취득	① 32,100	–	② 10,600	③ 26,726	69,426
무형자산 상각비	(1,933)	(1,076)	(530)	–	(3,594)
기말금액	32,124	2,207	10,070	26,726	73,361

이 표에서 빙그레의 2020년 초(기초) 금액을 보면 원래 무형자산 항목으로는 산업재산권과 소프트웨어밖에 없었다. 그런데 2020년 10월에 해태아이스크림을 인수함으로써 사업 결합(인수 또는 합병)으로 인한 산업재산권이 321억 원(①) 추가되었고, 고객관계 106억 원(②)과 영업권 267억 2600만 원(③)을 새로 취득하였다는 사실을 알 수 있다.

🏛 대규모 M&A 이후에 찾아오는 것, 이마트의 연 2000억 원대 무형자산 상각비

이마트는 2021년 9월 스타벅스코리아에 대한 지배력을 손에 넣었다. 미국 스타벅스가 가지고 있던 스타벅스코리아 지분을 인수하면서 지분율이 50%에서 67.5%까지 올라갔다. 그해 11월에 이마트는 G마켓도 인수했다.

이렇게 여러 건의 굵직한 M&A를 하면 PPA를 해야 한다. 이 과정에서 새로운 무형자산(영업권과 여러 가지 일반 무형자산)을 인식하는 경우가 대부분이다. 일반 무형자산은 차후 상각해야 하기 때문에 PPA 과정에서 일반 무형자산으로 인식한 금액이 많으면 무형자산 상각비가 많이 발생한다.

다음은 이마트가 2021년 연결재무제표 주석에 기재한 G마켓 인수 당시 PPA 정리표를 축약 · 편집한 것이다.

2021년 이마트 연결재무제표 주석 중 G마켓과의 사업 결합
(단위 : 백만 원)

구분	금 액
이전대가 현금	3,559,142
취득한 자산과 부채	
현금 및 현금성 자산	448,284
매출채권 및 기타 수취채권	746,250
무형자산	1,414,130
매입채무 및 기타 지급채무	(145,778)
기타 부채	(1,275,349)
식별 가능 순자산의 공정가치	1,350,204
비지배 지분	(269,905)
영업권	2,478,843

표를 보면 G마켓 인수에 현금 3조 5591억 원을 지급했음을 알 수 있다. 이 거래에서 인식한 영업권은 2조 4788억 원이다. 한가지 주목해야 할 부분은 무형자산 금액 1조 4141억 원이다. 원래 G마켓 재무제표상의 무형자산 금액은 수백억 원에 불과했다. 그런데 이 표에서 이마트가 취득한 G마켓의 무형자산은 왜 1조 4000억 원이 넘는 걸로 나타났을까?

우리가 앞에서 살펴본 것처럼, 원래 G마켓 장부에는 없었으나 M&A 과정에서 새로 평가하여 인식하게 된 무형자산(예를 들어 브랜드, 고객관계, 산업재산권 같은 기술 가치 등) 금액이 1조 4000억 원 남짓으로 산출되었기 때문이다. 이 표만 봐서는 새로 인식하게 된 무형자산의 구체적인 내용은 알 수 없다.

그럼, 이번에는 이마트의 2021년 연결재무제표 주석에서 무형자산 변동 내역을 한번 보자.

2021년 이마트 연결재무제표 주석 중 무형자산 변동 내역 (단위 : 백만 원)

구분	산업재산권	영업권	기타 무형자산	합계
기초	205,303	1,118,036	③ 331,814	1,655,153
취득		–	33,761	33,964
사업 결합으로 인한 증가	–	① 3,887,363	④ 2,220,638	6,108,148
무형자산 상각비	(534)	–	(73,180)	(73,714)
기말	223,551	② 5,026,343	⑤ 2,527,809	7,777,703

이 표를 보면 2021년 중에 여러 건의 사업 결합(인수 또는 합병)이 있었고, 이에 따라 PPA를 거쳐 새로 인식하게 된 영업권 자산이 3조 8873억 원(①)이나 된다는 사실을 알 수 있다. 이 때문에 2021년 말(기말) 영업권 자산 장부

금액은 5조 263억 원(②)으로 많이 증가하였다. 기타 무형자산은 2021년 초에 3318억 원(③) 밖에 안됐는데, 연중 증가액이 무려 2조 2206억 원(④)이나 된다. 이 금액이 PPA를 거쳐 새로 인식하게 된 무형자산일텐데, 이마트는 세부 항목을 밝히지 않았다. 2021년 말(기말) 기타 무형자산의 장부금액은 2조 5278억 원(⑤)에 이른다.

이마트의 연간 무형자산 상각비는 얼마나 될까? 2023년 연결재무제표 무형자산 변동 내역을 보면 연간 2338억 원이 상각비로 처리됐음을 알 수 있다. 2021년 말 기타 무형자산 장부금액이 2조 5000억 원 남짓이었으니까, 이 금액을 10년 동안 정액상각한다고 보면 연 상각비가 2500억 원 정도 될 것이라고 짐작할 수 있다. 실제 상각비 2338억 원과 얼추 비슷하다.

2023년 이마트 연결재무제표 주석 중 무형자산 변동 내역 (단위 : 백만 원)

구 분	산업재산권	영업권	기타 무형자산	합계
기초	311,551	5,090,578	2,358,047	7,760,176
취득	185	–	69,458	69,643
무형자산 상각비	(551)	–	(233,272)	(233,823)
손상차손	–	–	(956)	(956)
기말	316,793	5,098,770	2,345,786	7,761,349

합병셀트리온의 영업이익을 앗아간 PPA 상각

바이오시밀러 및 신약 개발업체 셀트리온은 2023년 말에 계열사이자 바이오시밀러를 전 세계에 유통하는 셀트리온헬스케어를 합병하였다. 다음은 합병셀트리온의 2024년 1분기 실적 발표 설명 자료 중 일부다. 표에서 보는 것처럼 매출액은 전년 동기(2023년 1분기) 대비 23.3% 증가하였으나 영업이익은 91.5%나 줄었다.

합병셀트리온 2024년 1분기 실적 자료 중   (단위 : 십억 원)

구분	2023년 1분기	2024년 1분기	전년 대비
매출액	597.6	737.0	+23.3%
바이오시밀러	412.8	651.2	+57.8%
Non-바이오시밀러	184.8	85.8	−53.6%
영업이익	182.4	15.4	−91.5%
영업이익률	20.5%	2.1%	−28.4%p

셀트리온은 이에 대해 실적 자료에서 다음과 같은 설명을 하고 있다.

합병셀트리온 2024년 1분기 실적 자료 중

영업이익 전년 동기 대비 −91.5% 감소

▶ **합병에 따른 일시적 원가율 상승(재고효과), PPA 상각 영향으로 영업이익 감소**

• 셀트리온헬스케어가 보유했던 재고가 합산되며 원가율 상승. 재고가 소진되며 2분기부터 빠른 속도로 원가율이 개선될 전망.

• 합병에 따른 무형자산(판권 및 고객관계) 상각비용이 약 640억 원 발생하며 영업이익이 일시적으로 감소. 상반기 중 판권에 대한 상각이 완료될 예정으로, 하반기부터는 상각 영향이 제한적일 것으로 예상.

우리는 앞에서 기업을 인수하여 지배력을 취득할 때와 마찬가지로 합병할 때도 PPA를 해야 하고, 이 과정에서 영업권과 여러 가지의 무형자산을 인식해야 하는 경우가 발생할 수 있다는 사실을 알아봤다. 이 자료에 나타난 것처럼 셀트리온과 셀트리온헬스케어가 합병하면서, 합병셀트리온의 재무제표에는 판권과 고객관계라는 무형자산이 생겼다.

이때의 판권은 드라마나 영화 제작비를 무형자산화한 것이 아니라, 의약품 판매권을 말한다. 셀트리온헬스케어는 셀트리온이 개발하고 제조한 바이오시밀러를 전 세계에 판매·유통할 수 있는 판권을 보유하고 있지만, 재무제표에는 이 판권이 무형자산으로 잡혀있지 않았다.

예를 들어 삼성전자의 브랜드 가치는 막대하지만, 재무제표에 무형자산으로 잡혀있지 않다. 오랜 시간 영업활동을 통해 형성된 무형의 자산, 이른바 자가창출 자산이기 때문에 재무제표에 인식하지 않는다. 셀트리온헬스케어의 판권 역시 마찬가지다. 글로벌 영업활동 과정에서 판권의 가치가 형성된 것이기 때문에 이를 별도로 재무제표에 인식하지 않았다.

그런데 셀트리온이 셀트리온헬스케어를 합병하는 과정에서 즉 셀트리온헬스케어가 가진 자산과 부채를 이전받는(취득하는) 과정에서는 셀트리온헬스케어의 재무제표에 잡혀있지는 않지만 식별하여 평가할 수 있는 무형자산은 인식해야 한다.

바이오시밀러 전 세계 유통·판매권(판권)과 글로벌 거래처의 가치(고객관계)가 PPA 과정에서 무형자산으로 새로 인식되었고, 이 금액은 상각비용으로 처리해 나가야 한다. 바로 이 PPA 상각비(합병 PPA에서 인식된 무형자산 상각비)가 2024년 1분기부터 본격적으로 손익계산에 반영되면서 전년 동기 대비 영업이익 감소에 영향을 미쳤다는 게 합병셀트리온 측의 설명이다.

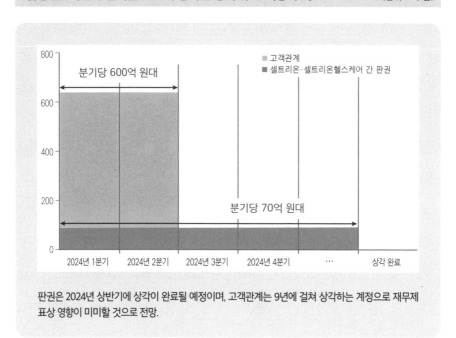

합병셀트리온의 분기별 PPA 무형자산 상각 규모 예상 추이 (단위 : 억 원)

- 고객관계
- 셀트리온·셀트리온헬스케어 간 판권

분기당 600억 원대

분기당 70억 원대

2024년 1분기　2024년 2분기　2024년 3분기　2024년 4분기　…　상각 완료

판권은 2024년 상반기에 상각이 완료될 예정이며, 고객관계는 9년에 걸쳐 상각하는 계정으로 재무제표상 영향이 미미할 것으로 전망.

위 그래프는 이 PPA 상각비가 합병셀트리온에 언제까지 영향을 미칠지를 나타내는 그림이다. 셀트리온은 판권 상각비로 분기당 600억 원대를 반영할 것인데, 2024년 상반기에 상각이 완료된다고 설명했다. 그리고 고객관계는 9년간 상각할 것인데, 분기당 70억 원 정도가 반영될 것이라고 밝혔다.

오른쪽 표는 셀트리온이 합병 뒤 공시한 2023년 연결재무제표 주석의 무형자산 내역을 축약·편집한 것이다. 표에서 보는 것처럼 합병셀트리온이 사업결합(합병) 과정에서 인식한 판권은 1137억 원이다. 셀트리온은 이 금액을 2개 분기에 걸쳐 상각을 완료하였다고 밝힌 것이다. 고객관계는 2577억 원으로 평가하였는데, 이 금액은 9년에 걸쳐 상각한다고 하였다. 합병 과정에서 인식한 영업권은 11조 4577억 원에 이른다. 이 금액은 상각 대상이 아니다.

합병셀트리온 2023년 연결재무제표 주석 중 무형자산 내역　　　(단위 : 백만 원)

구분	영업권	판권	고객관계	개발비	기타 무형자산	합계
기초	35,158	0	0	1,322,203	245,014	1,622,326
사업 결합	11,457,776	113,694	257,692	0	1,080	11,836,229
내부 창출	0	0	0	181,624	0	181,624
상각	0	0	0	(142,345)	(35,287)	(182,286)
기말	11,475,384	113,694	257,692	1,358,386	105,833	13,336,117

2개 분기에
걸쳐 상각

9년에 걸쳐 상각

카카오 1조 8166억 원 당기손실을 유발한 영업권 손상차손

무형자산도 유형자산과 마찬가지로 손상 평가를 하여 손상이 발생한 것으로
확인되면 회계 처리를 해야 한다.

디앤디파마텍이라는 바이오 신약개발업체는 파킨슨병 치료제 임상2상 데이
터가 통계적 유효성을 확보하지 못한 것으로 드러나면서, 2022년 결산 시에

바이오기업들은 신약 개
발 관련 지출액을 개발
비 자산으로 잡아놓았다
가 임상에 실패하면 개
발비를 손상 처리하는
경우가 많다.

치료제 개발 관련 무형자산에서 1129억 원의 손상차손을 인식하였다. 구체적으로 보면 무형자산 중 라이선스 금액에서 854억 원, 특허권에서 4억 원, 영업권에서 271억 원을 감액하였고, 합계 1129억 원의 손상차손을 손익계산에서 비용으로 반영하였다. K-IFRS 기업은 영업권을 상각하지는 않지만 손상이 발생하면 반영해야 한다고 앞에서 설명하였다. 바이오기업들은 특히 신약 개발 관련 지출액을 개발비 자산으로 잡아놓았다가 임상에 실패하면 개발비를 손상 처리하는 경우가 많다.

다음은 카카오의 2023년 연결재무제표 주석에서 무형자산 내역을 축약·편집한 것이다.

카카오 2023년 연결재무제표 주석 중 무형자산 내역 (단위 : 백만 원)

구분	영업권	회원권 및 브랜드	기타 무형자산	합계
기초	4,477,204	411,010	1,046,194	6,022,351
취득	0	18,908	154,109	179,637
연결 범위 변동	1,058,041	194,044	43,192	1,666,631
무형자산 상각비	0	(6,328)	(148,802)	(254,359)
무형자산 손상차손	(1,483,357)	(10,079)	(333,616)	(1,882,209)
기말	4,065,637	613,339	694,135	5,688,507

이 표에서 영업권 항목을 보면 2023년 초(기초) 장부금액이 4조 4772억 원이다. 카카오는 그간 많은 M&A를 하는 과정에서 연결재무제표에 영업권을 많이 인식하였다. 연결 범위 변동(카카오와 연결재무제표를 작성해야 하는 종속기업의 증가)으로 새로 1조 580억 원의 영업권이 더해졌다.

눈에 띄는 것은 영업권 손상차손으로 1조 4833억 원을 반영한다는 점이다. 기타 무형자산의 손상차손 3336억 원까지 더하면 2023년 무형자산 손상액은 총 1조 8822억 원에 이른다. 이만큼이 영업외비용으로 처리됐다는 이야기다.

영업권과 같은 무형자산은 그 자체적으로 현금흐름을 창출하지는 않는다. 따라서 영업권 손상 여부를 평가할 때는 영업권이 창출하는 전체 미래 현금흐름(회수가능액)이 아니라 영업권을 발생시킨 현금창출단위의 현금흐름을 계산하여 회수가능액을 산출해야 한다. 이 현금창출단위의 현재 장부가액이 회수가능액에 미치지 못할 경우 그 차액을 영업권 손상액으로 보면 된다.

이를 그림으로 나타내면 다음과 같다.

영업권 손상액 산정

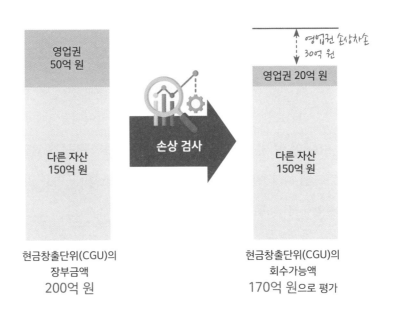

한편 카카오의 2023년 연결재무제표 손익계산서를 보면 무형자산 손상차손의 영향이 그대로 드러나 있다.

카카오의 2023년 연결재무제표 손익계산서 (단위 : 백만 원)

구분	금액
영업수익(매출액)	7,557,001
영업비용	7,096,143
영업이익(손실)	460,857
기타 이익	192,325
기타 비용	2,314,423
금융수익	317,436
금융비용	308,396
지분법이익	122,168
지분법손실	118,208
당기순이익(손실)	(1,816,669)

이 표를 보면 카카오는 2023년에 4608억 원의 영업이익을 냈는데, 당기순이익은 1조 8166억 원의 적자를 기록하였다. 가장 큰 이유는 영업 외에서 기타 비용이 2조 3144억 원이나 발생하였기 때문이다. 기타 비용 가운데 1조 8822억 원은 앞에서 본 무형자산 손상차손이다.

"외상 줬는데 떼일 것 같아요"
: 매출채권 대손충당금 회계

기업은 재화(제품이나 상품) 또는 용역(서비스)을 고객에게 제공하고 매출을 인식한다. 재화나 용역을 외상으로 제공하면 '매출채권'이라는 자산이 생긴다. 그런데 기업이 이 매출채권에서 기대하는 만큼 미래에 현금으로 회수하는 게 어렵겠다고 추정되는 경우가 있다. 예를 들어 채무자가 재무적 곤경(부도 위기나 워크아웃 등)에 빠져 오랜 기간 매출채권을 결제하지 못하고 있다거나 사업을 접거나 잠적한 것으로 확인되는 경우 등이다.

대손충당금은 '확정'이 아닌 '추정'된 금액

이럴 때 이 매출채권의 자산가치는 손상되었다고 할 수 있다. 예를 들어 장부에는 10억 원의 매출채권으로 기재되어 있을지라도 10억 원 전액을 회수하기는 어려울 것으로 추정된다는 이야기다. 매출채권의 손상(회수불능추정액) 역시 유형·무형자산의 손상과 회계 처리가 비슷하지만 한 가지 큰 차이가 있다.

　장부가액이 50억 원인 기계장치(유형자산)의 회수가능액을 평가하였더니

올해
크리스마스 선물을
받을 수 있을까?

40억 원으로 산출되었다면, 장부가액을 40억 원으로 하향 조정하고 차액 10억 원은 '유형자산 손상차손'이라는 비용으로 처리한다고 하였다.

장부가액이 50억 원인 매출채권이 있는데 10억 원은 회수하지 못할 것으로 추정된다고 하자. 즉 회수가능액이 40억 원으로 평가되었다. 이때 재무제표에 표시되는 매출채권 장부가액은 40억 원으로 낮춰진

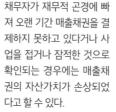

채무자가 재무적 곤경에 빠져 오랜 기간 매출채권을 결제하지 못하고 있다거나 사업을 접거나 잠적한 것으로 확인되는 경우에는 매출채권의 자산가치가 손상되었다고 할 수 있다.

다. 그런데 이렇게 매출채권을 하향 조정할 때 특별히 사용하는 계정이 있다. 바로 '대손충당금'이라는 것인데, 매출채권을 차감하는 역할을 한다. 대손(貸損)이란 쉽게 말해 받을 돈을 못 받게 되어 손실이 발생한다는 뜻이다. 여기서 한가지 주의할 것은 대손충당금은 결산 시점에 매출채권 잔액의 회수가능성을 평가하여 회수할 수 없을 것으로 '추정된' 금액이지, '확정된' 금액은 아니라는 점이다.

50억 원인 매출채권에 10억 원의 대손충당금을 설정한다는 게 무슨 이야기인지 정리해 보자.

대손충당금 설정 과정

① 결산 시점에 회사가 보유한 매출채권의 잔액은 50억 원이다. 회수가능성을 평가하였더니 이 가운데 10억 원이 일단 회수할 수 없을 것으로 추정되었다.

② 대손충당금으로 10억 원을 설정하고 결산 시 재무제표상에 매출채권 금액을 40억 원으로 표기한다.

③ 대손충당금 설정액만큼 결산 시 손익계산서에 비용으로 반영한다(대손상각비 10억 원).

우리는 이러한 회계 처리를 두고 '대손충당금을 설정한다' 또는 '대손충당금을 쌓는다'고 표현한다. 대손충당금 설정액은 일반적으로 결산 시점에 회사가 보유 중인 매출채권 가운데 장기 연체 채권을 중심으로 과거 경험에 따른 기대손실률 등을 적용하여 산출한다.

매출채권의 손상을 회계 처리할 때 이렇게 충당금이라는 계정을 이용하는 이유가 있다. 매출채권 거래는 아주 빈번하게 발생할 뿐 아니라, 손상액은 추정액에 불과하여 추후 회수될 가능성이 존재하기 때문이다.

떼일 것 같은 돈, 떼일 줄 알았는데 받은 돈의 회계 처리

매출채권의 대손이 어떻게 처리되는지 간단한 예를 통해 알아보자. ㈜서울은 2023년 초에 영업을 시작하였다. 2023년 말 결산 시점에 장부상 매출채권 잔액은 100억 원(거래처 5곳으로 가정)이다. 매출채권에 대한 회수가능성을 평가하였더니 A 거래처의 매출채권 10억 원이 회수하기 어려운 것으로 추정되었다. 그래서 10억 원의 대손충당금을 설정하였고, 매출채권 장부가액은 90억 원으로 낮아진다. 대손충당금 설정액 10억 원만큼이 손익계산서에서는 '대손상각비'로 반영된다. 대손상각비는 판매비 및 관리비(판관비)에 포함되므로 영업이익에 영향을 미친다.

2024년 초에 가서 A 거래처가 실제 도산하였다고 해보자. 매출채권 10억 원에 대해 2023년 말 결산 시에는 회수할 수 없을 것으로 '추정'하였고 그래서 대손충당금(대손추정금액) 계정을 활용하였다. 2024년 초에 A 거래처는 실제로 도산하였으므로 회수 불능이 추정된 게 아니라 '확정'된 것으로 봐야 한다. 따라서 10억 원의 매출채권을 이제 완전히 삭제(매출채권의 제각)하는 동시에 추정 계정으로 활용한 대손충당금 10억 원도 삭제하면 된다. 대손의 비용 처리와 관련하여서는 2023년 말 결산 시 이미 비용(대손상각비)으로 반영하였으므로 2024년 초에 추가 처리하지 않아도 된다.

이번에는 2010년부터 계속하여 영업해 온 ㈜광화문의 2023년 결산을 해보자. 이 회사는 2010년 이후 계속하여 대손충당금 설정과 제거, 환입 등을 반복해 왔을 것이다.

2023년 말 매출채권 잔액은 100억 원이고, 연체 채권들에 대해 연체 기간별로 회수가능성을 평가(기대손실률 적용)하였더니 10억 원이 회수할 수 없을 것으로 추정되었다.

2023년 말 현재 ㈜광화문이 대손충당금으로 6억 원을 쌓아놓은 상태라면 대손 처리를 어떻게 하면 될까?

2023년 말 매출채권 잔액(100억 원)에 대한 회수불능추정액이 10억 원인데 대손충당금 잔액이 이미 6억 원 설정되어 있다는 얘기다. 이런 경우 추가로 4억 원만 더 설정하면 된다. 다시 말해 추가설정액 4억 원만큼만 손익계산서에서 대손상각비로 처리하면 된다는 이야기다.

2023년 말 현재 ㈜광화문이 쌓아놓은 대손충당금이 12억 원이라면 대손 처리를 어떻게 하면 될까?

매출채권의 회수불능추정액은 10억 원인데, 대손충당금은 이미 이를 2억 원 초과하여 12억 원이 설정된 상태다. 따라서 2023년 말 결산 과정에서 초과분 2억 원은 다시 환입 처리된다. 대손충당금설정액(전입액)은 대손상각비라는 이름을 달고 판관비에 포함되므로 영업이익을 감소시킨다. 대손충당금 환입액은 판관비를 줄여주기 때문에 영업이익을 증가시킨다.

🏦 대손충당금 설정률 95%, 위니아에 무슨 일이 있었나

대손은 매출채권 뿐 아니라 대여금에서도 발생한다. 빌려준 돈의 회수가능성을 평가하여 대손 처리를 하는데, 이때 손익계산서에는 '기타 대손상각비'라는 계정 이름으로 반영된다. 기타 대손상각비는 영업외비용으로 분류되기 때문에 영업이익에는 영향을 미치지 않지만 당기순이익을 감소시킨다.

김치냉장고 '딤채'로 유명했던 위니아는 2023년 10월 기업회생(법정관리)에 들어갔다. 다음은 이 회사의 2024년 3분기 사업보고서에서 매출채권 및 기타 채권 상황을 요약·편집한 것이다.

위니아 매출채권 및 기타 채권 내역 (단위 : 천 원)

과목	구분	2022년 말	2023년 말	2024년 3분기 말
매출채권	매출채권	93,320,892	32,018,055	49,612,119
	대손충당금	(10,126,469)	(20,251,932)	(47,102,088)
기타 채권	미수금	46,998,766	18,179,209	21,558,544
	미수금충당금	(6,434,938)	(13,485,819)	(16,872,790)

위니아는 2024년 3분기 말 기준으로 496억 원의 매출채권을 보유 중인데, 이 가운데 471억 원이 회수 불능으로 추정된 금액이다. 대손충당금 설정률이 무려 95%에 달한다. 이에 따라 위니아 재무제표에 기재된 매출채권은 25억 원(496억 원 - 471억 원)으로 나타난다. 이 회사는 미수금(상거래 외에서 발생한 채권) 잔액 215억 원에 대해서도 168억 원의 대손충당금을 쌓아놓은 상태다.

법정관리가 위니아의 대손충당률 급상승에 영향을 준 것으로 보인다. 2022년 말 기준으로 보면 매출채권 잔액 933억 원에 대해 101억 원의 대손충

경영난에 허덕이던 위니아는 2023년 10월 법원에 기업회생절차 개시를 신청했다. 법정관리는 위니아의 대손충당률 급상승에 영향을 준 것으로 보인다.

당금을 설정하여 11% 수준의 대손충당률을 보였다.

💰 휴젤, 대손충당금 설정액은 107억 원인데 왜 대손상각비는 7250만 원에 불과할까?

다음은 보톡스를 주력사업으로 하는 휴젤의 2023년 사업보고서 연결재무제표 주석에 나타난 매출채권 연령분석표다.

휴젤 매출채권의 연령별 손상 (단위 : 천 원)

구분	90일 미만	91~120일 이하	121~180일 이하	180일 초과	합계
매출채권	30,580,949	5,061,234	376,806	18,902,195	54,921,184
대손충당금	(203,138)	(7,604)	(689)	(10,561,267)	(10,772,699)
합계	30,377,810	5,053,629	376,117	8,340,928	44,148,485

휴젤이 보유 중인 2023년 말 매출채권 잔액 549억 2100만 원에 대하여 107억 7200만 원의 대손충당금이 설정되었다. 이에 따라 재무제표상에 기재된 매출채권은 441억 4800만 원이다.

매출채권의 연령별 분석을 보면 결제 시한을 180일 이상 초과한 189억 원의 매출채권에 대해서는 105억 6100만 원의 대손충당금을 쌓아놓은 상태다. 나머지 180일 이하 매출채권에 대한 대손충당금 내역도 표에 자세히 나와 있다.

한편 다음 페이지에 나오는 휴젤의 2023년 판관비 내역을 보면 매출채권 대손상각비로 반영된 금액은 7250만 원에 불과하다. 매출채권 잔액에 대한 대손

휴젤 2023년 연결재무제표 주석 중 판관비 요약 (단위 : 천 원)

구분	금액
급여	32,981,751
감가상각비	3,593,494
경상연구개발비	11,015,333
지급수수료	41,684,242
광고선전비	11,623,664
판매촉진비	5,393,464
대손상각비	72,550

충당금 설정액은 107억 7200만 원인데 왜 대손상각비 반영은 7250만 원밖에 되지 않을까?

이는 휴젤이 대손충당금 누적잔액으로 이미 106억 원 좀 넘는 금액을 쌓아놓았기 때문이다. 휴젤이 2022년 말 기준 매출채권 잔액 638억 7700만 원에 대해 대손충당금으로 설정한 금액은 107억 원이었다. 2023년 들어와 매출채권은 새로 생겼다가 정상 결제와 함께 제거되는 일이 반복되었을 것이다. 또 2022년에서 2023년으로 넘어온 연체채권 중에는 대손이 확정되어 제각(삭제)되거나 일부 금액 또는 전액 정상 회수되는 경우도 있었을 것이다. 이런 여러 가지 상황들로 인해 대손충당금 잔액은 계속 변동하였을 것이고, 2023년 말에 가서 106억 원 좀 넘는 금액이 된 것이다.

예를 들어보자. K사의 2023년 말 매출채권 잔액에 대한 대손충당금을 산출해봤더니 10억 원이라고 하자. 이 회사가 이미 9억 원의 대손충당금 누적잔액을 보유한 상태라면 1억 원만 추가로 설정하면 된다. 추가금액 1억 원이 2023년의 대손상각비가 되는 것이다. 앞의 ㈜광화문 사례에서 본 것과 같다.

휴젤은 2023년 말 기준 매출채권에 대한 대손충당금 설정액 107억 7200만 원과 대손충당금 기존 누적액 106억 9945만 원 간의 차액인 7255만 원만큼만 대손충당금을 추가 설정하고, 대손상각비로 반영하면 된다.

금융회사들은 대출이 주된 영업이기 때문에 대출채권에 대한 대손충당금 적립액(전입액)이 영업이익에 큰 영향을 미친다. 예를 들어 저축은행의 영업이익은 '이자손익 + 비이자손익 – 판관비 – 대손충당금 전입액'으로 구할 수 있다. 다음은 저축은행 업계의 2024년 3분기 실적과 관련한 보도를 요약한 것이다.

머니투데이방송 / 2024년 11월 28일

저축은행, 적자 줄였지만 건전성 우려는 여전

저축은행 업계가 3분기 흑자로 전환하며 누적 적자폭을 줄였다. 저축은행중앙회에 따르면, 79개 저축은행은 올해 3분기(7~9월) 258억 원의 순이익을 거뒀다. 3분기 누적(1~9월)으로는 여전히 3636억 원의 순손실 상태다.

3분기 흑자 이유는, 부동산 프로젝트파이낸싱(PF) 사업장 재평가로 대손충당금을 대거 쌓았던 2분기에 비해 대손충당금 전입액 규모가 줄었기 때문이다.

저축은행 업계는 상반기까지 2조 3000억 원의 충당금을 적립했지만 3분기 충당금 신규 적립액이 6000억 원으로 급감했다. 경매나 공매 등을 통해 부동산 PF 사업장을 정리하면서 충당금 환입 효과가 발생하고 신규로 적립해야 할 충당금이 감소했다. 그러나 저축은행 업계는 앞으로 적자 터널을 벗어나는 데는 좀 더 시일이 걸릴 것으로 보고 있다. 건전성 우려는 여전하다. 3분기 말 연체율은 8.73%로 전분기 대비 0.37%포인트 상승했다. 기업 대출 연체율이 전분기 대비 1.11%포인트 오른 반면 가계 대출 연체율은 0.26%포인트 하락했다.

삼성전기와
삼성전자 재무제표에 있는
10조 원 넘는 차입금의 정체

기업의 매출 거래는 대부분 외상으로 진행된다. 재화(상품, 제품)나 용역(서비스)을 외상으로 제공하면 매출채권이 생기고, 차후에 이를 결제받는 것이다.

매출채권을 발행한 기업이 부도가 나면, 팩토링한 채권은 장부에 어떻게 기재하나

기업은 거래처가 결제해 주기 전에 금융회사에 매출채권을 양도하여 미리 현금을 융통할 수 있다. 예를 들어 A사가 B사에 제품을 공급하였고, 두 달 뒤 10억 원을 결제받기로 하였다. A사는 10억 원짜리 매출채권을 금융회사에 넘기고, 금융회사는 적정할인율을 적용하여 예컨대 9억 9800만 원을 A사에 내주는 식이다. 금융회사는 두 달 뒤 B사로부터 10억 원을 결제받는다. 이 같은 단기 금융 방식을 '팩토링(factoring)'이라고 한다. 팩토링을 그림으로 나타내면 오른쪽과 같다.

　만약 두 달 뒤 B사가 부도 등으로 금융회사에 결제하지 못하는 상황이 발생

매출채권 팩토링

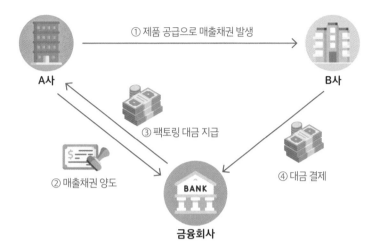

① 제품 공급으로 매출채권 발생

A사   B사

③ 팩토링 대금 지급

② 매출채권 양도   ④ 대금 결제

BANK

금융회사

했다고 해보자. 금융회사가 매출채권을 할인해 간 A사에 결제를 요구할 수 있을까? 이 같은 상환청구권을 '소구권(recourse)'이라고 표현하기도 하는데, 팩토링 계약 조건에 따라 요구할 수도 있고 못 할 수도 있다.

만약 상환청구권이 있는 조건의 팩토링이라면 A사는 금융회사에 매출채권을 담보로 제공하고 대출을 받은 셈이 된다. A사는 금융회사 대출금을 일단 차입금(부채)으로 처리해야 한다. 따라서 A사는 매출채권을 장부에서 제거할 수 없다. B사가 금융회사에 대금을 결제하고 난 이후라야 A사는 장부에서 매출채권과 차입금을 삭제할 수 있다.

상환청구권이 없는 조건의 팩토링이라면 매출채권의 위험과 효익을 모두 금융회사에 완전히 양도한 것이 되므로, A사는 양도 시점에 매출채권을 장부에서 제거해도 된다. 즉 A사에는 매출채권 회수 대금이 들어오는 셈이다.

어떤 자동차 제조회사가 수많은 부품공급업체와 거래하고 있다고 해보자.

부품업체들은 자동차회사에 납품하고, 매출채권을 금융회사에서 할인하여 현금화하는 경우가 많다. 그런데 자동차회사가 부도났다고 가정해 보자. 소구권이 없는 팩토링을 했다면 부품공급업체들은 금융회사에 매출채권을 매각한 셈이 되므로, 금융회사에 돈을 갚지 않아도 된다. 그러나 팩토링에는 상환청구권이 존재하는 경우가 대부분이다. 이 경우 부품공급업체들은 금융회사로부터 차입을 한 셈이 되므로, 대출금 상환 요구를 받을 수밖에 없다. 과거 쌍용자동차(현 KG모빌리티)가 기업회생(법정관리)에 들어갔을 때 수많은 부품공급업체가 금융회사로부터 대출 회수 압박을 받은 적이 있다.

채택하는 회계 기준 따라 다른 팩토링 회계 처리

팩토링이 어떻게 회계 처리되는지 좀 더 자세히 알아보자. 우선 우리나라 대부분의 비상장기업이 채택하고 있는 일반기업회계기준(K-GAAP)의 경우다. K-GAAP에서는 매출채권 팩토링을 매각 거래로 처리한다. 실제 상환청구권의 존재 여부를 따지지 않는다. 예를 들어 2024년 1월 초 1억 원짜리 매출채권(만기 3개월)을 금융회사에 양도하고 9500만 원을 받았다고 해보자. 장부에서 1억 원의 매출채권을 삭제하고 현금 9500만 원이 유입되면서 500만 원(1억 원 - 9500만 원)의 매출채권 처분손실이 발생하는 것으로 회계 처리하면 된다.

K-IFRS(한국채택국제회계기준)를 적용하는 기업의 경우는 소구권 존재 여부에 따라 다르다. 상환청구권이 없는 경우라면 K-GAAP의 회계 처리와 동일하다. 상환청구권이 있다면, 일단 단기차입금 1억 원이 발생하고 현금 9500만 원이 유입되는 것으로 한다. 그리고 500만 원은 선급 이자비용으로 처리하면 된다.

매출채권은 금융회사에 담보로 제공된 것이므로 제거하지 않는다. 시간이 흘러 3월 말이 되었을 때 금융회사에 결제가 문제없이 진행되어야만 1억 원 매출채권과 1억 원 단기차입금을 동시에 삭제할 수 있다.

다음은 삼성전기의 전체 단기차입금과 매출채권 할인 단기차입금 내역을 정리한 표다.

삼성전기 전체 단기차입금과 매출채권 할인 단기차입금 내역

구분	2023년 말	2024년 3분기 말
단기차입금	1조 678억 원	1조 7108억 원
매출채권 할인 차입금	7255억 원	1조 924억 원
할인처	우리은행 외 3곳	우리은행 외 4곳

2024년 3분기 말을 기준으로 보면 삼성전기의 전체 단기차입금은 1조 7108억 원이다. 이 가운데 64%에 해당하는 1조 924억 원이 매출채권 팩토링으로 발생한 단기차입금이다. 즉, 금융기관에 매출채권을 담보로 제공하고 할인을 받아 현금을 융통했다는 이야기다. 이와 관련해 삼성전기는 연결재무제표 주석에서 다음과 같이 설명하고 있다.

삼성전기 연결재무제표 주석

우리은행 등의 금융기관과 팩토링 계약을 통해 매출채권을 할인하였습니다. 금융기관에 양도한 매출채권 중 채무자의 채무 불이행 시 소구 조건이 적용되는 경우라면 대부분의 위험과 보상을 삼성전기가 보유하게 되므로 금융자산(매출채권) 제거 요건을 충족하지 않으며, 만기가 미도래한 금액을 단기차입금으로 계상하고 있습니다.

삼성전자 역시 매출채권을 담보로 제공하고 할인을 받아 현금화하고 있는데, 2024년 3분기 말 기준 관련 차입금은 10조 7633억 원에 이른다. 삼성전자는 연결재무제표 주석에 다음과 같이 표기하였다.

삼성전자 연결재무제표 주석

	담보부 차입금-우리은행 등
단기차입금	10조 7633억 원
차입금에 대한 기술	담보부 차입금과 관련하여 매출채권을 담보로 제공하였습니다.

재고평가법에 따라 울고 웃는 정유회사들

: 손익계산에서 중요한 재고단위평가

기업의 재고자산이란 판매를 위해 보유 중인 제품이나 상품 또는 제품 제조나 용역 제공에 사용될 원재료나 소모품, 현재 제조 과정에 있는 중간제품(재공품이나 반제품) 등을 말한다.

삼성전자, LG전자 공장 창고에 있는 세탁기 완성품은 '제품' 재고자산이다. 공장에는 세탁기를 만들기 위한 각종 부품이 있을 텐데, 이는 '원재료' 재고자산이다. 현재 생산 라인에서 제조 중에 있는 제품은 '재공품' 또는 '반제품' 재고자산에 해당한다. 반제품은 그 자체로 판매할 수 있는 것이고, 재공품은 현재 상태로는 판매할 수 없는 것을 말한다.

롯데하이마트 같은 유통업체가 판매용으로 보유 중인 세탁기는 '상품' 재고자산에 해당한다. 제품을 사 와서 마진을 붙여 판매하기 위해 보관 중인 재고이기 때문이다.

LG생활건강은 화장품을 주력으로 치약이나 샴푸 등 생활용품과 음료수 등과 관련한 제품이나 상품을 판매하는 회사다. 2024년 3분기 말 기준으로 이 회사가 보유한 재고자산은 다음과 같다.

구분	장부금액
상품	449,061
제품	208,115
재공품	40,974
원재료	140,004
저장품	17,707
미착품	63,868
합계	919,729

LG생활건강 연결재무제표 중 재고자산 내역 (단위 : 백만 원)

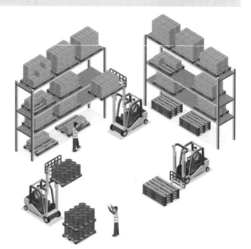

참고로, 저장품은 제조 과정에 필요한 소모품이나 비품을 말한다. 미착품은 운송 중이어서 아직 도착하지 않은, 즉 회사 창고로 입고되지 않은 재고자산을 말한다.

매입가격이 그때그때 다를 때, 매출원가는 어떻게 구할까?

농가에서 수박을 구매(상품 재고자산)하여 판매하는 A마트의 매출원가는 어떻게 구할 수 있을까? 연초(기초)의 수박 재고액에 당기(연중)의 수박 매입액을 더하고, 연말(기말)의 수박 재고액을 빼면 당기의 매출원가가 산출된다. 예를 들어 기초 수박 재고가 30만 원이 있었다. 당기에 200만 원어치를 매입했다. 기말에 남은 수박 재고가 50만 원이다. 그러면 2023년 중 팔린 수박의 매출원가는 180만 원(30만 원 + 200만 원 - 50만 원)이라는 이야기다.

A마트는 수박을 구매할 때마다 매입가격이 그때그때 달랐을 것이다. 기말에 수박이 100개가 남았다고 해보자. 이 수박 1개는 얼마에 매입한 것으로 봐야 할까? 매입가격을 5000원으로 본다면 앞에서 말한 것처럼 기말재고 100개의 금액은 50만 원이 맞지만 6000원으로 본다면 60만 원이 되어야 한다. 이렇게 기말재고 금액이 달라지면 당연히 손익계산에서 매출원가도 달라져야 한다.

사실 거래가 일어날 때마다 언제 얼마에 구매했던 상품이 팔린 것인지 매출원가를 일일이 기록하면 결산 시 매출원가를 바로 확정할 수 있다. 그리고 이 방법이 가장 정확하다. 그런데 특히 공산품처럼 상품 종류가 다양하고 재고자산의 입고(구매)와 출고(판매)가 매일 수천에서 수만 건씩 빈번하게 일어나는 경우에는 매출원가 계산이 매우 번거롭고 복잡해질 수 있다.

기말 재고자산 금액과 매출원가를 계산하기 위해서는 재고자산 1단위 원가를 결정해야 한다. 일반적으로 이를 위해 선입선출법이나 가중평균법(총평균법, 이동평균법) 같은 방식을 많이 쓴다.

A마트의 2024년 1월 한 달간 수박 입고와 출고 기록이 176쪽 표와 같다고 할 때, 각 방식에 따른 매출원가를 계산해 보자. 한 달 결산을 하는 것이므로 월초를 기초로, 월말을 기말로 하여 계산해 본다.

먼저 선입선출법이다. 이 방식은 먼저 구매(입고)한 재고자산이 먼저 판매(출고)된다고 가정한다. 1월 15일 A마트는 수박 20개를 보유하고 있었고(기초재고 10개 + 1월 10일 입고 10개), 이 가운데 10개가 출고(판매)되었다(③). 어떤 수박이 팔려나간 것일까? 선입선출에서는 기초재고(①) 10개가 팔린 것으로 본다. 기말에 남은 재고(⑤)는 1월 10일(②)과 1월 20일(④) 입고분이며 금액은 2만 6000원이다.

A마트의 1월 한 달간 수박 입고·출고 기록과 매출원가 계산 1

	날짜	구분	수량	단가	금액
①	1. 1	기초	10개	1000원	1만 원
②	1. 10	입고	10개	1200원	1만 2000원
③	1. 15	출고	10개	1000원	1만 원
④	1. 20	입고	10개	1400원	1만 4000원
⑤	1. 31	기말	20개	1300원	2만 6000원

선입선출에 따라
기초재고 10개가 출고

[매출원가 계산]

1월 10일과 1월 20일
입고분

재고자산 1단위 원가 결정 방식
: 선입선출법

기초재고 1만 원 + 당기 매입 2만 6000원 - 기말재고 2만 6000원
= 매출원가 1만 원

이 표는 매우 간단하기 때문에 우리는 직관적으로 매출원가가 1만 원이라는 걸 알 수 있다. 하지만 실제로는 매일매일 입고와 출고가 대량으로 빈번하게 일어날 것이다. 이런 경우 1월 한 달의 매출원가는 '기초재고 1만 원 + 당기 매입 2만 6000원 - 기말재고 2만 6000원 = 매출원가 1만 원'과 같은 방식으로 산출할 수 있다.

K-IFRS(한국채택국제회계기준)에서는 후입선출(나중에 입고된 재고자산이 먼저 출고) 방식을 배제한다. 따라서 여기서도 후입선출은 생략한다.

이번에는 매출원가를 총평균법으로 계산해 보자.

A마트의 1월 한 달간 수박 입고 · 출고 기록과 매출원가 계산 2

	날짜	구분	수량	단가	금액
①	1. 1	기초	10개	1000원	1만 원
②	1. 10	입고	10개	1200원	1만 2000원
③	1. 15	출고	10개	1200원	1만 2000원
④	1. 20	입고	10개	1400원	1만 4000원
⑤	1. 31	기말	20개	1200원	2만 4000원

[매출원가 계산]

재고자산 1단위 원가 결정 방식

: 총평균법

기초재고 1만 원 + 당기 매입 2만 6000원 - 기말재고 2만 4000원

= 매출원가 1만 2000원

기초재고 금액에다 당기에 매입한 금액을 다 합하면 3만 6000원(1만 원 + 1만 2000원 + 1만 4000원)이다. 이를 '기초재고 개수와 당기 중 매입한 재고 개수의 합'인 30개(① + ② + ④)로 나누어 재고 1개의 평균을 구하면 1200원이다. 기말재고(⑤)가 20개이므로 재고의 개당 평균값인 1200원을 곱하면 2만 4000원이 된다. 매출원가를 계산해 보면 '기초재고 1만 원 + 당기 매입 2만 6000원 - 기말재고 2만 4000원 = 1만 2000원'이 된다.

이번에는 매출원가를 이동평균법으로 계산해 보자.

A마트의 1월 한 달간 수박 입고 · 출고 기록과 매출원가 계산 3

	날짜	구분	수량	단가	금액
①	1.1	기초	10개	1000원	1만 원
②	1.10	입고	10개	1200원	1만 2000원
③	1.15	출고	10개	1100원	1만 1000원
④	1.20	입고	10개	1400원	1만 4000원
⑤	1.31	기말	20개	1250원	2만 5000원

[매출원가 계산]

재고자산 1단위 원가 결정 방식
: 이동평균법

기초재고 1만 원 + 당기 매입 2만 6000원 - 기말재고 2만 5000원
= 매출원가 1만 1000원

재고가 입고될 때마다 평균값을 구한다. 기초재고(①) 금액과 1월 10일 매입금액(②)을 합하면 2만 2000원이다. 재고 개수 20개로 나누면 재고 1개당 평균값 1100원이 산출된다. 1월 15일(③)에 재고 10개가 판매되었으므로 매출원가는 1만 1000원(1100원 × 10개)이다. 이렇게 해서 20개 중 10개가 출고되었다. 이제 잔여재고는 10개, 금액으로는 1만 1000원(1100원 × 10개)이다. 1월 20일(④)에 재고 10개(1만 4000원)가 새로 입고되었다. 이제 재고금액

은 2만 5000원이 되었고, 이를 재고 개수 20개로 나누면 재고 1개당 평균값은 1250원이 된다. 매출원가는 '기초재고 1만 원 + 당기 매입금액 2만 6000원 - 기말재고 2만 5000원 = 매출원가 1만 1000원'으로 계산할 수 있다.

어떤 방식에서건 기초재고 금액과 당기 매입금액은 동일하게 주어진다. 재고자산의 단위 원가 결정에 어떤 방식을 쓰느냐에 따라 달라지는 것은 기말재고 금액이다. 이에 따라 매출원가도 달라진다는 것을 알 수 있다.

기업들은 재고자산 하나하나가 팔릴 때마다 매출원가를 일일이 기록하는 개별법과 선입선출법, 가중평균법(총평균법 또는 이동평균법) 등 여러 가지 방식 가운데 하나를 선택하여 사용한다. 한 회사 내에 생산 제품이 다른 여러 사업부가 있을 경우 사업부별로 각각의 재고자산 단가 산출 방식을 사용할 수 있다.

한편, 기업이 재고자산을 과대평가할 경우 재무제표에 미치는 영향을 그림으로 나타내면 다음과 같다.

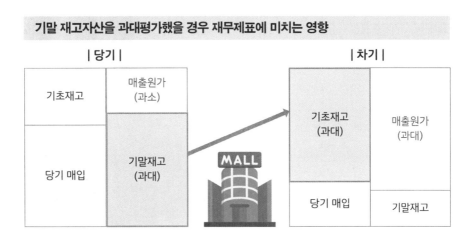

기말 재고자산을 과대평가했을 경우 재무제표에 미치는 영향

상품을 거래하는 유통업체를 예로 들어보자. 어느 회사가 당기에 기말재고자산을 과대평가하였다고 해보자. 기초재고에서 당기 매입을 더하고 기말재고를 빼서 구하는 매출원가는 과소평가될 것이다. 당기 손익에 도움이 되는 결과를 만들어낼 수 있다.

하지만 차기로 가면, 당기의 기말재고가 차기의 기초재고가 된다. 즉 차기에 재고가 과대평가된다는 이야기다. 이렇게 되면 그림에서 보는 것처럼 차기의 매출원가가 과대평가될 수 있다. 차기 손익에 악영향을 미칠 수 있다는 이야기다.

같은 원재료를 사용해도 재고자산 단가 평가 방법에 따라 달라지는 손익

같은 원재료를 사용하는 회사들이라도 재고자산의 단가 평가 방법을 달리할 경우 원재료 가격 변동이 손익에 큰 영향을 미칠 수 있다.

정유회사는 원유를 재고자산으로 도입하여 휘발유, 디젤유 등 각종 석유제품을 만들어 판매한다. 에쓰오일은 선입선출법을 사용하고, SK이노베이션은 총평균법을 사용한다. 원유 가격이 계속 오르는 추세라고 가정하고 두 회사의 손익을 비교해 보자.

에쓰오일은 선입선출에 따라 싸게 구매한 원유 재고가 먼저 공정에 투입되어 소진된다. 기말 재고자산으로 남아있는 원유는

원유 가격이 계속 오르면 총평균법을 사용하는 SK이노베이션보다 선입선출법을 사용하는 에쓰오일의 매출원가가 더 낮아지고, 반대로 원유 가격이 하락하는 추세라면 에쓰오일보다는 SK이노베이션의 수익성이 좋아진다.

비싼 가격에 들여온 물량이다. 따라서 총평균법을 사용하는 SK이노베이션보다 에쓰오일의 매출원가가 더 낮을 것이다. 반대로 원유 가격이 하락하는 추세라면 에쓰오일보다는 SK이노베이션의 수익성이 좋을 것으로 추정할 수 있다.

다음은 SK이노베이션과 에쓰오일의 2023년 말 기준 재고자산 내역이다.

SK이노베이션 연결재무제표 중 재고자산 내역 (단위 : 백만 원)

구분	장부금액 합계
상품	365,517
제품	4,057,450
반제품	1,351,054
원재료	2,424,583
미착품	2,628,199
저장품	254,470
합계	11,122,659

에쓰오일 연결재무제표 중 재고자산 내역 (단위 : 백만 원)

구분	장부금액 합계
상품	45,524
제품	1,065,486
반제품	567,031
원재료	2,904,571
저장품	56,562
총재고자산	4,639,174

재고자산 내역을 보면 SK이노베이션은 제품(4조 574억 원)이 원재료(2조 4245억 원)보다 많은 데 비해 에쓰오일은 원재료(2조 9045억 원)가 제품(1조 654억 원)보다 압도적으로 많다.

이는 미착품의 차이에서 비롯된 것으로 보인다. SK이노베이션의 경우 미착품이 2조 6281억 원이나 된다. 대부분 운송 중인 원유일 것으로 추정된다. 에쓰오일은 미착품 재고가 아예 없다. 운송 중인 원유가 없는 게 아니라 미착품을 모두 원재료 항목에 합산해 놓은 것으로 보인다. SK이노베이션도 미착품을 원재료에 합산하면 5조 526억 원으로 원재료가 제품보다 더 많은 구조다.

보유 중인 재고자산의 가치가 오르거나 떨어졌을 때

판매를 위해 보유 중인 제품이나 상품 또는 생산 중인 제품, 원재료나 소모품 등을 모두 재고자산이라고 하였다. 재고자산은 판매 과정에서 매출원가가 된다.

예를 들어 삼성전자가 10만 원의 제조원가를 들여 스마트폰을 1대 만들면 10만 원의 제품 재고자산이 된다. 이 스마트폰이 15만 원에 판매되면 '매출액 15만 원 - 매출원가 10만 원 = 매출총이익 5만 원'으로 결산된다. 반도체가 스마트폰에 들어가면 스마트폰 제조원가의 일부가 된다. 그러므로 반도체에 투입된 비용은 이 스마트폰이 판매되면 매출원가의 일부가 될 것이다. '제조원가 → 재고자산 → 매출원가'의 과정을 거치게 된다.

재고자산은 이런 식으로 매출이 발생하는 과정에서 매출원가라는 비용으로 전환된다. 그런데 매출 발생 없이 재고자산이 비용이 될 수도 있다. 재고자산의 평가손실 때문이다.

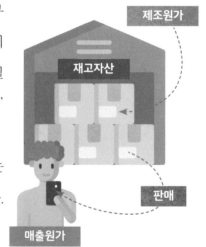

재고자산은 판매 과정에서 매출원가가 된다.

💰 매출이 발생하지 않았는데 재고자산이 비용이 될 때

예를 들어 삼성전자가 2024년 1분기 중에 메모리반도체 재고자산 1개(예를 들어 제조 넘버 3030)를 1만 원에 '취득'하여 장부가격 1만 원으로 기록해 놓았다고 해보자. '취득'이라고 표현하면 재고자산을 외부에서 사 오는 느낌이 드는데, 삼성전자 공장에서 반도체를 제조하여 제품 재고자산으로 장부에 기록하는 것도 취득이라고 말한다. 물론 이마트가 라면회사로부터 라면을 구매하는 경우도 상품 재고자산 취득이 된다.

반도체 업황이 악화하면서 2024년 1분기 결산 시점에 재고로 보유 중인 3030 제품의 예상 시장판매가격이 8000원으로 하락했다고 해보자. 뒤에서 좀 더 구체적으로 설명하겠지만 삼성전자는 반도체 재고자산의 장부가격을 1만 원에서 현재 시장가격 8000원으로 하향 조정해야 한다. 차액 2000원은 '재고자산 평가손실'이 된다. 3030 제품이 팔리지 않아도 재고자산 평가손실 2000원은 손익계산서에 매출원가로 가산된다.

이후 3030 제품의 시장가격이 9000원으로 올랐다고 해보자. 이 경우 2분기 결산을 할 때 장부가격을 8000원에서 9000원으로 상향 조정하고, 이번에는 차액 1000원을 매출원가에서 차감하면 된다. 이를 '재고자산 평가손실의 환입' 또는 '재고자산 평가충당금의 환입'이라고 한다(충당금은 미래에 발생할 것으로 예상되는 비용이나 손실에 대비하여 미리 계상하는 금액). 환입액만큼 매출총이익과 영업이익이 증가한다.

이번에는 이런 경우를 생각해 보자. 2024년 1분기 중 3030 반도체 취득원가는 1만 원이다. 1분기 결산 시점에 시장가격이 8000원으로 하락하였다. 장부가격은 8000원으로 조정되고 재고자산 평가손실 2000원이 발생하였다.

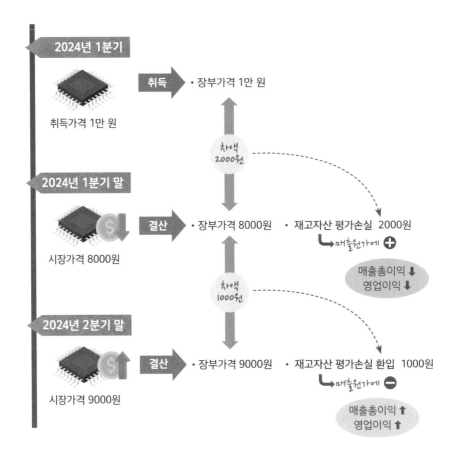

재고자산의 시장가격 변화에 따른 회계 처리

2024년 1분기
취득가격 1만 원
취득 → • 장부가격 1만 원

차액 2000원

2024년 1분기 말
시장가격 8000원
결산 → • 장부가격 8000원 • 재고자산 평가손실 2000원
↳ 매출원가에 ➕

매출총이익 ↓
영업이익 ↓

차액 1000원

2024년 2분기 말
시장가격 9000원
결산 → • 장부가격 9000원 • 재고자산 평가손실 환입 1000원
↳ 매출원가에 ➖

매출총이익 ↑
영업이익 ↑

재고자산 평가손실을 매출원가에 가산하면 그만큼 매출총이익이 줄어들고 영업이익도 줄어든다.
반면 재고자산 평가손실을 환입하면 그만큼 매출총이익과 영업이익이 증가한다.

2분기 결산 시점에는 반도체 시장가격이 1만 1000원으로 상승하였다. 이런 경우 3000원(1만 1000원 − 8000원)을 환입하지는 못한다. 원래의 취득가격(1만 원)이 한도가 되기 때문에, 2000원까지만 환입할 수 있다.

저가법으로 재고자산의 가치 평가하기

조금 더 구체적으로 들어가 보자. 회계 기준에 따르면 재고자산은 '저가법'에 따라 평가한다. 예를 들어 삼성전자가 2024년 1분기에 제조한 여러 종류의 반도체 재고자산의 취득원가는 100억 원이다. 100억 원의 제조원가를 들여 만들었다고 생각하면 된다.

이 반도체의 통상적인 영업 과정에서 예상되는 시장판매가격이 80억 원이라고 해보자. 그리고 이 반도체를 시장에서 판매할 때 들어가는 판매부대비용(수수료나 물류비 등)이 5억 원이라면, 이를 고려한 NRV(Net Realized Value)는 75억 원(80억 원 - 5억 원)이 된다. NRV는 '순실현가치'라고 하는데, 시장예상판매가격에서 판매부대비용을 뺀 값이다. 1분기 결산 시점에 재고의 장부가액은 100억 원이지만 판매했을 때 실제 유입될 수 있는 현금은 75억 원 밖에 안된다는 이야기다.

이에 따라 재무제표에 기록되는 재고자산 가격(기말 재고자산 장부가격)은 취득원가와 NRV 가운데 더 낮은 값(저가)인 75억 원이 되어야 한다. 이를 '저가법'이라고 한다. 취득원가와 NRV 간 차액 25억 원은 재고자산 평가손실이 된다. 우

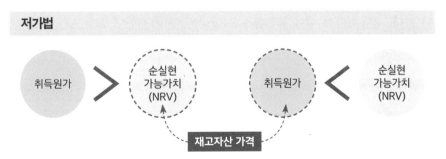

저가법은 취득원가와 순실현가능가치(NRV) 가운데 더 낮은 값(저가)을 재무제표에 기록되는 재고자산 가격으로 인식하는 것이다.

리는 앞에서 매출채권은 결산기 말에 회수가능성을 따져 대손충당금을 설정하는 방식으로 재무제표에 기록하는 것을 살펴봤다. 재고자산도 마찬가지다.

취득원가(100억 원)와 NRV(75억 원)의 차액 25억 원만큼을 재고자산 평가충당금(재고자산을 차감하는 역할)으로 설정하면 재무제표에 기록되는 재고자산의 가격은 75억 원이 된다.

1분기에 설정된 충당금이 25억 원이라는 것은 25억 원의 재고자산 평가손실이 났다는 이야기이고, 그 금액만큼을 매출원가에다 가산해 준다는 이야기다.

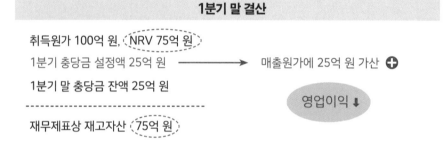

재고자산 평가손실을 비용 계정에 따로 집어넣어 회계 처리하는 것이 아니라 충당금 설정액만큼 매출원가를 증가시키는 방식으로 처리하는 것이다. 결과적으로 그만큼 영업이익은 감소한다.

저가법에 따르면 재고자산에서 평가손실은 인식하지만 평가이익은 인식할 수 없다. 정유회사가 원유 1배럴을 80달러에 구매하여 탱크에 보관 중인 상태에서, 국제 원유 시세가 배럴당 100달러가 된다고 하여도 재고장부가액은 80달러 그대로이므로 20달러를 재고자산 평가이익으로 인식할 수 없다.

앞의 사례에서, 1분기 말 기준으로 보유 중이던 반도체 가운데 일부는 2분기 중에 판매될 것이다. 또 2분기 중에 새로 제조되어 재고자산으로 편입되는 반도체들도 있을 것이다. 이제 2분기 말이 되었다. 이 시점에 회사가 보유하고 있는 반도체 재고자산의 취득원가를 보니 120억 원이다. 이 재고의 NRV 값은 80억 원으로 산출되었다. 취득원가보다 NRV가 40억 원만큼 낮아 충당금을 40억 원 설정해야 한다. 그런데 이미 1분기에 설정된 충당금 잔액이 25억 원 존재한다. 40억 원의 충당금 설정이 필요한데 이미 쌓아놓은 충당금 잔액이 25억 원이 있기 때문에 새로 설정하는 충당금은 15억 원이면 된다. 재고자산 평가충당금 잔액은 이제 40억 원이 되고, 2분기 결산에서 발생한 재고자산 평가손실 즉 가산되는 매출원가는 15억 원이 된다. 새로 전입되는 충당금이 곧 매출원가 가산액이다.

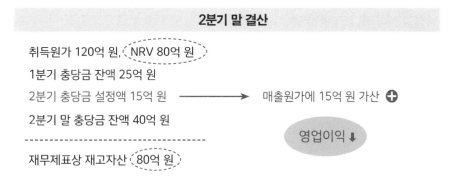

3분기 말이 되었다. 이 시점에 회사가 보유한 재고자산의 취득원가는 70억 원이다. NRV 값은 60억 원이라고 하자. 10억 원의 재고자산 평가충당금 설정이 필요한데, 이미 쌓아놓은 충당금 잔액이 40억 원이나 된다. 따라서 30억 원만큼을 이제는 환입시켜야 한다. 충당금 설정액은 매출원가에 '가산'되고, 환입액은 매출원가에서 '차감'된다. 30억 원의 충당금을 환입하면 그만큼 매출원가가 30억 원 감소하고, 그만큼 영업이익이 증가한다. 이제 충당금 잔액은 10억 원이 되었다.

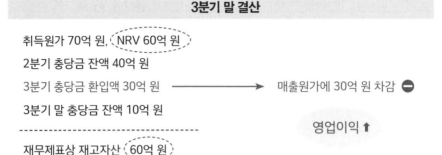

3분기 말 결산

취득원가 70억 원, (NRV 60억 원)
2분기 충당금 잔액 40억 원
3분기 충당금 환입액 30억 원 ──────→ 매출원가에 30억 원 차감 ⊖
3분기 말 충당금 잔액 10억 원
                                        영업이익 ↑

재무제표상 재고자산 (60억 원)

4분기 말 현재 회사가 보유한 재고자산의 취득원가는 90억 원이고 NRV는 110억 원이라고 가정해 본다. NRV가 20억 원이 더 높다. 그렇다면 충당금을 설정할 필요가 없는데 충당금 잔액이 10억 원 쌓여있다. 그러므로 10억 원 전액을 환입하면 된다

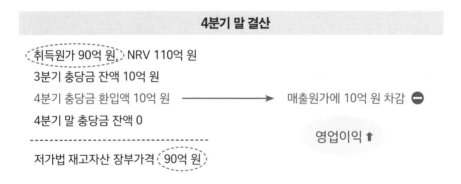

4분기 말 결산

(취득원가 90억 원,) NRV 110억 원
3분기 충당금 잔액 10억 원
4분기 충당금 환입액 10억 원 ──────→ 매출원가에 10억 원 차감 ⊖
4분기 말 충당금 잔액 0
                                        영업이익 ↑

저가법 재고자산 장부가격 (90억 원)

NRV의 하락은 판매가격 하락뿐 아니라 재고자산의 물리적 손상이나 진부화에서 발생하기도 한다. 또 원재료나 재공품 단계인 재고자산을 완성하거나 판매하는 데 필요한 추가 원가가 상승하는 경우에도 NRV는 하락할 수 있다.

💰 원재료의 재고자산 평가손실은 어떻게 인식할까?

앞에서는 완성품의 사례만 이야기했는데, 이번에는 완성품 제조에 투입되는 원재료의 재고자산 평가손실을 살펴보자.

원재료의 NRV는 '현행대체원가'로 한다. 현행 원가 또는 대체원가란 쉽게 말해 현시점에서 이 원재료를 다시 살 때 지불해야 하는 금액이다. 원재료의 현재 시장가격인 셈이다. 그럼 원재료의 취득원가와 NRV(현행대체원가)를 비교하여 평가손실을 측정하는 것일까? 그렇지는 않다. 원재료를 사용하여 만든 제품이 시장에서 얼마에 팔릴 수 있느냐가 중요하다. 무슨 말인지 예를 들어 설명한다. 원재료와 제품이 다음과 같다고 해보자.

원재료의 재고자산 가치를 평가할 때는 제품을 따져봐야 한다. 원재료를 사용하여 만든 제품이 취득원가 이상으로 팔린 것으로 예상된다면, 원재료의 NRV가 얼마이건 재고자산 가치를 취득원가로 인식한다.

원재료와 제품

구분	취득원가	현행대체원가	판매가격	판매비용	NRV
원재료	1만 원	9000원			9000원
제품	3만 원		4만 원	1000원	3만 9000원

원재료의 취득원가는 1만 원이다. 이 원재료를 다른 곳에서 구매하려면 9000원을 줘야 한다(현행대체원가). 따라서 NRV는 9000원이다. NRV가 취득원

가보다 1000원 낮기 때문에 재고자산 평가손실을 인식해야 할 것처럼 보인다. 그러나 원재료는 제품을 따져봐야 한다고 하였다. 원재료를 제품으로 만들기 위해 추가로 2만 원이 투입되어 제품의 취득원가는 3만 원이 되었다. NRV는 3만 9000원이다(판매가 4만 원 - 판매비용 1000원). NRV가 취득원가보다 높기 때문에 제품의 평가손실은 없다. 따라서 원재료를 가공하여 더 비싸게 팔 수 있다면 원재료도 평가손실을 인식하지 않는다.

그런데 만약 제품이 다음과 같다면 어떻게 될까?

원재료와 제품

구분	취득원가	현행대체원가	판매가격	판매비용	NRV
원재료	1만 원	9000원			9000원
제품	3만 원		2만 8000원	1000원	2만 7000원

이 표에서 보는 것처럼 원재료의 NRV가 취득원가보다 낮은 상태에서, 제품 역시 NRV가 취득원가보다 낮다. 이때는 원재료에 대해 1000원의 평가손실을 인식해야 한다.

원재료와 제품의 NRV가 취득원가보다 낮을 때

원재료 취득원가 1만 원

원재료 평가충당금 (1000원) ──────→ 재고자산 평가손실 ➡ 매출원가에 가산 ➕

재무제표상 원재료 재고자산 9000원 　　　　　　　영업이익 ↓

배터리 죽인 재고 평가가
반도체는 살렸다
: 재고자산 손실과 환입

2023년에 재고자산 평가손실이 실적에 타격을 준 대표적 업종을 고르라고 하면 2차전지와 반도체, 화학산업 등을 지목할 수 있겠다.

다음은 2차전지 제조에서 핵심 소재로 사용되는 양극재를 제조하는 엘앤에프가 2024년 2월 발표한 2023년 실적 관련 투자자설명회(IR) 자료의 일부다.

엘앤에프 실적 관련 자료 (단위 : 억 원)

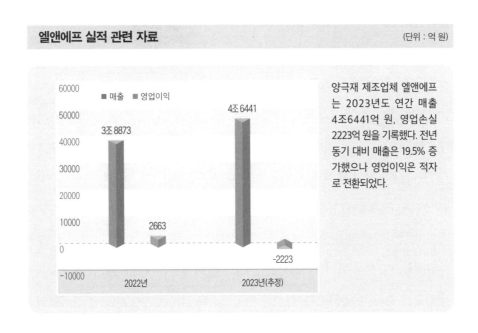

양극재 제조업체 엘앤에프는 2023년도 연간 매출 4조6441억 원, 영업손실 2223억 원을 기록했다. 전년 동기 대비 매출은 19.5% 증가했으나 영업이익은 적자로 전환되었다.

구분	2023년도 잠정 실적	2023년도 재고자산평가 반영 전 실적	차이
매출액	4,644,099	4,644,099	−
영업이익	−222,269	+28,527	−250,796

엘앤에프 잠정 실적과 재고자산 평가 반영 전 실적 비교 (단위 : 백만 원)

제품 · 반제품 : 905억 원
원재료 : 1603억 원
계 : 2508억 원

엘앤에프의 발목을 잡은 재고자산 평가손실

양극재는 리튬, 니켈, 코발트, 망간 등을 주원료로 하여 만든다. 엘앤에프, 에코프로비엠, 포스코퓨처엠 등 양극재 제조사들은 2차전지 업체 LG에너지솔루션, 삼성SDI, SK온 등에 양극재를 납품하는데, 판매가격이 원재료 가격과 연동되어 있다. 예를 들어 양극재 주원료인 리튬가격이 떨어지면 양극재 판매가격도 하락한다는 이야기다.

양극재는 전지 내 전기에너지를 저장·방출하게 하는 주원료로, 2차전지 구성 요소 중 35% 이상을 차지하는 핵심 소재다. 양극재는 판매가격이 원재료 가격과 연동되어 움직인다.

리튬가격이 하락 추세를 보이면 양극재 업체들은 비싼 가격에 이미 구매해 놓은 리튬 원재료에서 평가손실을 본다. 이뿐 아니라 양극재 납품가격(시장가격)도 하락하면서 제품 재고에서도 평가손실을 볼 수 있다.

엘앤에프의 실적 관련 자료를 보면 2023년 매출액은 4조 6441억 원으로 전년보다 19.5%가량 증가했다. 그러나 영업이익은 적자(2223억 원)로 전환하였다.

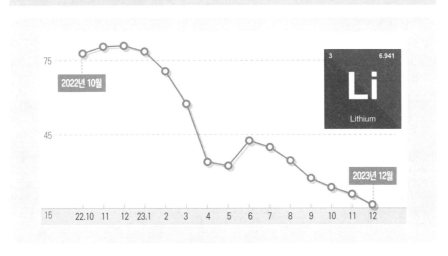

2022년 10월

Li
Lithium
3
6.941

2023년 12월

엘앤에프는 재고자산 평가손실이 없었더라면 285억 원의 영업이익을 냈을 것이라고 설명하였다. 재고자산 평가손실이 적자에 큰 영향을 미쳤다는 이야기다. 재고자산 평가손실이 2023년 실적에 미친 영향은 연결재무제표 주석 중 재고자산 내역에서 확인할 수 있다(194쪽).

2023년 말 기준으로 엘앤에프는 취득원가 1조 4142억 원(①)과 NRV 1조 1634억 원(③) 간 차이인 2508억 원(②)의 평가충당금을 설정해야 한다. 기존 충당금 잔액(2022년 말 기준 설정잔액)은 126억 원(④)에 불과하다. 따라서 그 차이인 2382억 원(2508억 원 - 126억 원)을 새로 충당금으로 전입하여야 하고, 이만큼을 2023년의 재고자산 평가손실로 인식하여 매출원가에 가산해야 한다.

엘앤에프는 재무제표 주석에서 제시된 다음 표가 이를 보여주고 있다. 2023년의 매출원가 4조 7837억 원(⑤)에는 재고자산 평가손실 2382억 원(충당금 전입액)(⑥)이 포함되어 있다.

엘앤에프 재고자산 및 평가충당금 내역

(단위 : 천 원)

| 2023년 말 기준 |

구분	취득원가	평가충당금	장부금액 합계
제품	414,355,543	(62,458,234)	351,897,309
반제품	247,589,877	(27,636,256)	219,953,621
재공품	2,324,549	(433,397)	1,891,152
원재료	667,689,562	(160,268,388)	507,421,174
저장품	6,298,287	0	6,298,287
운송 중 재고자산	75,912,111	0	75,912,111
재고자산	① 1,414,169,929	② (250,796,275)	③ 1,163,373,654

| 2022년 말 기준 |

구분	취득원가	평가충당금	장부금액 합계
제품	398,487,548	(9,851,092)	388,636,456
반제품	234,836,421	(2,711,119)	232,125,302
재공품	16,538,649	(6,428)	16,532,221
원재료	422,854,364	(2,311)	422,852,053
저장품	2,584,597	0	2,584,597
운송 중 재고자산	164,938,741	0	164,938,741
재고자산	1,240,240,320	④ (12,570,950)	1,227,669,370

엘앤에프 재고자산 평가에 따른 매출원가 가산 내역

(단위 : 천 원)

구분	매출원가	기타 비용
매출원가	⑤ 4,783,725,936	
재고자산 평가손실	⑥ 238,225,325	
재고자산 폐기손실		447,959

한편, 이 회사의 분기별 실적을 보면 재고자산 평가손실로 가장 큰 타격을 받은 것은 2023년 4분기다. 3분기와 4분기 실적을 비교해 보면 다음과 같다.

엘앤에프 실적

구분	2023년 3분기	2023년 4분기
매출액	1조 2554억 원	6576억 원
매출원가	1조 2212억 원	9147억 원
매출총이익	342억 원	(2570억 원)
판관비	194억 원	234억 원
영업이익	148억 원	(2804억 원)

4분기에는 매출액(6676억 원)보다 매출원가(9147억 원)가 2471억 원이나 더 크다. 매출총이익부터가 적자다. 3분기 대비 매출액은 47.6%나 감소했는데 매출원가는 33.5%밖에 감소하지 않았다. 여기에 증가한 판관비까지 더하니 영업적자가 2804억 원에 이른다.

회사는 "양극재 NCM523 제품의 판매가 4분기 영업손실의 주요 원인"이라고 밝혔다. 양극재 제조에 사용되는 리튬, 니켈 등의 원재료 가격 하락에 연동하여 제품 판매가격이 하락한 반면 제조에 투입되는 원재료는 과거에 높은 가격에 구매했던 재고를 활용하다 보니 제품 판매 단위당 손실이 발생한 것으로 보인다. 이외에 재고자산 평가도 영업손실에 큰 영향을 줬다. 4분기 리튬 가격 하락, 양극재 제품가격 하락에 따라 재고자산 평가손실이 컸다.

매출액보다 매출원가가 높아진 에코프로비엠

다음 표는 국내 최대 양극재 업체인 에코프로비엠이 IR 자료에서 밝힌 2023년 3분기와 4분기 실적이다.

에코프로비엠 실적

구분	2023년 3분기	2023년 4분기
매출액	1조 8033억 원	1조 1804억 원
매출원가	1조 7183억 원	1조 2707억 원
매출원가율	95.3%	107.6%
영업이익	459억 원	(1147억 원)

이 회사의 4분기 실적 역시 매출원가가 매출액보다 높다(매출원가율 107.6%). 3분기 대비 적자전환하여 1147억 원의 영업손실을 기록하였다.

이에 대해 에코프로비엠은 "전방시장(전기차)의 수요 둔화에 따라 판매량이 감소하였고, 메탈(리튬 등의 원재료) 가격 하락으로 판매단가가 하락하며 매출액이 전분기 대비 35%나 감소했다"고 설명했다. 이와 함께 메탈 가격 하락에 따른 재고자산 평가손실이 1245억 원 발생하여 영업이익이 적자 전환하였다고 밝혔다.

에코프로비엠은 2023년 사업보고서 연결재무제표 주석에서 재고자산의 내역과 재고자산 평가손실에 대해 다음과 같이 밝혔다.

에코프로비엠 2023년 재고자산 내역과 재고자산 평가손실   (단위 : 천 원)

구분	취득원가 (평가 전 금액)	재고자산 평가충당금	장부금액
제품	579,775,490	(109,431,468)	470,344,022
재공품	134,400,164	(10,377,912)	124,022,252
원재료	419,068,310	(53,080,692)	365,987,618
저장품	1,946,585	–	1,946,585
운송 중 재고자산	146,496,458	–	146,496,458
재고자산 장부합계			1,108,796,935

재고자산 평가손실
당기 중 연결회사는 재고자산의 순실현가능가치에 따른 재고자산 평가손실 165,296백만 원(전기 : 3,135백만 원)을 인식하였으며, 재고자산 평가손실은 연결포괄손익계산서의 매출원가에 포함됐습니다.

'평가손실 환입 효과' 좀 본 SK하이닉스와 삼성전자

이번에는 재고자산 평가손실의 환입 이야기다. 2023년 중에 계속 떨어지던 메모리반도체 시장가격이 4분기부터 회복되면서, 2024년부터는 상승세를 탔다. 이에 따라 2023년 중 막대한 재고자산 평가손실에 시달렸던 삼성전자와 SK하이닉스 등 국내 반도체 회사들이 반도체 판매가격 상승에 따른 영업이익 개선 외에도 평가손실의 환입 효과를 크게 보기 시작했다.

다음 표는 SK하이닉스의 2024년 1분기 손익(연결기준)을 전분기 및 전년 동기와 비교한 것이다.

SK하이닉스 2024년 1분기 IR 자료

구분	2023년 1분기	2023년 4분기	2024년 1분기
매출액	5조 880억 원	11조 3060억 원	12조 4300억 원
매출총이익	(1조 6540억 원)	2조 2260억 원	4조 7950억 원
영업이익	(3조 4020억 원)	3460억 원	2조 8860억 원

SK하이닉스의 2024년 1분기 실적에 대해 당시 증권가에서는 1조 8000억 원대 영업이익을 예상했는데 실제로는 2조 8860억 원을 기록, 어닝서프라이즈로 평가받았다.

이 회사는 당시 IR 자료에서 "2023년 4분기에 이어 2024년 1분기에도 판매 가격이 큰 폭으로 상승한 낸드플래시메모리 제품을 중심으로 재고자산 평가충당금의 환입이 발생했고, 규모는 전분기보다 조금 늘어난 9000억 원대 수준"이라고 밝혔다.

SK하이닉스는 2023년 4분기에도 D램에서 4800억 원의 충당금이 환입되며 시장 예상을 큰 폭으로 초과하는 영업이익을 기록했었다.

오른쪽은 SK하이닉스의 2024년 1분기 말과 2023년 말 기준 재고자산 및 재고자산 평가손실충당금(평가충당금) 내역을 나타낸 표다. SK하이닉스가 2023년 말 보유 중인 재고자산의 취득원가는 15조 9073억 원(①)이다. 이에 대해 2조 4266억 원의 평가충당금(②)이 설정되어 있다. 충당금을 반영한 장부가액은 13조 4807억 원(③)이다.

2024년 1분기 말 보유 중인 재고자산의 취득원가는 15조 3162억 원(④)이다. 평가충당금은 1조 4717억 원(⑤)이다. 충당금을 1조 4717억 원만 설정하면 되는데 이미 쌓아놓은 충당금 잔액이 2조 4266억 원(②)이나 된다. 이에 따라

SK하이닉스 연결재무제표 주석 재고자산 및 평가충당금 내역

(단위 : 백만 원)

| 2024년 1분기 말 기준 |

구분	취득원가	평가손실충당금	장부금액 합계
상품	7,763	(215)	7,548
제품	4,456,458	(903,816)	3,552,642
재공품	8,466,966	(391,444)	8,075,522
원재료	1,504,356	(83,949)	1,420,407
저장품	772,833	(92,236)	680,597
미착품	107,923	0	107,923
합계	④ 15,316,299	⑤ (1,471,660)	13,844,639

| 2023년 말 기준 |

구분	취득원가	평가손실충당금	장부금액 합계
상품	3,523	(187)	3,336
제품	4,626,922	(1,028,168)	3,598,754
재공품	8,768,689	(1,203,637)	7,565,052
원재료	1,624,354	(119,309)	1,505,045
저장품	773,460	(75,301)	698,159
미착품	110,313	0	110,313
합계	① 15,907,261	② (2,426,602)	③ 13,480,659

9549억 원(2조 4266억 원 - 1조 4717억 원)의 충당금은 환입이 가능하다. 환입액만큼 매출원가에서 차감하므로 1분기 영업이익이 그만큼 증가할 수 있다.

삼성전자 역시 2024년 1분기 대규모 충당금 환입이 있었는데, IR 자료에서 그 규모에 대해 밝히지는 않았다. 시장에서는 2조 원 규모의 충당금 환입을 예상했다. 이후 공시된 1분기 사업보고서를 보면 환입 규모를 추정할 수 있다.

삼성전자 재고자산 및 평가충당금 내역

(단위 : 백만 원)

| 2024년 1분기 말 기준 |

구분	취득원가	평가충당금	장부금액 합계
제품 및 상품	15,448,722	(1,101,316)	14,347,406
반제품 및 재공품	25,366,463	(2,559,954)	22,806,509
원재료 및 저장품	16,640,738	(1,865,309)	14,775,429
미착품	1,418,356	0	1,418,356
재고자산 계	58,874,279	② (5,526,579)	53,347,700

| 2023년 말 기준 |

구분	취득원가	평가충당금	장부금액 합계
제품 및 상품	16,120,367	(1,567,353)	14,553,014
반제품 및 재공품	26,501,664	(4,303,216)	22,198,448
원재료 및 저장품	15,222,937	(1,525,583)	13,697,354
미착품	1,177,058	0	1,177,058
재고자산 계	59,022,026	① (7,396,152)	51,625,874

2023년 말 충당금 설정잔액(7조 3962억 원, ①) 대비 2024년 1분기 설정액(5조 5266억 원, ②)이 1조 8696억 원 적기 때문에, 이 정도의 금액이 환입되어 영업이익 증가에 기여했을 것으로 추정된다.

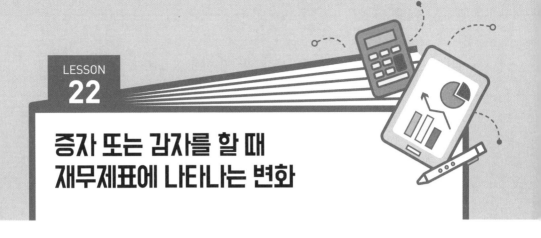

증자 또는 감자를 할 때 재무제표에 나타나는 변화

자본은 기업의 자산에서 부채를 차감한 잔여금액이다. 그래서 순자산이라고도
한다. 자본을 구성하는 항목들은 회계 기준(K-IFRS, K-GAAP 등)에 따라 또는 기
업에 따라 좀 차이가 있는데, 대체로 자본금, 자본잉여금, 이익잉여금, 기타 자
본 항목으로 나누어진다고 보면 된다.

자산, 부채, 자본의 관계와 자본을 구성하는 항목

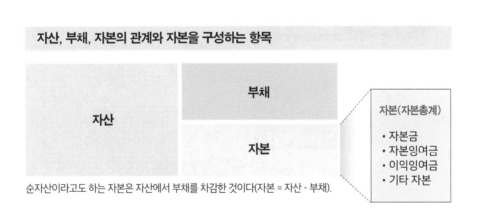

순자산이라고도 하는 자본은 자산에서 부채를 차감한 것이다(자본 = 자산 - 부채).

자본을 늘리고 줄이는 기업 활동들

자본금과 자본잉여금은 현재의 주주 또는 잠재적 주주와의 '자본거래(주식거래)'에 의해 형성된다. 예를 들어보자. 회사가 처음 설립될 때 주식은 액면가로 발행된다. 자본금은 액면가에 발행주식수를 곱한 금액이다. 액면가 5000원에 100주를 발행하여 회사를 출범시켰다면 자본금은 50만 원이다. 회사가 잘 굴러가게 되면 기업가치가 오르게 되고, 신주를 발행하는 유상증자를 통해 필요한 자금을 조달할 수 있다.

발행가격 2만 원에 10주를 발행한다면 자본은 20만 원 증가한다. 자본 증가액 20만 원을 좀 더 세분화하여 보자. 액면가 5000원 × 10주 = 5만 원만큼은 자본금의 증가가 된다. 액면가를 초과한 1만 5000원 × 10주 = 15만 원은 '주식발행초과금(주발초)'이라고 한다. 주식발행초과금은 자본잉여금의 한 종류

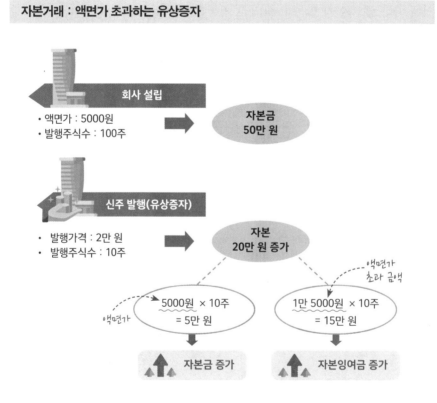

자본거래 : 액면가 초과하는 유상증자

회사 설립
• 액면가 : 5000원
• 발행주식수 : 100주
→ 자본금 50만 원

신주 발행(유상증자)
• 발행가격 : 2만 원
• 발행주식수 : 10주
→ 자본 20만 원 증가

액면가 초과 금액

액면가 5000원 × 10주 = 5만 원
→ 자본금 증가

1만 5000원 × 10주 = 15만 원
→ 자본잉여금 증가

다. 액면가를 초과하는 발행가격으로 유상증자를 하면 자본금과 자본잉여금이 증가한다.

이익잉여금은 회사의 '손익거래'에 의해 형성된다. 다시 말해 영업활동에서 창출하는 당기순손익에 의해 증감한다. 회사가 현금배당을 하면 이익잉여금은 감소한다. 배당은 이익잉여금의 처분이기 때문이다.

A사가 설립 첫해에 1억 원 당기순이익을 냈다면 재무상태표의 자본에는 이익잉여금 1억 원이 생긴다. 2년 차에서 3억 원의 당기순이익을 냈다면 이익잉여금은 4억 원(1억 원 + 3억 원)이 된다. 여기서 5000만 원을 배당하면 이익잉여

손익거래 : 당기순손익과 배당

- 당기순이익 1억 원 → ⊕ 이익잉여금 1억 원

설립 2년 차 : 결산

- 당기순이익 3억 원 → ⊕ 이익잉여금 4억 원(1억 원 + 3억 원)
  - ⊖ 현금배당 5000만 원
  - ⊕ 이익잉여금 3억 5000만 원

설립 3년 차 : 결산

- 당기순손실 1억 원 → ⊕ 이익잉여금 2억 5000만 원(3억 5000만 원 - 1억 원)

금은 3억 5000만 원으로 줄어든다. 3년 차에 1억 원의 당기순손실을 냈다면 이익잉여금은 2억 5000만 원(3억 5000만 원 - 1억 원)으로 감소한다.

기타 자본 항목의 발생과 증감에 대해서는 뒤에서 구체적으로 설명한다.

신주를 발행하면 자본은 어떻게 바뀔까?

자본거래 가운데 증자거래의 회계 처리에 대해 알아보자. 증자는 자본금의 증가를 의미한다. 기업의 증자 방식에는 유상증자와 무상증자 두 가지가 있다. 유상증자는 말 그대로 회사에 신주 발행대금이 들어오기 때문에 주식 증가와 함께 순자산이 실질적으로 증가한다(실질적 증자). 그러나 무상증자는 기존 주주에게 신주를 무상으로 발행해 주기 때문에 신주대금의 유입이 없다. 즉 순자산의 증가가 없으므로 형식적 증자라고도 한다.

발행가격 3만 원(액면가 5000원)에 10주 유상증자를 하면 자본은 30만 원 증가한다. 자본 구성 요소 가운데 자본금이 5만 원(액면가 5000원 × 10주), 자본잉여금(주식발행초과금)이 25만 원(2만 5000원 × 10주) 증가한다.

유상증자 시 자본 내 구성 항목의 변화

 발행가격 3만 원(액면가 5000원), 10주 유상증자

➡️ 자본총계 30만 원 증가
  ➕ 자본금 5만 원 증가(5000원 × 10주)
  ➕ 자본잉여금(주식발행초과금) 25만 원 증가(2만 5000원 × 10주)

무상증자를 하면 순자산(자본)에 변동이 없다고 했다. 무상증자는 일반적으로 자본잉여금을 재원으로 활용한다. 예를 들어 회사가 액면가 5000원 주식 10주를 무상으로 발행한다고 하자. 무상이건 유상이건 신주를 발행하는 것이므로 자본금은 5만 원(액면가 5000원 × 10주) 늘어나는데, 회사로 유입되는 자금은 없다.

그래서 회계적으로는 '자본잉여금에서 5만 원(5000원 × 10주)을 빼내 자본금으로 전입시키고 이를 재원으로 신주를 발행한다'고 보면 된다. 자본총계 내에서 자본잉여금 5만 원이 차감되고 자본금 5만 원이 증가하니까 자본총계에 변동은 없다. 즉 자본총계 구성 요소들의 금액만 바뀌는 것이다.

무상증자 시 자본 내 구성 항목의 변화

 액면가 5000원, 10주 무상증자

➡️ 자본총계 증가 0
　➕ 자본금 5만 원 증가(5000원 × 10주)
　➖ 자본잉여금 5만 원 감소(5000원 × 10주)

1대 1 무상증자(구주주 1주당 무상 신주 1주 배정)를 하면 발행주식수는 두 배 증가한다. 주가가 10만 원인 상태에서 발행주식수가 두 배로 늘어나는 무상증자를 하면 주가는 절반인 5만 원으로 조정된 뒤 거래를 다시 시작한다. 기존 주주들은 무상 신주를 받아도 보유한 지분의 이론적 가치가 그대로라는 이야기다. 그럼에도 주주들이 무상증자를 선호하는 이유는 유통 주식이 증가하면서 거래가 활성화됨으로써 주가가 올라갈 것으로 기대하기 때문이다.

다음은 현대글로비스가 2024년 6월 공시한 무상증자 결정 내용이다.

현대글로비스 무상증자 결정 공시

* 기준 : 2024년 6월

신주의 종류와 수	보통주식(주)	37,500,000
1주당 액면가액(원)		500
증자 전 발행주식총수	보통주식(주)	37,500,000
신주 배정 기준일		2024년 7월 15일
1주당 신주 배정 주식수	보통주식(주)	1.0
신주의 상장 예정일		2024년 8월 2일
이사회결의일(결정일)		2024년 6월 28일

* 기타 투자 판단에 참고할 사항
1) 신주 배정 : 2024년 7월 15일 현재 주주명부에 등재된 주주(자기주식 제외)에 대하여 신주를 배정할 예정입니다.
2) 신주의 재원 : 주식발행초과금 18,750,000,000원

현재 발행주식수가 3750만 주인 현대글로비스가 기존 주식 1주당 신주 1주를 배정하는 1대 1 무상증자를 한다는 내용이다. 신주 발행 재원은 주식발행초과금 187억 5000만 원이라고 밝히고 있다. 이 금액을 액면가 500원으로 나누면 3750만 주가 계산된다.

사모펀드가 좋아하는 '몸집 불린 후 유상감자' 코스

이번에는 감자거래를 살펴보자. 감자는 자본금의 감소를 의미한다. 주주들로부터 주식을 회수하여 소각하는 감자는 주주총회 의결을 거쳐야 한다. 유상감자와 무상감자 두 가지 방식이 있다.

유상감자는 말 그대로 주주들로부터 주식을 회수하여 소각하면서 주식대금을 지급한다. A사는 발행주식(100주, 액면가 5000원)의 20%(20주)를 소각하기로 의결하였다. 지급금액은 현재 시세인 2만 원으로 정해졌다. A사는 감자 과정에서 주주들에게 40만 원(2만 원 × 20주)을 지급하므로 순자산(자본)이 그만큼 감소한다.

자본 내 구성 항목의 변화를 보자. 우선 20주가 소각되므로 자본금이 10만 원(액면가 5000원 × 20주) 감소한다. 그 다음으로 액면가 5000원인 주식에 대해 2만 원을 지급하였으므로 주당 1만 5000원의 감자차손이 발생한다. 총감자차손은 30만 원(1만 5000원 × 20주)이다. 감자차손처럼 자본을 감소시키는 역할을 하는 계정들을 한데 모아 자본 내에 '자본조정' 항목으로 별도 분류하기도 하고, '기타 자본' 항목에 집어넣기도 한다.

유상감자 시 자본 내 구성 항목의 변화

발행주식수(100주, 액면가 5000원)의 20%(20주) 유상 소각
지급금액 주당 2만 원(현재 시세 기준)

➡ 자본총계 40만 원 감소
  ➖ 자본금 10만 원 감소(5000원 × 20주)
  ➖ 감자차손 30만 원 발생(1만 5000원 × 20주)

앞의 예에서 만약 주주에게 지급하는 금액이 주당 3000원이라면 어떻게 될까? 주주들에게 6만 원(3000원 × 20주)을 지급하므로 그만큼 순자산(자본)이 감소한다. 자본 구성 항목의 변화를 살펴보자. 우선 자본금은 10만 원(액면가 5000원 × 20주)이 줄어든다. 그다음으로, 액면가 5000원인 주식에 대해

3000원밖에 지급하지 않으므로 주당 2000원의 감자차익이 발생한다. 총감자차익은 4만 원(2000원 × 20주)이다. 감자차익은 자본잉여금의 한 종류로, 자본을 증가시킨다. 자본총계 내에서 자본금 10만 원 감소, 자본잉여금 4만 원 증가의 변화가 일어나므로, 결과적으로 자본총계는 6만 원이 줄어드는 셈이다.

유상감자 시 자본 내 구성 항목의 변화

 발행주식수(100주, 액면가 5000원)의 20%(20주) 유상 소각
지급금액 주당 3000원

➡ 자본총계 6만 원 감소
➖ 자본금 10만 원 감소(5000원 × 20주)
➕ 감자차익 4만 원 발생(2000원 × 20주)

오른쪽은 코리아로터리서비스라는 회사가 2024년 12월 공시한 유상감자 내용이다. 코리아로터리서비스는 최대주주와 특수관계인 지분을 제외한 일반주주 지분 234만 9602주 가운데 희망주주를 대상으로 주당 1만 5060원에 유상감자를 실시할 예정이라고 밝히고 있다. 일반주주 지분 모두가 유상감자에 응한다면 회사 자본은 353억 8500만 원가량 감소할 것이다. 이 과정에서 발생하는 감자차손(자본조정 항목)은 '(1만 5060원 - 5000원) × 234만 9602주 = 234억 3600만 원'이 될 것이다.

유상감자는 기업의 대주주가 된 사모펀드가 투자 기간 중간에 원금 일부를 회수하기 위한 수단으로 실시하는 경우가 많다. 케이엘앤파트너스의 맘스터치 유상감자(224쪽), CVC캐피탈의 여기어때 유상감자, 강남금융센터와 서울파이낸스센터에 대한 싱가포르투자청의 유상감자(227쪽) 등 많은 사례가 있다.

코리아로터리서비스 감자 결정 공시   2024년 12월

감자 주식의 종류와 수	보통주식(주)		2,349,602
1주당 액면가액(원)			5,000
감자 전후 자본금		감자 전(원)	감자 후(원)
		60,543,250,000	48,795,240,000
감자 전후 발행주식수	구분	감자 전(주)	감자 후(주)
	보통주식(주)	7,760,000	5,410,398
감자비율	보통주식(%)		30.28
감자 방법		유상감자(임의소각)	
감자 사유		자본금 규모 적정화 및 주주 가치 제고	

* 기타 투자 판단에 참고할 사항

1) 감자 방법 : 임의·유상 소각(최대주주 및 특수관계인 주식 제외)

  - 감자 대상 주식을 1주당 15,060원으로 매수하여 임의소각

2) 감자 대상 주식 내역 : 임의·유상 소각에 응하는 주주의 기명식 보통주식 2,349,602주

3) 임의·유상 소각 매수가격 : 주당 15,060원

쌍방울은 어쩌다 98%나 되는 주식을 보상 없이 감자했을까?

다음으로 무상감자에 대해 알아보자. 말 그대로 주주들로부터 주식을 회수하여 소각하지만 아무런 보상이 없다. B사(발행주식 100주, 액면가 5000원)가 50주를 무상감자한다고 해보자. 25만 원의 자본금 감소(액면가 5000원 × 50주)가 일어난다. 동시에 액면가 5000원 주식을 아무 보상 없이 소각하므로 주당 5000원의 감자차익이 발생하고, 총감자차익은 25만 원(5000원 × 50주)이 된다. 즉 무상감자를 하면 자본 내에서 감소하는 자본금만큼 자본잉여금이 증가하게 되고, 따라서 자본의 크기(자본총계)에는 변화가 없다.

발행주식수(100주, 액면가 5000원)의 50%(50주) 무상감자

➡ 자본총계 감소 0
　⊖ 자본금 25만 원 감소(5000원 × 50주)
　⊕ 감자차익 25만 원 발생(5000원 × 50주) ┄┄► 자본잉여금 증가

무상감자는 일반적으로 자본잠식에 빠진 기업이 실시하는 경우가 많다. 감자차익(자본잉여금)을 활용하여 누적 결손금을 해소함으로써 자본잠식에서 탈출하겠다는 의도다. 자본잠식이라는 것은 자본총계가 자본금보다 적은 상태를 말한다. 무상감자를 하면 자본총계는 그대로지만 자본금이 줄기 때문에 자본잠식에서 벗어날 수 있다.

무상감자는 주주들로부터 주식을 회수하여 소각하면서 아무런 보상을 하지 않는 것이다. 일반적으로 기업이 누적 결손으로 자본잠식(자본총계 < 자본금)에 빠졌을 때 무상감자를 하면 자본금이 줄기 때문에 자본잠식에서 벗어날 수 있다.

쌍방울의 2024년 반기 연결재무제표의 자본 항목을 한번 보자.

쌍방울 2024년 반기 연결재무제표 자본 (단위 : 백만 원)

구분	2023년 말	2024년 반기 말
자본	113,556	98,775
자본금	131,296	131,296
자본잉여금	117,458	117,576
기타 자본 구성 요소	27,542	26,855
이익잉여금(결손금)	(162,740)	(176,951)

쌍방울은 2023년 말부터 자본잠식 상태였다(자본총계 1135억 원, 자본금 1312억 원). 계속된 적자로 자본 내에 이익잉여금이 쌓이지 못하고 결손금이 1627억 원이나 누적되었기 때문이다. 2024년 반기 말 결산에서도 적자를 내었고 이에 따라 결손금이 증가하면서 자본잠식률도 커졌다(자본총계 987억 원, 자본금 1312억 원).

쌍방울이 자본잠식 해소를 위해 선택한 것은 무상감자였다. 다음은 이 회사가 2024년 7월 공시한 감자 결정 내용이다.

쌍방울 감자 결정 공시 2024년 7월

감자 주식의 종류와 수	보통주식(주)		257,340,286
1주당 액면가액(원)			500
감자 전후 자본금		감자 전(원)	감자 후(원)
		131,296,064,500	2,625,921,500
감자비율	보통주식(%)		98
감자 방법		보통주식 50주를 동일 액면가의 보통주식 1주로 무상 병합	
감자 사유		자본잠식 해소를 통한 재무구조 개선	

공시를 보면 감자로 줄어드는 자본금은 1286억 원 가량이다(1312억 원 →
26억 원). 감자비율이 98%나 된다. 무상감자이므로 감자차익(자본잉여금)은 줄
어드는 자본금 1286억 원만큼 증가할 것이다.

2024년 반기 말 쌍방울 자본 구조에 이를 그대로 대입해 보자. 무상감자 이
후 자본총계는 변함없이 987억 원인데 자본금은 26억 원으로 감소하므로 자
본잠식은 해소될 것이다.

💰 자사주를 취득하고 매각하고 소각할 때의 회계 처리

이제 자기주식(자사주) 거래에 대해 살펴보자. 기업이 신주를 발행하면 자본이
증가한다. 과거에 발행하여 시장에서 유통되고 있는 주식을 기업이 되사들이
면 어떻게 될까? 처음부터 주식을 발행하지 않은 것처럼 회계 처리를 해야 한
다(미발행주식이론).

자본총계가 10억 원인 A사가 있다. 자기주식을 1억 원어치 취득하였다(주당
10만 원에 1000주). 그러면 A사는 '자본조정(자본의 마이너스 항목)'으로 1억 원을
인식한다. 이제 자본(총계)은 9억 원이 된다.

자사주 취득(1억 원) 후 회계 처리

구분	자기주식 취득 전	자기주식 취득 후
자본총계	10억 원	9억 원
자본금	2억 원	2억 원
자본잉여금	3억 원	3억 원
이익잉여금	5억 원	5억 원
자본조정	–	(자기주식 1억 원)

① 이 자기주식을 다시 외부에 매각(매도가격 1억 원)하면 어떻게 될까? 자본조정에서 1억 원이 제거되므로 A사 자본은 1억 원만큼 증가하여 10억 원이 된다.

자사주 매각(1억 원) 후 회계 처리

구분	자기주식 취득 후	자기주식 매각
자본총계	9억 원	10억 원
자본금	2억 원	2억 원
자본잉여금	3억 원	3억 원
이익잉여금	5억 원	5억 원
자본조정	(자기주식 1억 원)	–

② 만약 A사 주식을 1억 2000만 원에 매도한다면 어떻게 될까? 자본조정에서 1억 원이 제거되고(자본 1억 원 증가), 2000만 원의 자기주식처분이익(자본잉여금)이 발생하면서 자본은 10억 2000만 원이 될 것이다.

자사주 매각(1억 2000만 원) 후 회계 처리

구분	자기주식 취득 후	자기주식 매각
자본총계	9억 원	10억 2000만 원
자본금	2억 원	2억 원
자본잉여금	3억 원	3억 2000만 원
이익잉여금	5억 원	5억 원
자본조정	(자기주식 1억 원)	–

③ 만약 자기주식을 7000만 원에 매도한다면 어떻게 될까? 자본조정에서 1억 원이 제거되어 자본이 1억 원 증가하지만 3000만 원의 자기주식처분손실(자본조정)이 발생하면서 최종적으로 자본은 9억 7000만 원이 될 것이다.

자사주 매각(7000만 원) 후 회계 처리

구분	자기주식 취득 후	자기주식 매각
자본총계	9억 원	9억 7000만 원
자본금	2억 원	2억 원
자본잉여금	3억 원	2억 7000만 원
이익잉여금	5억 원	5억 원
자본조정	(자기주식 1억 원)	–

④ 만약 취득한 자기주식을 매도하지 않고, 소각한다면 어떻게 될까? 이익잉여금을 활용한 소각으로 가정한다. 자본조정에 잡혀있던 자기주식이 소각되는 것이므로 자본은 일단 1억 원 증가하는 효과가 있다. 그러나 이익잉여금을 활용한 소각이므로 1억 원의 이익잉여금이 감소한다. 결국 자본총계는 9억 원 그대로다.

자사주 소각 후 회계 처리

구분	자기주식 취득 후	자기주식 매각
자본총계	9억 원	9억 원
자본금	2억 원	2억 원
자본잉여금	3억 원	3억 원
이익잉여금	5억 원	4억 원
자본조정	(자기주식 1억 원)	–

무상감자를 하면 왜 자본잠식에서 탈출할 수 있나?

기업이 이익을 많이 내면 이익잉여금이 쌓여가고, 적자를 많이 내면 결손금이 누적된다. ㈜부실은 적자를 거듭하면서 2023년 말 현재 자본 구조가 다음과 같아졌다고 해 보자.

㈜부실 2023년 말 자본 구조

구분	금액
자본총계	**3만 원**
자본금	5만 원 ← 액면가 5000원 × 10주 발행
자본잉여금	10만 원
이익잉여금(결손금)	(12만 원)

㈜부실은 지금까지 액면가 5000원짜리 주식 10주를 발행하여 자본금이 5만 원이다. 주식 발행 과정에서 만들어진 자본잉여금으로는 10만 원이 누적되어있다. 그러나 이 회사는 영업활동에서 계속 적자를 내는 바람에 누적된 이익잉여금은 없고, 결손금이 12만 원 쌓여있다. 그래서 이런 자본 구성 요소들을 다 합친 자본(총계)은 3만 원이다. ㈜부실의 자본 구성을 보면 자본금

215

(5만 원)보다 자본총계(3만 원)가 더 작다. 이런 상태를 '자본잠식'이라고 한다. 정상적인 회사라면 자본금에 이익잉여금과 자본잉여금 등이 더해져서 적어도 자본금보다는 자본총계가 더 크다. 그러나 이 회사처럼 적자가 누적되면 자본금보다도 자본총계가 작은 상태에 이르게 된다.

유상증자 없이 자본잠식에서 탈출하는 법

㈜부실의 자본금이 얼마나 잠식되었는지 자본잠식률을 계산하면 '자본과 자본금 간 차액 2만 원/자본금 5만 원) × 100 = 40%'가 된다. 만약에 ㈜부실의 누적결손금이 16만 원이라고 해 보자. 그렇다면 자본은 마이너스 1만 원이 된다. 자본총계가 '0' 이하가 되면 '자본완전잠식'이라고 한다.

회사가 자본잠식이 되면 특히 상장사의 경우 관리종목 지정이나 상장폐지 심사 대상 지정, 신용등급 하락 등 여러 가지 불이익을 받기 때문에 자본잠식에서 탈출할 필요가 있다. 자본잠식에서 탈출하려면 유상증자가 필요하다. 투자자(주주)들에게 신주를 발행해 주고 신주 대금을 받는 것이다.

주주에게 보상 없이 자본금을 줄이는 무상감자를 하면 감자차익이 발생한다. 감자차익은 결손금 해소에 사용할 수 있다. 많은 기업이 자본잠식에서 벗어나기 위해 무상감자를 선택한다.

그런데 유상증자 없이 회계적으로 탈출할 수 있는 방법이 있다. 무상감자를 활용하는 것이다. 많은 기업이 자본잠식에서 벗어나기 위한 수단으로 무상감자를 선택한다. 일반적으로 많은 기업이 무상감자로 자본잠식에서 벗어난 뒤 유상증자를 실행하여 자본 보강과 함께 회사에 필요한 운영자금을 조달하는 과정을 밟는다.

무상감자는 말 그대로 무상으로 자본금을 감소시킨다는 뜻이다. 주주들이 가진 주식을 아무런 보상 없이 수거하여 소각하는 것이다. 무상감자를 하기 위해서는 주주총회를 열어 주주들의 승인을 받아야 한다.

㈜부실이 주주들이 가진 주식 10주 가운데 6주를 무상 소각한다고 해 보자. 감자비율은 60%다. 6주 소각으로 자본금은 5만 원에서 3만 원(액면가 5000원 × 6주)이 줄어들어 2만 원이 된다. 주주들에게 아무런 보상을 하지 않고 6주를 무상 소각하였으므로 회사 입장에서는 3만 원의 감자차익(5000원 × 6주)을 얻게 된다. 감자차익은 자본잉여금의 한 종류다. 따라서 자본잉여금은 10만 원에서 13만 원이 되겠지만, 무상감자에서 발생한 감자차익은 결손금 해소에 사용할 수 있다. 따라서 3만 원을 결손금 해소용으로 소진하면 결손금이 12만 원에서 9만 원으로 줄어든다. 자본 구조가 다음 표처럼 바뀐다.

(주)부실 6주 무상감자 후 자본 구조 변화

감자 전			감자 후	
구분	금액		구분	금액
자본총계	**3만 원**		**자본총계**	**3만 원**
자본금	5만 원		자본금	2만 원 ← 6주 무상감자
자본잉여금	10만 원		자본잉여금	10만 원
이익잉여금(결손금)	(12만 원)		이익잉여금(결손금)	9만 원 ← 감자차익 3만 원 (액면가 5000원 × 6주)

자, 어떤가? 감자 전후로 ㈜부실의 자본총계에는 변화가 없다. 자본금이 줄어들고, 감소액만큼이 결손금 해소에 보탬이 되었기 때문이다. 이제 이 회사는 자본금보다 자본총계가 더 큰 회사가 되었다. 자본잠식에서 벗어난 것이다.

7년 연속 영업손실을 기록한 드래곤플라이의 선택

코스닥에 상장된 게임업체 드래곤플라이의 2024년 반기 말 기준 별도재무제표의 자본 구조는 다음과 같다.

드래곤플라이 2024년 반기 말 별도재무제표 중 자본 구조

(단위 : 원)

구분	금액
자본	21,022,008,626
자본금	34,694,486,500
자본잉여금	80,427,358,422
기타 자본	(6,098,337,504)
기타 포괄손익누계액	(6,568,902,426)
이익잉여금(결손금)	(81,432,596,366)

자본금(346억 9400만 원)보다 자본총계(210억 2200만 원)가 더 적은 자본잠식 상태다. 이 회사는 2024년 8월 중순 상반기 재무제표를 공시한 지 약 한 달여 뒤인 9월 중순에 이사회에서 무상감자를 의결하였고 주주총회 승인을 받을 예정이라고 공시하였다. 오른쪽은 공시 내용이다.

공시를 보면 5551만 주를 소각해 자본금이 약 347억 원에서 69억 원으로 줄어든다. 이렇게 줄어드는 자본금 278억 원이 바로 감자차익이다. 이 감자차익은 결손금 해소용으로 사용할 수 있다. 감자 사유에 대해 드래곤플라이는 공시에서 '결손금 보전으로 재무구조 개선'이라고 밝혔다.

이대로 무상감자를 진행하여 상반기 말 자본 구조에 그대로 적용한다면 자본은 오른쪽 표처럼 변할 것이다.

드래곤플라이 감자 결정 공시

감자주식의 수	보통주식(주)	55,511,179	
1주당 액면가액(원)		500	
감자 전후 자본금		감자 전(원)	감자 후(원)
		34,694,486,500	6,938,897,000
감자비율	보통주식(%)	80	
감자 방법		액면가 500원 보통주식 5주를 동일 액면가 1주로 병합 (5 : 1 주식 병합)	
감자 사유		결손금 보전으로 재무구조 개선	

무상감자 전후 드래곤플라이 자본 구조 변화

* 무상감자를 2024년 반기 말 별도재무제표에 그대로 적용 가정

	감자 전	감자 후	
자본총계	210억 원	210억 원	← 변함 없음
자본금	347억 원	69억 원	← 278억 원 차감
자본잉여금	804억 원	804억 원	
기타 자본	(61억 원)	(61억 원)	
기타 포괄손익누계액	(66억 원)	(66억 원)	
이익잉여금(결손금)	(814억 원)	(536억 원)	← 278억 원 가산

무상감자 감자 전후로 자본총계는 그대로다. 그러나 자본금이 감자액만큼 줄었고, 대신 자본에서 마이너스 역할을 하는 결손금이 그만큼 줄었다. 그래서 자본총계는 그대로지만 자본금보다는 많아져 자본잠식에서 벗어났다. 다음은 드래곤플라이의 감자와 관련한 언론 기사 중 일부다.

드래곤플라이,
불안한 지배 구조에 실적 악화 … 결국 감자까지

코스닥 상장사 드래곤플라이가 무상감자를 진행한다. 자본잠식을 탈피하기 위한 고육지책으로 풀이된다. 드래곤플라이는 최근 몇 년간 잦은 최대주주 변경으로 불안한 지배 구조와 실적 부진을 이어오고 있다.

드래곤플라이는 9월 13일 5 대 1 무상감자를 결정했다. 액면가 500원인 보통주 5주를 동일 액면가의 보통주 1주로 병합하는 방식의 감자다. 감자로 인해 발생한 감자차익은 드래곤플라이의 결손금 보전에 쓰일 예정이다.

감자가 진행되면 자본금은 기존 347억 원에서 69억 원으로 줄어든다. 전체 발행 주식수도 기존 6938만 8973주에서 1387만 7794주로 80% 감소한다. 이번 감자로 드래곤플라이는 일단 자본잠식을 해소할 수 있을 것으로 전망된다. 2024년 상반기 말 기준 드래곤플라이의 자본총계는 189억 원이다. 자본잠식률은 45%에 달한다.

드래곤플라이는 2017년 이후 7년 연속 영업손실을 기록했다. 2024년 상반기도 적자 기조는 계속됐다. 장기간 누적된 손실로 2024년 상반기 말 기준 드래곤플라이의 결손금은 796억 원에 달한다.

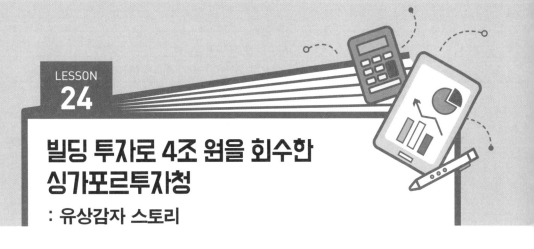

빌딩 투자로 4조 원을 회수한 싱가포르투자청

: 유상감자 스토리

앞에서 살펴본 무상감자는 주주가 가진 주식 일부를 아무런 보상 없이 회수하여 소각하는 절차였다. 이에 비해 유상감자는 주당 얼마를 보상하고 주식을 회수하여 소각하는 것이다.

㈜여의도의 자본 구조가 다음과 같다고 해 보자.

(주)여의도 자본 구조

항목	금액
자본총계	**300만 원**
자본금	50만 원
자본잉여금	100만 원
이익잉여금	150만 원

액면가 5000원 × 100주 발행

여의도는 전체 발행주식 100주 가운데 절반인 50주에 대하여 주당 1만 5000원으로 유상 소각을 하기로 하였다. 이 회사는 주식 50주를 가진 대주주 A에 대해서는 유상감자비율(50%)에 따라 25주를 주당 1만 5000원에 회수하여 소각할 것이다. 여의도 주식 4주를 가진 주주 B씨는 2주 소각에 대한 대가로 3만 원을 받을 것이다. 이런 식으로 모든 주주가 유상감자비율에 맞춰 소유한 주식을 유상 소각하게 된다. 유상감자 역시 자본금 감소 결정(감자)이므로 주주총회의 승인 절차를 거쳐야 한다.

💲 보상액에 따라 감자차익과 감자차손 발생

앞서 무상감자 시에는 무조건 자본금 감소액만큼의 감자차익이 발생한다는 사실을 살펴보았다. 보상 없이 주식을 회수·소각하기 때문이다. 이때 발생하는 감자차익은 주주와의 자본거래(주식거래)에서 발생하는 것이므로 자본잉여금의 한 종류가 된다.

회사 입장에서는 유상감자를 할 경우 주주에 대한 보상액에 따라 감자차익이 생길 수도 있고, 감자차손이 생길 수도 있다. 예를 들어보자. ㈜여의도가 50주를 유상감자하는데, 주당 1만 5000원을 지급하기로 하였다. 액면가보다 높은 금액으로 보상하면 그 차액(유상지급액 1만 5000원 – 액면가 5000원)만큼 감자차손이 발생한다. 만약 주당 3000원을 지급하기로 했다면, 당연히 액면가보다 2000원 낮은 금액을 보상하므로 주당 2000원의 감자차익이 발생하는 것으로 회계 처리한다.

재무제표에서 감자차손은 자본잉여금에 감자차익이 남아 있으면 먼저 상계하고, 그러고도 감자차손 잔액이 남으면 대개 '자본조정' 또는 '기타 자본'이라는 계정에 편입되어 자본에 마이너스 역할을 한다고 생각하면 된다. 유상감자 지급액에 따른 회계 처리를 표로 나타내면 다음과 같다.

(주)여의도 유상감자(50%) 지급액에 따른 회계 처리

구분	유상감자 전	주당 1만 5000원에 유상감자	주당 3000원에 유상감자
		액면가보다 높은 금액으로 보상	액면가보다 낮은 금액으로 보상
자본총계	300만 원	225만 원	285만 원
자본금	50만 원	25만 원	25만 원
자본잉여금	100만 원	100만 원	(110만 원)
자본조정		(50만 원)	
이익잉여금	150만 원	150만 원	150만 원

감자차손

감자차익
10만 원 합산

주당 1만 5000원에 50% 유상감자를 하면, 일단 발행주식수가 절반으로 감소하므로 자본금이 50만 원에서 25만 원으로 줄어든다. 액면가와의 차액 1만 원 × 50주를 하면 50만 원의 감자차손(자본조정)이 발생하여 마이너스로 반영된다. 이를 종합하면 자본총계는 300만 원에서 225만 원으로 감소한다. 주주들이 가진 50주에 대해 주당 1만 5000원씩, 총 75만 원의 현금이 유출되므로 자본총계가 75만 원 줄어드는 것으로 생각하면 된다.

주당 3000원에 유상감자하는 경우를 보자. 자본금은 역시 25만 원이 된다. 주당 2000원씩 50주에 대해 감자차익 10만 원이 발생하므로 자본잉여금은 100만 원에서 110만 원으로 증가한다. 이를 종합하면 자본총계는 300만 원에서 285만 원으로 감소한다. 유상 소각되는 50주에 대해 주당 3000원씩 총 15만 원의 현금이 유출되므로 그만큼 자본총계가 줄어드는 것으로 생각하면 된다.

사모펀드가 투자금을 회수하는 방법 : 맘스터치

실제 유상감자 사례를 한번 보자. 다음은 맘스터치(회사명 맘스터치앤컴퍼니)의 유상감자와 관련한 기사를 요약한 것이다.

더벨 / 2023년 9월 21일

맘스터치, '케이엘앤 투자금 회수' 210억 원 유상감자

맘스터치앤컴퍼니(이하 맘스터치)가 210억 원 규모의 유상감자를 단행했다. 최대주주인 사모펀드운용사 케이엘앤(KL&)파트너스가 1년째 맘스터치 매각에 난항을 겪자, 중간 투자금 회수에 속도를 내는 것으로 해석된다.

맘스터치는 8월 23일 보통주 603만 4483주를 주당 3480원에 유상 소각했다. 유상감자 후 맘스터치의 발행주식수는 810만 2118주에서 206만 7635주로 감소했다. 자본금도 101억 8175만 원에서 41억 4727만 원으로 줄어들었다.

맘스터치 지분 100%를 보유 중인 케이엘앤파트너스는 이번 감자를 통해 210억 원의 현금을 확보했다. 앞서 6월 맘스터치는 660억 원 규모의 현금 배당을 실시했다. 최근 3개월 사이 케이엘앤파트너스가 맘스터치로부터 회수한 현금은 약 870억 원에 달한다.

맘스터치 관계자는 "대규모 자본적 지출을 필요로 하지 않는 가맹업의 특성상 창출된 현금을 배당 등을 통해 주주에게 환원하는 것은 일반적"이라며 "이익잉여금을 상당 부분 소진하여 이번에는 유상감자를 통해 주주환원을 진행했다"고 말했다.

맘스터치의 2023년 감사보고서 재무제표 주석을 잘 살펴보면 유상감자에 대한 정보를 얻을 수 있다.

맘스터치앤컴퍼니 2023년 감사보고서 재무제표 주석

구분	금액
기초 발행주식수	8,102,118
유상감자	(6,034,483)
자기주식 소각	–
주식병합	–
기말 발행주식수	2,067,635

※ 맘스터치앤컴퍼니는 2023년 8월 23일자로 주주총회 특별결의로 자본금을 101억 8100만 원에서 41억 4700만 원으로 유상감자하여, 발행주식수는 810만 2118주에서 206만 7635주로 감소하였으며, 유상감자 총금액은 210억 2000만 원입니다.

유상감자 총액이 210억 2000만 원이고, 603만 4483주를 소각한다고 하였으므로 주당 유상지급액은 3480원이다. 현금으로 210억 원이 나갔으므로 그만큼 자본총계가 줄었을 것이다.

세부적으로 들어가 보면 액면가(1000원)를 2480원 초과하여 주당 지급액을 정했기 때문에 2480원 × 603만 4483주 = 약 149억 원의 감자차손이 발생하였다는 사실을 짐작할 수 있다. 회사가 주석에 공시한 다음 표를 보자.

맘스터치앤컴퍼니 기타 자본 항목 구성 내역 (단위 : 천 원)

구분	2022년 말	2023년 말
감자차손	–	(14,967,754)
기타 포괄손익누계액	1,917,377	1,997,888
합계	1,917,377	(12,969,866)

사모펀드가 대주주인 회사에서는 중간에 투자금을 회수하기 위해 유상감자를 단행하는 경우가 많다. 맘스터치도 그런 경우다. 앞서 소개한 기사에 따르면 대주주인 사모펀드가 210억 원(①) 유상감자를 하기 석 달 전에 이미 660억 원(②)의 현금배당이 실시됐다. 대주주가 불과 세 달 사이에 870억 원에 이르는 사내 현금을 가져간 것이다. 이 같은 사실은 2023년 맘스터치의 현금흐름표 재무활동 현금흐름에서도 확인된다.

맘스터치앤컴퍼니 2023년 감사보고서 현금흐름표

(단위 : 원)

과목	2023년	
영업활동 현금흐름	62,253,220,229	
투자활동 현금흐름	8,708,231,083	
재무활동 현금흐름	(89,187,803,703)	
차입금의 상환	(50,000,000)	
리스부채의 지급	(2,076,269,144)	
유상감자	(21,002,236,840)	①
배당금의 지급	(65,951,240,520)	②

투자할 맛 나네!

210억 원 660억 원

사모펀드가 대주주인 회사에서는 중간에 투자금을 회수하기 위해 유상감자를 단행하는 경우가 많다. 맘스터치 지분 100%를 보유 중인 케이엘앤파트너스는 유상감자를 통해 210억 원의 현금을 확보하고, 이에 앞서 현금배당으로 660억 원을 회수했다. 3개월 사이 케이엘앤파트너스가 맘스터치로부터 회수한 현금은 약 870억 원에 달한다.

빌딩에 투자한다면 싱가포르투자청처럼

유상감자 형태로 지속해서 투자금을 회수한 대표적 사례로 싱가포르투자청 (GIC)의 국내 부동산 투자 대박 스토리를 한번 보자. 싱가포르투자청이 보유한 우리나라 빌딩 가운데 규모가 큰 것으로 서울파이낸스센터(SFC)와 강남파이 낸스센터(GFC)가 있다. 이 가운데 SFC를 2024년 9월 매물로 내놓았다. GFC를 팔겠다고 의사를 밝힌 적은 없지만, 만약 GFC도 수년 내 매각한다면 두 개의 빌딩 투자에서 GIC는 약 4조 원 이상의 차익을 얻게 될 것으로 보인다. 매각에 따른 시세차익뿐 아니라 배당이나 유상감자를 통한 투자회수분까지 포함한 숫자다.

싱가포르투자청 즉 GIC(Government of Singapore Investment Corporation)가

GIC가 소유한 주요 국내 빌딩

서울파이낸스센터(SFC)

IMF 외환위기 직후인 2000년 유진관광으로부터 지분 100%를 3550억 원에 인수.

강남파이낸스센터(GFC)

2004년 사모펀드 론스타로 부터 지분 100%를 9300억 원에 인수

더익스체인지서울

2004년 서울 무교동 코오롱 빌딩을 760억 원에 인수

소유한 주요 국내 빌딩으로는 SFC와 GFC 말고도 더익스체인지서울이 있다. 2004년 서울 무교동 코오롱빌딩을 760억 원에 인수한 것인데, 2024년 말 코람코자산운용컨소시엄이 2470억 원에로 매수하였다.

SFC는 GIC가 처음으로 매입한 국내 빌딩이다. GIC가 2000년 IMF 외환위기 직후 서울파이낸스센터주식회사를 세워 유진관광으로부터 지분 100%를 3550억 원에 인수하였다. GFC는 강남금융센터주식회사를 세워 사모펀드 론스타가 보유한 지분 100%를 9300억 원에 인수하며 매입한 빌딩이다.

3월 말 결산 법인인 두 회사의 2024년 3월 말 기준 재무상태표를 간략하게 보면 다음과 같다.

SFC와 GFC의 2024년 3월 말 재무상태표

	(주)서울파이낸스센터	(주)강남금융센터
자산	**1조 2237억 원**	**2조 7377억 원**
현금 및 현금성	370억 원	667억 원
투자부동산	1조 1065억 원	2조 6561억 원
부채	**7658억 원**	**1조 4044억 원**
장기차입금	(유동)4500억 원	7294억 원
자본	**4578억 원**	**1조 3332억 원**
기타 자본 항목	(3384억 원)	(8870억 원)
이익잉여금	7159억 원	2조 721억 원

자산 항목에 기재된 투자부동산은 두 빌딩의 공정가치평가액(삼일회계법인 평가, 직접환원법과 현금흐름할인법의 평균치)이라고 할 수 있다. SFC가 1조 1065억 원, GFC가 2조 6561억 원이다.

자본 항목을 보면 눈길을 끄는 숫자가 있다. 기타 자본으로 ㈜서울파이낸스센터는 마이너스 3384억 원, ㈜강남금융센터는 마이너스 8870억 원이 누적되어 있다. 기타 자본을 아주 간단하게 설명하자면 이렇다. 예를 들어 ㈜서울파이낸스센터가 주주인 GIC로부터 주식 1주(액면가 1만 원)를 회수하여 소각한다고 가정해 보자. GIC에는 10만 원을 지급한다. 앞에서 살펴봤듯이 이걸 유상감자라고 한다. 회사는 1주에 대해 지급한 현금 10만 원과 액면가액 1만 원 간 차이 9만 원을 '유상감자 과정에서 발생한 차액손실(감자차손)'로 인식한다. 두 회사 재무제표에 기록된 기타 자본 마이너스 금액은 전액 감자차손이다.

예를 들어 2023년만 놓고 보면 12월에 보통주 2만 135주에 대하여 주당 148만 9900여원으로 계산하여 총 300억 원의 유상감자를 실시하였다. 이 과정에서 발생한 감자차손은 약 297억 원이다.

㈜강남금융센터와 ㈜서울파이낸스센터의 자본 내 기타 자본의 숫자를 보면, 지금까지 여러 차례 유상감자 과정에서 적어도 각각 8870억 원과 3384억 원 이상을 GIC에 지급했다는 걸 알 수 있다.

현금흐름표에서 재무활동 현금흐름을 보면 연도별로 유상감자를 통한 투자 회수와 배당을 통한 투자 회수 내역을 쉽게 파악할 수 있다.

(주)서울파이낸스센터 현금흐름표

	2022년	2023년
영업활동 현금흐름	163억 원	200억 원
투자활동 현금흐름	119억 원	(9억 원)
재무활동 현금흐름	(821억 원)	(273억 원)
유상감자	(850억 원)	(300억 원)

㈜서울파이낸스센터는 유상감자로 GIC에 2022년 850억 원, 2023년 300억 원을 지급했다. 과거 재무제표를 살펴보면 이 외에도 2013년 1830억 원의 유상감자가 있었고, 이때는 245억 원의 배당금도 지급했다. ㈜강남금융센터 역시 마찬가지다.

㈜강남금융센터 현금흐름표

	2022년	2023년
영업활동 현금흐름	497억 원	505억 원
투자활동 현금흐름	(60억 원)	(141억 원)
재무활동 현금흐름	(20억 원)	(688억 원)
유상감자	–	(700억 원)

㈜강남금융센터는 2023년 700억 원의 유상감자 지급액이 있었는데, 과거 재무제표를 보면 2021년 2700억 원, 2015년 630억 원, 2013년에는 무려 4430억 원이 GIC로 흘러갔다. 2013년에는 배당으로도 260억 원의 현금이 지급되었다.

그렇다면 2013년에 ㈜강남금융센터는 무슨 돈으로 유상감자와 배당금 합계 4690억 원을 현금으로 지급할 수 있었을까? 이 역시 당시의 현금흐름표를 보면 알 수 있다.

2013년 초 ㈜강남금융센터가 보유한 현금은 501억 원이었고, 영업활동과 투자활동에서 순유입된 현금은 오른쪽 표에서 나타난 것처럼 각각 488억 원과 519억 원이었다. 다 합쳐봐야 1500억 원 남짓밖에 안 된다. 그런데 재무활동에서 보면 차입금으로 3600억 원을 조달(현금 유입)한 사실을 알 수 있다. 차입금과 회사 보유 현금을 합쳐 유상감자와 배당금 지급에 대응한 것으로 볼

(주)강남금융센터 2013년 현금흐름표

	금액
영업활동 현금흐름	488억 원
투자활동 현금흐름	519억 원
재무활동 현금흐름	(1090억 원)
유상감자	(4430억 원)
배당금 지급	(260억 원)
장기차입금의 차입	3600억 원

수 있다.

지금까지 살펴본 내용을 종합해 보면, GIC는 ㈜서울파이낸스센터에서 유상감자와 배당으로 모두 3700억 원 가량을 회수하였다. GIC가 지분 100% 인수에 투입한 돈(3550억 원)을 이미 넘어섰다. SFC의 장부상 공정가치는 1조 1659억 원이다. 부동산업계에서는 1조 4000억 원 정도로 보는 것 같다. GIC는 투자금을 다 회수하고도 1조 4000억 원짜리 빌딩을 갖고 있는 셈이다. ㈜강남금융센터에서 GIC가 지금까지 회수한 금액은 약 9000억 원이다. 지분 100% 인수에 투입했던 9300억 원에 육박하는 금액이다. 2024년 3월 말 현재 GFC 평가액은 2조 6561억 원이다. GIC는 이미 투자금을 거의 다 회수하고도 2조 6000억 원이 넘는 빌딩을 갖고 있는 셈이다.

따라서 SFC와 GIC를 모두 매각한다면 단순계산으로 GIC는 두 건물의 2024년 9월 부동산업계 평가액(약 4조 원)만큼의 투자차익을 얻을 것으로 봐도 되겠다. 국민연금을 비롯한 우리나라 연기금이나 기관투자자들이 해외 부동산 투자에서 큰 손실을 보고 있어서인지 GIC의 투자 성공이 더욱더 크게 느껴진다.

현대차와 기아의 돈 먹는 하마, '엔진리콜 충당부채'… 이젠 안녕?

기업의 부채는 일반적으로 금액이나 지급 시기가 확정되어 있다. 차입금, 미지급금, 매입채무 같은 것들이다. 그런데 금액 또는 지급 시기뿐 아니라 지급 대상이 확정되어있지 않아도 재무제표에 부채로 인식해야 할 때가 있다.

발생할 가능성은 높지만 시기와 금액을 확정할 수 없는 부채

예를 들어보자. 자동차 회사가 차를 팔면서 1년간 무상수리를 보증했다. 회사의 자원(부품과 인력)을 사용하여 무상수리를 해줘야 할 의무를 지게 된 것이다. 회사는 언제, 어느 정도의 비용이 발생할지 확정적으로 알 수는 없다. 하지만 무상수리가 발생할 가능성이 매우 높고, 과거 데이터로 보건대 발생할 비용을 추정할 수 있다면 이를 부채로 인식해야 한다. 이를 '충당부채'라고 한다. 자동차 회사들은 판매보증 충당부채 또는 품질보증 충당부채라는 계정명을 사용한다.

건설사가 아파트를 준공한 뒤 입주민들에게 1년간 하자보수를 약속했다고 해보자. 이 또한 마찬가지다. 언제, 얼마의 하자보수가 발생할지 명확하게 알 수 없지만 과거 경험률 등으로 추정이 가능하다면 재무제표에 부채(하자보수 충당부채)로 반영해야 한다.

충당부채는 기말 결산을 할 때 측정하여 반영한다. 상장사의 경우 분기마다 결산을 한다. 따라서 현대자동차가 1분기 결산을 한다면 분기 중 판매한 차량에 대한 판매보증 충당부채를 설정할 것이다.

충당부채를 인식하려면 몇 가지 요건이 충족되어야 한다. 첫째, 과거에 일어난 사건의 결과로써 현재에 지고 있는 의무여야 한다. 자동차 회사는 판매라는 과거 사건의 결과로 결산 시점 현재 보증수리 의무를 안고 있다.

둘째, 경제적 효익을 갖는 자원의 유출 가능성이 높고, 그 금액을 신뢰성 있게 추정할 수 있어야 한다. 우선 자동차 회사에 무상수리가 발생하지 않을 가능성은 거의 없다. 발생확률이 50%를 넘으면 충당부채 요건을 충족시킨 것이 된다. 무상수리가 발생하면 자동차 회사가 보유하고 있는 부품 등 경제적 효익이 있는 자원을 투입해야 한다.

또한 과거 3~5년간 경험률을 분석하면 향후 무상수리 비용을 충분히 신뢰성 있게 추정할 수 있다. 신설회사라서 과거 데이터가 없다면 동종기업의 경험률을 사용하면 된다.

한편 불확실한 부채이기는 하나 충당부채 요건을 만족시킬 수준이 아닌 경우 재무제표에 인식하지 않는다. 하지만 재무제표 주석에 참고 사항으로 기재하는 경우가 있다. 이를 '우발부채'라고 한다.

다음은 충당부채와 우발부채를 구별하는 표다.

충당부채와 우발부채를 구별하는 기준

자원의 유출 가능성	금액의 신뢰성 있는 추정 가능성	
	가능	불가능
높음	충당부채 (재무제표에 기재)	우발부채 (주석에 기재)
높지 않음	우발부채 (주석에 기재)	우발부채 (주석에 기재)
아주 낮음	공시하지 않음	공시하지 않음

판매보증 충당부채는 재무제표에 어떻게 반영될까?

충당부채는 무상수리(판매보증, 제품보증), 하자보수, 소송, 원상복구 등 그 종류
가 다양하다. 우선 판매보증 충당부채가 재무제표에 어떻게 반영되는지를 간

단한 사례로 알아보자.

현대차가 2022년 중에 차량 100대를 대당 1만 원에 판매하였다고 하자. 1년간 제품보증(무상수리)을 하는 조건이다. 수리발생률은 평균적으로 판매대수의 10%이고 대당 수리비는 1000원이 든다. 100대 중 10대에서 총 1만 원의 수리 발생이 예상된다는 이야기다. 2022년 중에 5대에서 수리가 실제로 발생하였다. 결산은 1년에 한 번만 한다고 가정하고, 2022년 결산을 해보자.

매출은 100만 원이다(100대 × 1만 원). 2022년 중에 5000원의 판매보증비(실제 무상수리 5대 × 1000원)가 발생하였다. 2022년 말 결산 시점에는 판매보증충당부채를 설정해야 한다. 이미 5대에 대해서는 수리 의무를 이행하였으므로, 나머지 수리 발생이 예상되는 5대에 대해 5000원만 설정하면 된다. 그리고 5000원이 손익계산서에 판매보증비로 반영된다.

최종적으로 보면, 2022년에는 총 1만 원의 판매보증비(실제 발생 5대 5000원, 발생 예상 5대 5000원)가 손익에 반영되었고, 충당부채 잔액으로는 5000원이 반영된다. 판매보증비는 판매비 및 관리비(판관비) 항목이기 때문에 영업이익에 영향을 준다.

1년간 제품보증 조건으로 2022년 중에 판매된 차량들은 늦어도 2023년 말이면 보증기간이 끝난다. 2022년 말 기준으로 앞으로 5대에서 추가 수리비가 발생할 것으로 예상하였는데, 2023년 중에 딱 5대에서만 수리가 발생할까? 그렇게 된다면 충당부채 잔액 5000원을 제거하면 된다. 판매보증비를 인식할 것은 없다. 예상한 5대에 대해서는 이미 2022년 말 충당부채를 설정하며 함께 판매보증비도 반영하였기 때문이다.

그런데 만약 5대를 넘어 8대에서 수리가 발생한다면? 추가 3대에 대해서만 새로 판매보증비 3000원(3대 × 1000원)을 인식하면 된다. 이 비용은 2023년의

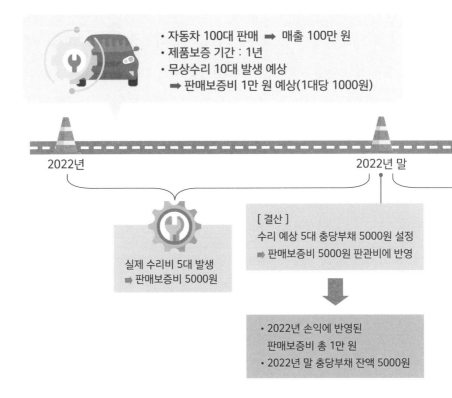

자동차 판매보증 충당부채 반영 예

- 자동차 100대 판매 ➡ 매출 100만 원
- 제품보증 기간 : 1년
- 무상수리 10대 발생 예상
  ➡ 판매보증비 1만 원 예상(1대당 1000원)

2022년 / 2022년 말

실제 수리비 5대 발생
➡ 판매보증비 5000원

[결산]
수리 예상 5대 충당부채 5000원 설정
➡ 판매보증비 5000원 판관비에 반영

- 2022년 손익에 반영된
  판매보증비 총 1만 원
- 2022년 말 충당부채 잔액 5000원

손익에 반영된다.

만약 5대보다 적은 3대에서만 수리가 발생한다면? 2대만큼 초과하여 충당부채를 설정했고 미리 비용 처리한 셈이 되었다. 그러므로, 충당부채 2000원 (2대 × 1000원)을 환입하고, 그만큼 판매보증비를 차감하면 된다. 차감액 2000원은 2023년의 손익에 반영된다.

2023년에도 현대차는 자동차를 계속 판매할 것이며, 2022년과 마찬가지 방식으로 판매보증 충당부채와 판매보증비를 인식하면 된다. 무상보증 기간은 적어도 1년 이상이기 때문에 과거 판매분 중 당기에 실제 수리가 얼마나 발생

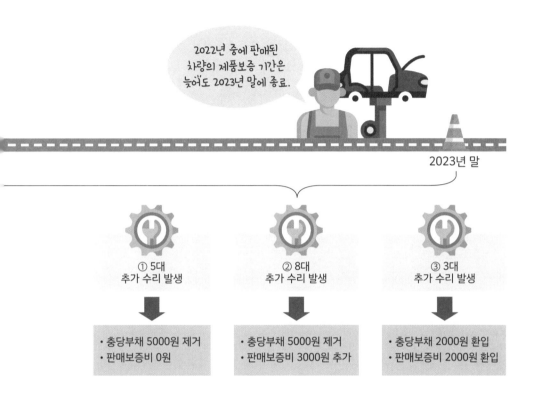

하느냐 하는 것이 당기의 충당부채와 판매보증비 결산에 영향을 미칠 수 있다.

엔진 결함 평생 보증 약속이 키운 부채

자동차 회사에서 가끔 발생하는 리콜 역시 충당부채 설정을 통한 품질비용으로 처리된다. 다음은 현대차 및 기아의 품질비용 관련 기사를 요약한 것이다.

　이 기사와 관련하여, 현대차와 기아의 2024년 3분기 연결재무제표 주석에

현대차·기아,
람다2엔진 9300억 비용 처리 내막

2024년 3분기 현대차와 기아의 실적을 보면 한가지 눈에 띄는 점이 있다. 바로 '품질비용'이란 명목으로 쌓은 충당부채다. 현대차는 3192억 원, 기아는 그 2배인 6115억 원을 충당부채를 설정했다. 3분기에 두 회사가 기록한 합산 영업이익(6조 4600억 원)의 15%에 이르는 액수다.

현대차와 기아는 대규모 충당부채에 대해 '미국 운전자들의 주행 습관'을 주된 이유로 들었다. 현대차가 미국에서 판매하는 그랜드싼타페(한국명 맥스크루즈), 기아 쏘렌토·카니발 등에는 현대차그룹이 직접 개발해 만든 람다2 엔진이 들어간다. 그런데 이들 차종에 대해 미국 소비자들의 클레임이 많았다. 미국 도로교통안전국(NHTSA)이 조사한 결과 미국 소비자들이 차량에 토잉(towing : 캠핑 트레일러 같은 부수차를 연결하여 주행)을 많이 하다 보니 엔진이 장시간 고출력 상태에 노출되었다. 이로 인해 엔진오일 소모가 빨라지면서 엔진에 이물질이 남는 소착 현상이 생겨 엔진 소음과 주행 중 꺼짐 등이 나타났다. 결국 현대차는 기존 10년·10만km였던 무상보증기간을 15년·15만km로 연장해주기로 했다. 이에 따라 늘어난 보증기간만큼 충당부채를 추가로 적립한 것이다.

현대차와 기아 모두 이번 사태는 재발 가능성이 작다고 강조했다. 선제적이고 보수적으로 충당부채를 쌓은 만큼 향후 이와 관련한 추가 충당부채가 없을 것이라고 밝혔다. 사실 현대차와 기아는 세타2 엔진 대규모 리콜 사태에 장기간 시달렸었다. 2020년, 2022년에 각각 3조 6000억 원, 2조 9000억 원의 관련 충당부채를 전입하여 실적이 악화된 경험이 있다.

현대차 2024년 3분기 누적충당부채 내역

(단위 : 백만 원)

		판매보증 충당부채	종업원급여 충당부채	기타 충당부채
기초 충당부채		9,121,153	637,190	1,892,375
추가된 충당부채	①	2,312,050	59,085	959,868
사용된 충당부채	②	(2,403,982)	(71,860)	(880,923)
순외환차이		35,234	137	55,021
기말 충당부채	③	9,064,455	624,552	2,026,341

기아 2024년 3분기 누적충당부채 내역

(단위 : 백만 원)

		판매보증 충당부채	기타 충당부채
기초 충당부채		6,973,375	439,366
기존 충당부채의 증가	④	2,765,911	89,684
사용된 충당부채	⑤	(1,828,035)	(70,203)
기타 변동		111,973	24,263
기말 충당부채	⑥	8,023,224	483,110

서 충당부채 내역을 살펴보자.

현대차의 경우 2024년 3분기(1~9월) 중 2조 3120억 원(①)의 충당부채가 증가하고, 2조 4039억 원(②)이 사용(실제 수리비 발생)되어, 기말잔액은 9조 644억 원(③)이 되었다. 기아는 2조 7559억 원(④)이 새로 전입되고, 1조 8280억 원(⑤)이 사용되면서 기말잔액은 8조 232억 원(⑥)으로 나타났다.

다음은 기아의 2024년 3분기 누적 판관비 내역 중 주요 항목을 나타낸 표다. 판관비 항목 중 판매보증비가 금액이 가장 크며 32% 비중을 차지한다.

기아 2024년 3분기 누적 판관비

(단위 : 백만 원)

구분	금액
판관비 합계	**9,070,735**
광고선전비	1,342,986
판매촉진비	777,602
판매보증비	2,905,065
급여	798,185
지급수수료	533,245
시험비	1,212,756

앞에서 현대차와 기아가 과거 엔진 리콜 문제로 대규모 판매보증 충당부채와 품질비용을 인식해야만 했던 기사를 보았는데, 이와 관련한 다음의 표를 한번 보자.

현대차 2022년 3분기 IR 자료 중

(단위 : 십억 원)

	2022년 2분기	2022년 3분기		
		금액	전년 대비	전분기 대비
매출액	36,000	37,705	+30.6%	+4.7%
매출원가	28,600	7,357	+28.4%	+6.1%
매출총이익	7,400	7,357	+40.6%	−0.6%
매출총이익률	20.6%	19.5%		
판매관리비	4,420	5,805	+60.1%	+31.3%
영업이익	2,980	1,552	−3.4%	−47.9%

현대차의 2022년 3분기 IR 자료 가운데 일부다. 금액 단위가 십억 원이라는

것에 유의하자. 자료를 보면 2022년 3분기 판관비가 5조 8050억 원으로, 전분기 대비 1조 3630억 원(31.3%) 증가한 것으로 나타났다. 전년 동기 대비로는 증가율이 무려 60.1%에 이른다. 이 때문에 3분기 영업이익은 전분기 대비 47.9%나 감소하였다.

원인은 세타 GDI 엔진과 관련한 충당부채 추가 적립 때문이었다. 회사는 2020년 엔진 문제로 미국에서 판매한 차량에 대해 충당부채를 쌓았지만 2년간 실제 수리 발생 추이를 봤을 때 애초 예상보다 더 큰 규모의 충당부채 설정이 필요한 것으로 판단했다. 다음의 표는 현대차와 기아가 2022년 3분기 IR 자료에서 제시했던 품질비용 관련 내역이다.

세타 GDI 엔진은 현대자동차그룹이 2009년 개발한 2세대 순수 토종 엔진이다. 세타 GDI 엔진은 현대차와 기아의 대표 차종에 장착되며 매출 성장을 이끌었지만, 주행 중 시동 꺼짐 등 결함이 발생하였다. 현대자동차그룹은 세타2 GDI 가솔린엔진을 장착한 차량에 대해 평생 엔진 보증을 약속했다.

현대차 · 기아 2022년 3분기 IR 자료 중 품질비용

기준환율 ₩/$: 1,435	현대차		기아	
	대상대수	반영금액	대상대수	반영금액
세타 GDI 11-14MY	1,209천 대	5,911억 원	705천 대	5,727억 원
세타 GDI 15-18MY	1,196천 대	7,691억 원	1,104천 대	9,715억 원
3분기 엔진 관련 품질비용	2,405천 대	13,602억 원	1,809천 대	15,442억 원

현대차는 240만 5000대에 대해 1조 3602억 원, 기아는 180만 9000대에 대

해 1조 5442억 원의 품질비용을 3분기 실적에 반영해야 했다.

현대차는 2022년 연결재무제표 주석에서 다음과 같이 판매보증 충당부채 내역을 공시하였다.

현대차 2021 · 2022년 연결재무제표 기준 충당부채 내역 (단위 : 백만 원)

구분	2021년	2022년
기초	8,514,173	9,048,185
설정액	2,900,638	4,347,523
사용액	(2,551,716)	(3,133,544)
환율 차이로 인한 변동 등	185,090	137,363
기말	9,048,185	10,399,527

2022년 연간으로 충당부채 설정액이 전년보다 1조 4468억 원 증가했음을 알 수 있다. 현대차는 이에 대해 "당기 중 세타2엔진 등 리콜과 관련한 새로운 정보의 획득과 추가적인 경험의 축적으로 인하여 판매보증 충당부채에 그 효과를 반영하였다"고 주석에서 설명하였다.

패소가 뻔할 때 설정하는 부채

한편, 기업은 소송 관련 충당부채를 어떻게 인식해야 할까? 2023년 중 식품기업 A사가 판매한 식품 때문에 식중독 사건이 일어나 손해배상 소송을 당했다고 해보자. 이런 경우 1심 판결에 따라, 예를 들어 1심에서 패소하였다면 소송

충당부채를 인식하는 것이 일반적이다. 1심 전에는 우발부채로 보고 재무제표 주석에만 기록한다. 그러나 2023년 말 결산 시점에 여전히 1심이 진행 중이더라도 패소 가능성이 높다고 판단한다면 충당부채를 검토하여 인식해야 할 수도 있다.

최근 수년 동안 몇몇 대기업이 인식한 충당부채 가운데 눈에 띄는 것으로 '통상임금 소송 충당부채'가 있다(조건부 상여금을 통상임금에 포함시킬 것인지가 쟁점). 노동조합과의 소송 과정에서 수천억 원대 충당부채를 설정하는 일이 간간이 있었다. 노동자 급여 관련 사안이기 때문에 이러한 충당부채를 인식하면 손익계산서에는 매출원가로 대부분 반영된다. 회사 측 패소가 확정되면 충당부채를 제거하면서 실제 현금 지출이 발생한다. 충당부채를 사전에 충분히 설정해 놓았다면, 추가로 반영해야 할 매출원가는 많지 않을 것이다.

복구충당부채는 회사가 사업을 하면서 나중에 원상복구를 해야 하는 의무를 이행하기 위해 회계상 부채 인식과 함께 비용 처리한 것으로, 비행기를 리스하여 사용하는 항공사에서 일반적으로 볼 수 있다.

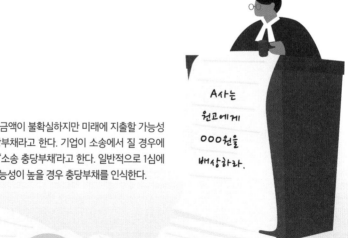

지출이 발생할 시기와 금액이 불확실하지만 미래에 지출할 가능성이 유력한 비용을 충당부채라고 한다. 기업이 소송에서 질 경우에 대비해 설정한 부채를 '소송 충당부채'라고 한다. 일반적으로 1심에서 패소했거나 패소 가능성이 높을 경우 충당부채를 인식한다.

LESSON 26

'부업 천재' 국보디자인의 가욋일
: 시세차익 목적의 지분 투자 회계 처리

여기 친구 사이인 두 투자자가 있다. 이단기 씨는 목표수익률을 20%로 잡아놓고 주가가 20% 오르면 바로 이익을 실현한다. 손실 구간도 여지없다. -20%가 되는 순간 뒤도 돌아보지 않고 바로 손절매를 시도한다. 주식에서 장기투자가 항상 대안은 아니라고 주장하고 있다. 다른 투자자인 김장기 씨는 성장성이 있고 미래가치가 높은 기업을 선별하여 아직 주가가 많이 오르기 전에 선취매를 해 놓았다가 그 가치가 발현되는 시점에 매도해서 수익을 내야 한다고 믿고 있다. 김장기 씨는 '가치투자의 창시자'로 불리는 미국의 전설적인 투자가 벤저민 그레이엄(Benjamin Graham)을 존경한다.

투자 성향이 극과 극인 두 사람의 주식투자 내기

이단기와 김장기 씨는 내기를 했다. 동일한 한 종목의 주식을 사놓고 이단기 씨는 1년 이내에 무조건 목표수익률이 나오면 파는 것으로, 김장기 씨는 무조건 1년 이상 보유하다가 파는 것으로 하고 둘 중 누가 수익률이 높게 나오는지

244

말이다. 투자 종목은 미래 전기자동차의 핵심이 될 배터리 관련주 에코프로로 하였다. 두 사람은 2022년 1월 3일 에코프로의 종가 11만 1500원에 1000주씩을 매수하였다. 총투자금액은 1억 1150만 원이었다. 결과는 이랬다.

에코프로는 매수 이후 줄곧 주가가 하락했다. 이단기 씨는 매우 초조했다. 드디어 2022년 1월 24일 수익률이 손절매 기준인 -20%를 초과했다. 이단기 씨는 뒤도 돌아보지 않고 주식을 매각했다. 불과 한 달이 안 돼서 2490만 원의 손실을 보았다. 타보지도 못하고 날린 아반떼 승용차가 생각나는 하루였다.

에코프로 주가와 투자수익률   * 자료 : KRX

일자	종가(원)	투자수익률
2022년 1월 3일	111,500	
2022년 1월 24일	86,600	-22.3%
2022년 1월 25일	86,100	-22.8%
2022년 1월 26일	62,300	-44.1%
2022년 8월 5일	114,900	3.0%
2023년 8월 31일	1,257,000	1027.4%

그러나 불과 이틀 뒤 더 심각한 상황이 도래하였다. 무려 매입가보다 44% 하락한 6만 2300원으로 주가가 폭락한 것이다. 이단기 씨는 그래도 적게 손실을 본 것이라며 안도했다. 김장기 씨에게 왜 팔지 않았냐고 걱정을 해 주기도 하였다.

김장기 씨의 속도 타들어 갔다. 불과 한 달이 안 되어서 투자금의 거의 절반인 4920만 원을 날리고 있었기 때문이다. 그러나 김장기 씨는 달랐다. 4920만 원은 '미실현손실'일 뿐, 회사의 가치를 믿고 우직하게 기다리기로 했다. 그냥 잊고 살기로 한 것이다. 김장기 씨는 더 이상 주식 거래 창을 들여다보지 않았다.

투자한 지 8개월 만에 드디어 원금을 회복하는 날이 왔다. 김장기 씨는 그동안 마음 고생한 것을 회상하며 바로 팔아버릴까 생각했지만, 역시 현재 주가는 에코프로의 가치에는 미치지 못한다고 생각하였다. 바로 주식 거래 창을 닫고 1년 뒤에 열어보겠다고 다짐했다.

드디어 1년 뒤, 김장기 씨는 주식 거래 창을 다시 열었다. 김장기 씨는 두 눈을 의심했다. 주가가 무려 125만 원이었다! 김장기 씨의 주식 거래창에는 평가이익으로 11억 4550만 원이 기록되어 있었다. 김장기 씨는 시원하게 매도하여 차익을 실현하였다. 그리고 이단기 씨에게 내기는 없던 일로 하자고 하고 소고기를 사주었다.

🏦 기업의 투자주식을 '당기손익'과 '기타 포괄손익' 어디로 분류할 것인가?

기업은 일반적으로 만일의 사태에 대비해 일정한 여유 자금을 보유하고 있다. 여유 자금을 정기예금에만 넣어 놓자니 운용수익 부분에서 만족하기 어렵다. 그래서 기업도 다른 회사 주식에 많이 투자하고 있다.

2017년까지는 기업이 주식을 사면 그냥 '투자주식'으로 처리했다. 단기간에 처분할 목적이면 단기투자증권, 장기간 보유하다 처분할 목적이면 장기투자증권으로 표시했다. 그러던 것이 2018년에 국제회계기준이 개정되면서 재무제표에 표시하는 이름부터 매우 복잡해졌다. 보통 투자주식은 '당기손익 공정가치 측정 금융자산' 또는 '기타 포괄 공정가치 측정 금융자산'으로 이름 붙이게 되었다.

일단 두 분류에 공통으로 들어가는 말이 있다. '공정가치 측정 금융자산'이다. 여기서 직관적으로 와닿지 않는 단어가 '공정가치'다. 공정가치의 사전적 개념은 '합리적인 판단력과 거래 의사가 있는 독립된 당사자 사이의 거래에서 자산이 교환되거나 부채가 결제될 수 있는 금액'이다. 여전히 어렵다. 간단히 공정가치를 주식 거래 창에 뜬 '시세'와 비슷하다고 생각하면 된다. 즉 공정가치 측정 금융자산을 '시세로 측정하는 금융자산'이라고 이해하면 된다.

'당기손익'과 '기타 포괄손익'의 차이점은 평가손익 같은 미실현손익을 당기순이익 계산에 포함하는지다. 시세차익을 올릴 목적으로 주식에 투자했는데, 연말에 평가이익이 1만 원이 발생하였다고 가정해 보자(248쪽 그림 참조). A사는 투자한 주식을 '당기손익 공정가치 측정 금융자산'으로 지정하였다. A사는 영업외수익에 당기손익 공정가치 측정 금융자산 평가이익 1만 원을 기록하고, 이에 따라 당기순이익이 1만 원 증가하게 된다. 반면 장기투자를 계획한 B사는 투자주식을 '기타 포괄 공정가치 측정 금융자산'으로 지정하였다. B사는 평가이익 1만 원을 당기순이익 계산에 포함시키지 않는다. 그 대신 직접 자본의 기타 포괄손익누계액을 1만 원 증가시킨다. 그리고 손익계산서 당기순이익 아랫단의 기타 포괄손익에서 기타 포괄 공정가치 측정 금융자산 평가이익으로 1만 원을 기록하여 기타 포괄손익을 1만 원 증가시킨다.

이 설명을 이해하기 위해서는 우리가 지금까지 알고 있었던 지식에서 조금 더 확장이 필요하다. 상장사가 공시하는 재무제표 중에서 손익계산서를 다시 한번 확인해 보자. 정확한 이름은 '포괄손익계산서'다. 삼성전자와 현대차처럼

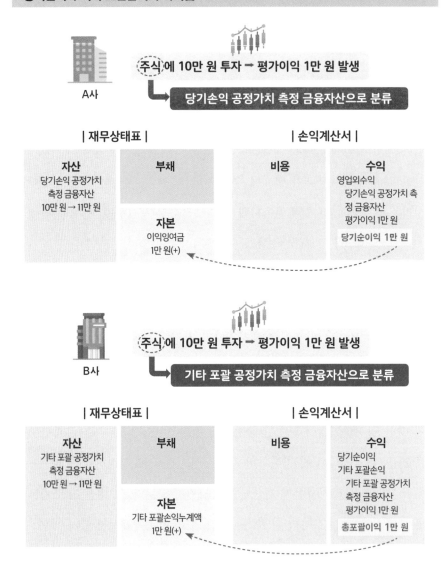

당기손익과 기타 포괄손익의 차이점

A사

주식에 10만 원 투자 → 평가이익 1만 원 발생

당기손익 공정가치 측정 금융자산으로 분류

| 재무상태표 |

자산	부채
당기손익 공정가치 측정 금융자산 10만 원 → 11만 원	
	자본 이익잉여금 1만 원(+)

| 손익계산서 |

비용	수익
	영업외수익 당기손익 공정가치 측정 금융자산 평가이익 1만 원
	당기순이익 1만 원

B사

주식에 10만 원 투자 → 평가이익 1만 원 발생

기타 포괄 공정가치 측정 금융자산으로 분류

| 재무상태표 |

자산	부채
기타 포괄 공정가치 측정 금융자산 10만 원 → 11만 원	
	자본 기타 포괄손익누계액 1만 원(+)

| 손익계산서 |

비용	수익
	당기순이익 기타 포괄손익 기타 포괄 공정가치 측정 금융자산 평가이익 1만 원
	총포괄이익 1만 원

손익계산서와 포괄손익계산서를 구분하여 각각 공시하는 회사도 있지만, 국제
회계기준에서는 포괄손익계산서를 공시하도록 규정하고 있다.

포괄손익계산서 양식을 살펴보자. 당기순이익을 표시하는 부분까지는 우리가 알던 것과 같다. 당기순이익 아래에 무엇이 있는지 확인해 보자. 기타 포괄손익이라는 항목이 있다. 기타 포괄손익에는 투자주식 중 기타 포괄 당기손익 측정으로 지정한 금융상품의 평가 또는 처분으로 발생한 손익을 보내서 총포괄이익을 계산하게 된다. 이외에 대표적인 기타 포괄손익 항목으로는 유형자산의 재평가에 따른 자산 재평가이익 등이 있다.

포괄손익계산서 양식

구분	금액(억 원)
매출	1000
매출원가	(800)
매출총이익	200
판매비와 관리비	(10)
영업이익	190
영업 외 수익	15
영업 외 비용	(25)
법인세비용 차감 전 순이익	180
법인세비용	(20)
당기순이익	160
기타 포괄손익	30
총포괄손익	190

주식을 사면 시가가 변하는 것에 따라 평가이익이 생기기도 하고 평가손실이 생기기도 한다. 결국 평가손실은 아직은 실현되지 않은 손익이다. 이 미실현손익을 어디로 보낼 것인지가, 당기손익 공정가치 측정 금융자산과 기타 포

괄 공정가치 측정 금융자산을 구분하는 핵심이다. 즉 당기손익 공정가치 측정 금융자산은 '평가손익을 당기순이익으로 보낸다'를 줄인 말로 이해하면 된다. 반대로 기타 포괄손익 공정가치 측정 금융자산은 '평가손익을 포괄손익을 계산하는 곳으로 보낸다'의 줄임말로 이해하자.

당기손익 공정가치 측정 금융자산과 기타 포괄 공정가치 측정 금융자산의 차이점

당기손익 공정가치 측정 금융자산	=	평가이익을 당기순이익을 계산하는 곳으로 보낸다.
기타 포괄 공정가치 측정 금융자산	=	평가이익을 포괄손익을 계산하는 곳으로 보낸다.

국제회계기준에서는 원칙적으로 기업에서 하는 시세차익을 얻는 목적의 주식투자를 당기손익 공정가치 측정 금융자산으로 구분하도록 하고 있다. 왜냐하면 일반적인 영업을 하는 기업이라면 주식투자는 본업이 아닐 것이고 시세차익을 얻는 것이 목적인 투자라면 단기간에 매매할 가능성이 높다고 보기 때문이다. 다만 1년 이상 장기로 보유할 목적의 주식투자일 경우에는 기업이 기타 포괄 공정가치 측정 금융자산으로 지정할 수 있게 하고 있다.

🏦 국보디자인, 당기손익은 잠잠한데 기타 포괄손익은 출렁이는 이유

1년 이상 장기로 보유할 목적의 주식투자라면 기업이 기타 포괄 공정가치 측정 금융자산으로 지정하는 것을 허용한다고 했다. 그렇다면 그 이유는 무엇일까? 실제 사례를 보면서 알아보자.

'부업 뛰는 기업 개미'로 불리는 회사가 있다. 국보디자인이라는 회사로, 1983년에 설립된 실내 인테리어 디자인 전문 기업이다. 어쩌다 인테리어 회사가 기업 개미로 유명해졌을까?

국보디자인의 재무상태표를 보면 2021년도 말에는 기타 포괄손익 공정가치 인식 금융자산을 무려 2039억 원 보유하고 있으며 총자산의 59%를 차지하고 있었다. 그나마 2022년부터는 비중이 줄어들었다. 그럼에도 국보디자인은 총자산의 약 20% 내외를 주식에 투자하고 있는 셈이다.

국보디자인 연결재무상태표(편집) (단위 : 백만 원)

구분	2021년	2022년	2023년
비유동자산			
기타 포괄손익 공정가치 인식 금융자산	203,987	53,866	75,954
자산 총계	345,307	273,481	337,469
총자산에서 공정가치 인식 금융자산 비율	59%	20%	23%

국보디자인 연결포괄손익계산서(편집) (단위 : 백만 원)

구분	2021년	2022년	2023년
당기순이익	19,542	20,868	27,637
기타 포괄손익			
기타 포괄손익 공정가치 금융자산 평가손익	40,830	(101,450)	45,349
기타 포괄손익으로 처리하는 다른 항목들	3,251	1,199	(407)
총포괄손익	63,622	(79,384)	72,579

그런데 국보디자인의 포괄손익계산서를 보면 특이한 부분이 있다. 당기순이익과 총포괄손익의 차이가 2021년 440억 원, 2022년에는 마이너스 1002억 원, 2023년 449억 원이다. 이 차이는 어디서 비롯되었을까?

이 회사의 2023년 말 재무제표 주석을 살펴보자. 마치 자산운용사의 성장주 펀드 구성 종목을 보는듯하다. 여기서 당기순이익과 총포괄손익의 차이를 알 수 있다. 만약 공정가치 측정 금융자산 평가손익을 당기손익으로 보내기로 했다면 아마도 국보디자인의 당기순이익은 2021년 603억 원, 2022년 (-)807억

국보디자인 2023년 재무제표 주석 (단위 : 천 원)

9. 기타 포괄손익 공정가치 측정 금융자산
보고 기간 종료일 현재 기타 포괄손익 공정가치 측정 금융자산의 내역은 다음과 같습니다.

회사명	구분	당기말		전기말	
		취득원가	장부가액	취득원가	장부가액
Tesla	지분상품	12,481,778	32,536,577	39,272,616	33,952,902
Nvidia	지분상품	10,544,887	18,171,476	11,085,628	6,985,495
Alphabet	지분상품	4,519,003	4,954,098	3,965,605	2,726,246
Microsoft	지분상품	2,804,086	3,713,589	2,110,751	1,843,298
Affirm Holdings	지분상품	7,594,614	3,291,610	7,594,614	636,636
IONQ	지분상품	4,178,211	2,676,643	4,665,297	800,744
apple	지분상품	2,399,270	2,578,306	198,041	181,126
Trade Desk	지분상품	2,004,134	2,017,244	2,004,134	1,235,173
Coinbase Global	지분상품	2,214,243	1,827,209	2,214,243	365,436
Roblox	지분상품	3,475,175	1,370,325	3,475,175	838,386
기타	지분상품	6,030,713	2,817,299	12,294,139	4,300,381
합계		58,246,114	75,954,376	88,880,243	53,865,823

원, 2024년 729억 원으로 널뛰기하였을 것이다. 그런데 이렇게 공시하게 되면 회사의 영업과는 무관한 주식투자 미실현손익으로 인해 재무제표 이용자에게 올바르지 못한 정보를 줄 수 있다. 따라서 1년 이상 보유할 목적의 투자주식은 당기손익으로 보내지 않고 기타 포괄손익으로 보낼 수 있도록 한 것이다.

그런데 여기서 한 가지 주의할 점이 있다. 기타 포괄손익으로 지정한 주식은 처분한 경우에도 처분손익을 당기순이익으로 보낼 수 없다. 즉 한번 기타 포괄손익으로 지정한 투자주식이라면 당기손익에 영향을 줄 생각은 하지도 말고 계속 기타 포괄손익으로 처리하라는 의미다.

국보디자인은 주식 보유액만큼이나 평가손익도 매우 크기 때문에 이를 기타 포괄손익 공정가치 측정 금융자산으로 지정하여 회계 처리하고 있는 것으로 볼 수 있다. 그래서 투자주식의 평가손익과는 무관하게 당기순이익은 2021년 195억 원에서 2022년 208억 원, 2023년 276억 원으로 급격한 변동이 없었다.

재무상태표와 포괄손익계산서를 잇는 연결고리

손익계산서의 당기순이익은 재무상태표의 자본 내 이익잉여금에 누적된다. 그래서 재무상태표와 손익계산서는 '한 몸'이라고 표현한다. 둘 사이의 연결고리는 재무상태표의 이익잉여금 항목이다. 만일 2023년 이익잉여금이 30억 원이었는데 2024년 당기순이익이 20억 원이 발생하면 2024년의 이익잉여금 잔액은 '30억 원(전기 이월액) + 20억 원(당기순이익) = 50억 원'이 된다.

재무상태표와 포괄손익계산서를 잇는 연결고리도 있다. 바로 재무상태표의 자본 내 기타 포괄손익누계액 항목이다. 기타 포괄손익을 누적시켜 놓은 항목이라서 누계액이라고 표현한다. 결국 기타 포괄손익누계액은 포괄손익계산서

재무상태표와 포괄손익계산서의 연결고리

| 재무상태표 |

| 자산 | 부채 |
| | 자본
기타 포괄손익누계액
○ ○ ○
이익잉여금 ○ ○ ○ |

| 포괄손익계산서 |

구분	금액(억 원)
매출	1000
매출원가	(800)
매출총이익	200
판매비와 관리비	(10)
영업이익	190
영업외수익	15
영업외비용	(25)
법인세비용 차감 전 순이익	180
법인세비용	(20)
당기순이익	160
기타 포괄손익	30
총포괄손익	190

와 재무상태표를 잇는 연결고리라고 할 수 있다. 2023년 기타 포괄손익누계액이 50억 원이었는데 2024년 기타 포괄손익이 30억 원이 발생하면 2024년도의 기타 포괄손익누계액 잔액은 '50억 원(전기 이월액) + 30억 원(기타 포괄손익) = 80억 원'이 된다.

이제 정리해 보자. 회사에서 시세차익을 올릴 목적으로 주식에 투자할 때 둘 중 하나를 선택하여 회계 처리할 수 있다. 시세차익을 당기순이익에 반영하고 싶다면 '당기손익 공정가치 측정 금융자산'으로 처리한다. 시세차익을 당기순이익에 반영하고 싶지 않다면 '기타 포괄 공정가치 측정 금융자산'으로 처리한다. 둘 중 어떤 방법을 선택할지는 순전히 회사가 결정한다.

만약 연말에 공정가치로 평가한 주식에서 100원만큼 이익이 발생했다면 '당기손익 공정가치 측정 금융자산 평가이익'으로 손익계산서에 100원이 기록되고 당기순이익도 100원 늘어난다. 그러나 투자주식을 기타 포괄 당기손익 측정 금융자산으로 처리하기로 하였다면 포괄손익계산서의 당기순이익 아랫단에 기타 포괄 당기손익 측정 금융자산 평가이익으로 100원이 기록되고, 총포괄이익이 100원 증가한다.

그리고 올해 발생한 당기순이익은 재무상태표상 자본 내 이익잉여금 항목으로 들어가서 누적되고, 기타 포괄손익으로 기록된 항목은 재무상태표의 자본 내 기타 포괄손익누계액에 들어가 쌓인다.

LESSON 27

진행기준 건설 회계,
공사 도중 총예정원가가 변했다면?

조선업과 건설업은 대표적인 수주산업이다. 조선은 최근 수년간의 침체기에서 벗어나 흑자 뱃고동을 크게 울리고 있다. HD현대그룹의 조선 지주사인 HD한국조선해양, 한화오션(옛 대우조선해양), 삼성중공업 등 조선 3사는 2024년 연간으로 동반 흑자를 달성했다. 이들 회사가 동반 흑자 전환에 성공한 것은 2011년 이후 처음이다. 2025년 3월 현재 신조선가가 견조하고 수주가 순조로운 가운데 미국 트럼프 2기 행정부 출범 이후 한 · 미 간 조선업 협력 확대 가능성까지 커지고 있어 국내 조선업계의 호황은 계속 이어질 전망이다.

조선이나 건설처럼 1년 이상 장기간 공사를 하여 선박이나 건물을 발주처에 납품해야 하는 수주산업은 영업수익(매출액)을 인식할 때 완성기준이 아닌 진행기준 회계를 적용한다.

반면 건설업계는 가라앉은 모습이다. 부동산 경기 침체 속에서 건설 공사비가 가파르게 상승하면서 중견 건설사는 물론 대형사도 2024년에 이어 2025년에도 실적 부진의 늪에 빠졌다. 상당수 건설사가 매출원가율이 100%를 넘었거나 90% 초·중반대를 기록하고 있어, 영업이익 달성이 버거운 상황이다.

총공사예정원가에 변동이 없을 때의 회계 처리

앞에서 조선이나 건설처럼 1년 이상 장기간 공사를 하여 선박이나 건물을 발주처에 납품해야 하는 수주산업은 영업수익(매출액)을 인식할 때 완성기준이 아닌 진행기준 회계를 적용한다고 하였다(43쪽 참조).

예를 들어 ㈜만년건설이 빌딩 도급공사를 수주하였다고 해보자. 2024년 초부터 연말까지 공사 기간은 1년(4개 분기)이며, 발주처로부터 받기로 한 도급액은 100억 원이다. 이 공사에 투입해야 할 것으로 예상되는 원가(총공사예정원가)는 80억 원으로 산출되었다.

(주)만년건설 수주 내역

- 공사 내용 : 빌딩 건축
- 공사 기간 : 1년(4개 분기)
- 도급액 : 100억 원
- 총공사예정원가 : 80억 원

2024년 1분기 중에 20억 원의 공사원가가 투입되었다고 하고, 1분기 말 결산을 해보자. 결산에서 가장 중요한 것은 남은 기간 동안 원가를 재점검해 보는 것이다. 앞으로 60억 원의 원가를 더 투입해야 할 것으로 추정되었다. 총공사예정원가가 애초 예상했던 금액(80억 원)에서 변함이 없다는 이야기다.

그렇다면 1분기 공사진행률은 25%가 된다. ① 진행률은 총공사예정원가 대비 1분기 실제 투입원가로 계산하였다(20억 원/80억 원 = 25%). ② 1분기 공사매출액은 도급금액 100억 원 × 공사진행률(25%)을 적용하면 25억 원이 된다. 따라서 1분기 공사이익은 5억 원(④ = ② - ③)이다.

(주)만년건설의 1분기 결산

구분	결산	
1분기 공사진행률	25%	← ① 1분기 원가 20억 원 / 총공사예정원가 80억 원
1분기 공사매출액	25억 원	← ② 도급금액 × 1분기 공사진행률
투입원가	20억 원	← ③
공사이익	5억 원	← ④

2분기 중에 원가는 20억 원 투입되었다. 공사 잔여기간 예상되는 원가를 재점검했더니 40억 원이다. 총공사예정원가는 여전히 80억 원으로 변함이 없다.

2분기 결산을 해보자. 2분기 공사매출액은 어떻게 구할까? 다음 표 순서대로 산출하면 된다. ① 2분기까지 누적공사진행률은 50%(누적공사원가 40억 원 / 총공사예정원가 80억 원)다. ② 따라서 2분기 누적매출액은 50억 원이다. ③ 여기서 1분기까지의 매출액을 빼면 2분기 만의 매출액 25억 원이 산출된다. ④ 2분기 공사원가 20억 원을 차감하면 ⑤ 공사이익은 5억 원이다.

(주)만년건설의 2분기 결산

| 2분기 투입원가 | → 20억 원 (누적원가 40억 원) | 잔여기간 예상원가 | → 40억 원 |

구분	결산	
2분기 누적공사진행률	50%	← ① 2분기 누적원가 40억 원/총공사예정원가 80억 원
2분기 누적공사매출	50억 원	← ② 공사도급금액 x 2분기 누적공사진행률 50%
2분기 공사매출	25억 원	← ③ 2분기 누적매출 50억 원 – 1분기 누적매출 25억 원
2분기 투입원가	20억 원	← ④
2분기 공사이익	5억 원	← ⑤

3분기 중 투입된 공사원가는 30억 원이다. 남은 기간 투입해야 할 원가는 10억 원으로 추정됐다. 이 공사의 총예정원가는 여전히 80억 원으로 변함없는 것으로 예상된다는 것이다. 3분기 결산은 다음 표처럼 하면 될 것이다.

(주)만년건설의 3분기 결산

3분기 투입원가 → 30억 원 (누적원가 70억 원)

잔여기간 예상원가 → 10억 원

구분	결산	
3분기 누적공사진행률	87.5%	← ① 3분기 누적원가 70억 원 / 총공사예정원가 80억 원
3분기 누적공사매출	87.5억 원	← ② 공사도급액 × 3분기 누적진행률 87.5%
3분기 공사매출	37.5억 원	← ③ 3분기 누적매출 87.5억 원 – 2분기 누적매출 50억 원
3분기 투입원가	30억 원	← ④
3분기 공사이익	7.5억 원	← ⑤

4분기에는 공사원가 10억 원이 투입되었다. 이 공사를 시작할 때 추정했던 총공사예정원가(80억 원)에 맞춰서 마무리된 셈이다. 이렇게 되면 4분기 결산은 간단해진다. 공사매출액은 12억 5000만 원(도급액 100억 원 – 3분기 누적매출액 87억 5000만 원)이다. 공사원가 10억 원을 차감하면 공사이익은 2억 5000만 원이다.

총공사 기간 1년 간의 실적을 종합하면 매출액은 100억 원이고, 공사투입원가는 80억 원이며, 20억 원의 공사이익이 났다. 이런 식으로 건설이나 조선업에서는 사용하는 진행기준 회계는 결산 때마다 총공사예정원가의 변동을 점검해 가면서 누적진행률을 산출하여 실적을 계산한다.

💰 총공사예정원가가 중간에 바뀔 때의 회계 처리

앞서 살펴본 사례에서는 총공사예정원가가 변하지 않는 것을 가정하였으나 현실에서는 원자재 가격이나 인건비 변동, 뜻하지 않은 재시공 발생, 공사 지연 등으로 총예정원가가 공사 중 변하기 마련이다. 이런 상황을 가정하여 공사 실적을 다시 산출해 보자.

1분기 말 결산은 앞의 예와 똑같고, 2분기 말 결산에서는 총공사예정원가 달라지는 것으로 가정하였다. 2분기 중 투입원가는 20억 원이고, 결산 시점에서 재점검해 보니 남은 기간의 원가(잔여기간 추정원가)가 80억 원으로 산출되었다. 그렇다면 이 공사의 총예정원가는 120억 원이 된다는 이야기다(2분기 누적투입 원가 40억 원 + 잔여기간 추정원가 80억 원). 2분기 결산은 일단 다음의 표와 같다.

(주)만년건설의 2분기 결산(잔여기간 추정원가 변동)

구분	결산	
2분기 누적공사진행률	33%	← ① 2분기 누적원가 40억 원 / 총공사예정원가 120억 원
2분기 누적공사매출	33억 원	← ② 공사도급액 × 2분기 누적진행률 33%
2분기 공사매출	8억 원	← ③ 2분기 누적매출 33억 원 – 1분기 누적매출 25억 원
2분기 투입원가	20억 원	← ④
2분기 공사이익	(12억 원)	← ⑤

그러나 이것으로 2분기 결산이 최종 마무리된 것이 아니다. 2분기 말에 총공사예정원가를 재점검해 보니 원자재 가격과 인건비 상승 등에 따라 120억 원으로 산출되었다고 하였다. 그렇다면 이 공사는 결국 적자 공사가 될 전망이다. 도급액은 100억 원인데 공사원가로 120억 원을 투입해야 하니 20억 원 적자가 예상된다는 이야기다.

잔여 공사 기간(3~4분기)의 손실은 얼마나 될까? 우선 매출액은 67억 원(도급액 100억 원 - 2분기 누적매출 33억 원)이 될 것이다. 잔여기간 공사원가는 80억 원으로 추정하였다. 따라서 잔여기간 동안 13억 원의 공사손실이 예상된다.

그렇다면 미래 예상손실 13억 원을 2분기 공사원가에 더해 줘야 한다. 공사 전체가 적자가 날 것으로 예상되는 시점(이 사례에서는 2분기 결산 시점)에 미래의 추정손실을 산출(13억 원)하여 공사원가로 더해줘야 한다는 것이다. 이렇게 가산되는 13억 원을 '공사손실충당부채'라고 한다. 일반적으로 '공사손실충당금'이라고 표현하며, 줄여서 '공손충'이라고 부르기도 한다.

2분기 최종 결산 결과는 아래 표와 같다. 공사 적자는 앞에서 결산한 12억 원이 아니라 25억 원으로 증가한다(⑤).

(주)만년건설의 2분기 결산(공사손실충당부채 반영)

구분	결산	
2분기 누적공사진행률	33%	← ① 2분기 누적원가 40억 원 / 총공사예정원가 120억 원
2분기 누적공사매출	33억 원	← ② 공사도급액 × 2분기 누적진행률 33%
2분기 공사매출	8억 원	← ③ 2분기 누적매출 33억 원 - 1분기 누적매출 25억 원
2분기 투입원가	33억 원	← ④ 2분기 투입원가 20억 원 + 공손충 13억 원
2분기 공사이익	(25억 원)	← ⑤

잔여기간에 2분기 결산 시 예상대로 딱 13억 원의 손실이 난다면 어떻게 될까? 13억 원을 2분기 결산 때 미리 원가에 반영하였기 때문에, 잔여기간의 공사손실은 '0'이 된다. 잔여기간 손실이 예상보다 커진 15억 원이 된다면, 2억 원만 손실로 반영될 것이다. 만약 잔여기간 손실이 예상보다 작아 10억 원 된다면? 차이 3억 원만큼을 2분기 결산 시점에 미리 원가로 반영한 셈이 되었기 때문에 잔여기간에 3억 원을 다시 이익으로 잡아주면 된다. 이를 '공손충의 환입'이라고 한다.

리스 회계의 첫걸음,
금융리스와 운용리스의 차이 알기

지방 출신으로 서울에서 직장생활을 시작한 새내기 직장인 김구독 씨는 원룸 월세를 구해 거처를 마련했다. 생필품이 떨어질 때마다 사는 게 귀찮았던 김구독 씨는 신문이나 잡지를 구독하듯 면도날과 우유를 정기적으로 배송받는 서비스에 가입하였고, 정수기와 침대를 월 10만 원에 렌탈회사로부터 빌려서 쓰기 시작했다. 넷플릭스에 가입해 주말에는 드라마와 영화를 보고, 유튜브 프리미엄 서비스를 통해 출퇴근 시에는 동영상과 음악을 즐기고 있다. 이처럼 사용자가 일정 기간 구독료를 내고 상품이나 서비스를 이용하는 경제 활동을 '구독 경제'라고 한다.

기업도 구독 모델을 적극적으로 활용한다. 사무실을 임차해 쓰거나 임원에게 제공하는 차량을 대여한다. 커피머신, 복합기 같은 기기를 빌리고 원두와 잉크 등의 소모품을 정기적으로 보충받으며 고장이 나면 수리까지 해주는 렌탈 케어 서비스를 이용하기도 한다.

김구독 씨는 돈을 어디에, 얼마만큼 쓰는지 가계부에 정리함으로써 한 달 또는 일 년 동안 사용하는 구독료 규모를 쉽게 파악할 수 있을 것이다. 그러나 기업은 이렇게 간단하지 않다. 기업이 빌려 쓰는 물건이나 서비스에 관해 적용해야 할 회계 처리 기준이 따로 있기 때문이다. 이것이 '리스 회계'다.

리스자산을 소유하는 데 따르는 위험과 보상까지 이전하는가? 금융리스 vs. 운용리스

리스계약은 리스 제공자(주로 리스회사로 하나캐피탈처럼 '캐피탈'이라 이름을 가진 회사가 많다)가 자산의 사용권을 합의된 기간에 리스 이용자(회사, 개인)에게 이전하고, 리스 이용자는 그 대가로 사용료를 리스 제공자에게 지급하는 것이다.

리스의 법적 형식은 임대차계약이지만, 회계에서는 거래의 실질에 따라 리스 거래를 분류해서 다르게 회계 처리하도록 규정하고 있다. 회계에서는 리스를 '금융리스'와 '운용리스'로 구분한다. 리스자산의 소유(사용)에 따른 위험과 보상의 대부분을 리스 이용자에게 이전하는 리스는 금융리스로 분류한다. 리스자산의 소유(사용)에 따른 위험과 보상의 대부분을 리스 이용자에게 이전하지 않는 리스는 운용리스로 분류한다.

두 가지 방식의 차이를 우리에게 익숙한 자동차 리스를 통해 알아보자. 자동차를 리스할 때도 운용리스와 금융리스 두 가지 방식 중 하나를 선택할 수 있

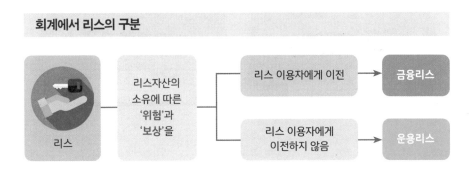

회계에서 리스의 구분

리스 → 리스자산의 소유에 따른 '위험'과 '보상'을 → 리스 이용자에게 이전 → 금융리스

리스 이용자에게 이전하지 않음 → 운용리스

다. 두 방식의 가장 큰 차이점은 이용 방식과 만기 옵션 부분에 있다.

　자동차 금융리스는 리스자산의 소유권이 계약 기간에만 리스회사에 있다는 점을 제외하면, 할부로 자동차를 사는 것과 유사하다. 자동차(리스자산)를 이용하는 데 따르는 위험과 편익은 모두 리스 이용자의 몫이다. 즉 자동차 보험료, 자동차세, 고장 시 수리비 등 자동차 관리 전반에 들어가는 비용을 리스 이용자가 부담한다. 그리고 리스 이용자는 리스회사에 계약상 원금과 이자를 상환한다. 자동차 금융리스에는 반납 옵션이 없으므로 리스기간이 종료되면 반드시 자동차(리스자산)를 리스 이용자가 인수해야 한다. 이 부분이 자동차 운용리스와 가장 큰 차이점이다.

　자동차 운용리스는 장기 렌터카와 유사한 상품이다. 고객이 리스사 소유의 자동차를 일정 기간 대여비를 지불하고 이용한다. 자동차보험, 자동차세 등 관리 전반에 들어가는 비용은 리스회사가 부담한다. 이런 특성 때문에 운용리스는 차량 유지와 관리에 드는 서비스 비용을 모두 포함해 이용료를 책정한다. 계약 기간이 끝나면 자동차를 반납할 수도 있고, 계약을 연장할 수도 있다.

금융리스와 운용리스를 구분하는 가장 중요한 요소는 리스자산의 소유에 따른 위험과 보상이 리스 이용자에게 '이전'되는지에 있다. 위험과 보상이 리스 이용자에게 이전되면 금융리스, 이전되지 않으면 운용리스다.

운용리스 방식은 자동차를 단기간 사용할 때 기업이나 개인이 많이 사용한다.

만약 리스한 자동차로 사고가 났다고 가정해 보자 운용리스 이용자는 계약 종료 후 자동차를 반납할 수 있으니 사고가 난 차를 반납하면 그만이다. 하지만 금융리스 이용자는 만기 시 사고 차량을 인수해야 한다. 사고에 따른 자동차의 감가 부분을 이용자가 부담해야 하니 리스자산의 이용에 따른 '위험'과 '보상'이 모두 리스 이용자에게 이전된 것으로 볼 수 있다.

결론적으로 금융리스는 말 그대로 캐피탈(금융회사)에서 돈을 빌려서 자동차를 할부로 구입한 것과 동일한 효과가 있고, 운용리스는 월 대여료를 내고 자동차를 사용하는 것으로 이해하면 된다.

금융리스와 운용리스 회계 처리

그렇다면 금융리스와 운용리스의 회계 처리는 어떻게 달라질까? ㈜삼덕(리스 이용자)이 ㈜삼일캐피탈(리스 제공자)에 자동차를 리스하는 가상의 사례로 간단히 살펴보자(268쪽 그림). 이 거래를 금융리스로 회계 처리하면 어떻게 될까? 계속 강조하듯이 회계에서 금융리스는 돈을 빌려서 그 자산을 구입한 것으로 간주한다. 그렇다면 리스 이용자인 ㈜삼덕은 자동차를 구매한 것으로 처리하면 된다. 즉 재무상태표의 자산 항목에 자동차를 공정가치 110만 원으로 기록하면 된다. 자동차는 유형자산이므로 감가상각을 한다. 이때 삼덕은 금융리스자산(자동차)에 대해 리스기간인 5년 동안 감가상각을 하면 된다. 따라서 삼덕은 손익계산서에 감가상각비로 해마다 22만 원(110만 원 ÷ 5년)을 인식한다(금융리스자산의 장부가격 감소).

(주)삼덕이 (주)삼일캐피탈에 자동차를 리스

자동차 리스

리스료 총액 150만 원

(주)삼덕
(리스 이용자)

(주)삼일캐피탈
(리스 제공자)

- 2025년 1월 1일 리스 이용자 (주)삼덕은 리스 제공자 (주)삼일캐피탈과 리스료 총액 150만 원(매년 30만 원씩 5회 후불 지급 조건)으로 자동차 리스계약을 체결 하였다.
- 이자율 : 10%
- 리스자산의 취득가액(리스 실행일인 2025년 1월 1일의 공정가치와 일치)은 110만 원이다. 이 자산의 내용연수는 5년이고 잔존가치는 0이다.

또한 금융리스는 자산을 사기 위해 돈을 빌린 것이라고 했으므로 자산을 계상함과 동시에 재무상태표의 부채 항목에 금융리스부채 110만 원을 기록해야한다. 금융리스에서는 자산과 부채가 동일하게 계상되는 것이다. 이후 삼덕은 이 금융리스부채에 대해 매년 리스료 30만 원을 지급할 때마다 리스부채 상환액 부분과 이자 지급액 부분을 나누어서 회계 처리를 한다. 왜냐하면 빌린 돈을 갚는 것이기 때문에 리스료 30만 원은 원금 상환과 이자 비용 부분으로 구성되어 있기 때문이다. 따라서 리스료를 지급할 때마다 원금을 갚은 게 되므로 금융리스부채는 해마다 감소하게 된다.

그럼 연간 리스료로 30만 원에서 얼마를 리스부채 원금 상환액으로 처리하고 얼마를 이자 비용으로 처리하면 될까? 이 부분은 이해가 조금 어려울 수 있

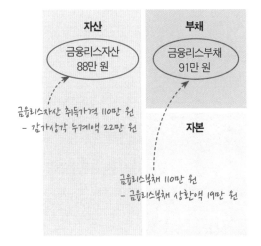

금융리스로 회계 처리

| (주)삼덕의 재무상태표 |
(2025년 12월 31일 현재)

자산	부채
금융리스자산 88만 원	금융리스부채 91만 원
	자본

금융리스자산 취득가격 110만 원
– 감가상각 누계액 22만 원

금융리스부채 110만 원
– 금융리스부채 상환액 19만 원

| (주)삼덕의 손익계산서 |
(2025년 1월 1일~12월 31일)

비용	수익
영업비용 : 감가상각비 22만 원 영업외비용 : 이자 비용 11만 원	

으나, 하나씩 살펴보면 그렇게 복잡하지 않다.

자동차 리스 예에서는 이자율이 10%이므로 첫해에는 금융리스부채로 기록한 110만 원의 10%인 11만 원이 이자 비용이 된다. 그리고 리스료가 30만 원이므로 이자 비용으로 처리한 금액 11만 원을 뺀 19만 원이 금융리스부채 상환액(금융리스부채 감소)이 된다. 따라서 2025년도 삼덕의 재무상태표와 손익계산서에는 위 그림과 같이 보고된다.

그렇다면 삼덕의 자동차 리스를 운용리스로 회계 처리하면 어떻게 될까? 운용리스 회계 처리는 매우 간단하다. 그냥 자동차를 빌려 쓰는 것이기 때문에 삼덕의 재무상태표에는 별도의 자산, 부채는 표시되지 않는다. 매년 지급하는 리스료만 비용으로 인식하게 된다. 따라서 삼덕의 손익계산서에 운용리스료 비용으로 30만 원이 보고된다.

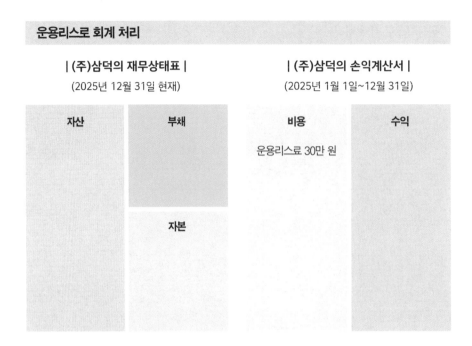

운용리스로 회계 처리

| (주)삼덕의 재무상태표 |
(2025년 12월 31일 현재)

| (주)삼덕의 손익계산서 |
(2025년 1월 1일~12월 31일)

자산 / 부채 / 자본

비용 — 운용리스료 30만 원 / 수익

상장사라면, 지금까지 설명한 내용은 잊어라!

지금까지 설명한 방식이 기업이 리스를 이용할 때의 전통적인 회계 처리 방식이었다. 현재 일반기업회계기준(K-GAAP)을 적용하고 있는 비상장사는 계속 이 방식으로 회계 처리를 하면 된다. 그런데 상장사는 상황이 달라졌다. 국제회계기준위원회는 상장사에 적용되는 한국채택국제회계기준(K-IFRS)의 리스 회계를 2019년에 대대적으로 개정하였다.

개정된 내용의 결론부터 얘기한다면 리스 이용자 입장에서 운용리스에서 엄청난 변화가 생겼다. 기존에는 앞에서 살펴본 대로 운용리스 계약에서는 지급하는 리스료만 비용으로 처리했다. 그러나 신규 리스 회계 기준에서는 운용리스 계약도 금융리스 회계 처리와 동일하게 재무상태표에 자산과 부채를 인식

상장사에 적용되는 한국채택국제회계기준 (K-IFRS)의 리스 회계가 2019년에 대대적으로 개정되었다. 상장사는 운용리스 계약도 금융리스 회계 처리와 동일하게 재무상태표에 자산과 부채를 인식하고, 손익계산서에는 감가상각비와 이자 비용을 반영하도록 했다.

하고, 손익계산서에는 감가상각비와 이자 비용을 반영하도록 했다. 결과적으로 국제회계기준은 리스 이용자의 경우 운용리스 계약도 금융리스와 동일하게 회계 처리하라는 것이다.

국제회계기준위원회는 왜 리스 회계 기준을 변경했을까? 그리고 리스 회계 기준 변경이 재무제표에 미치는 영향은 무엇일까? 다음 레슨에서 궁금증을 풀어보자.

확 바뀐 리스 회계,
운용리스도 금융리스처럼
회계 처리하라!

영양물산의 공인회계사 출신 권 회장은 벤츠의 3억 원짜리 업무용 차량을 월 500만 원의 리스료를 내고 운용리스로 계약하라고 지시하였다. 반면 공주상사의 엔지니어 출신 이 회장은 동일한 종류의 업무용 차량 계약에 대해 별도의 지시를 하지 않아서, 회사 총무팀장이 금융리스로 계약하였다.

K-IFRS 개정 전이라면 영양물산은 운용리스로 계약을 맺었기 때문에 재무상태표에는 리스한 자동차와 관련한 회계 처리는 하지 않아도 된다. 단순히 월 리스료만 손익계산서에 비용으로 처리하면 된다. 그런데 금융리스 계약을 한 공주상사의 경우에는 3억 원의 차량 가액을 자산에 기록하고 부채에 3억 원을 기록해야 한다.

리스 회계 처리에 따라 달라지는 부채비율

리스 계약에 대해 자산과 부채를 인식하는 것이 재무제표에는 어떻게 영향을 미칠까? 먼저 기업의 부채비율이 가장 크게 영향을 받는다. 두 회사 모두 리스

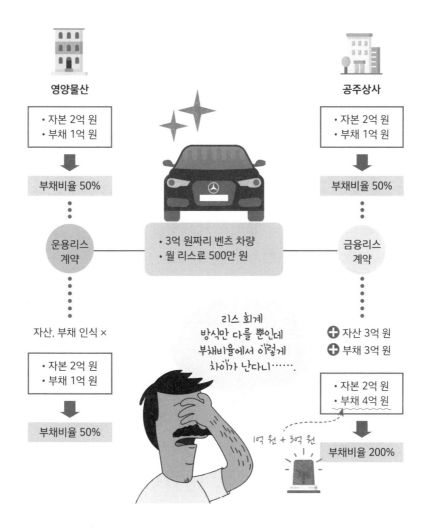

금융리스와 운용리스 회계 처리가 부채비율에 미치는 영향

영양물산
• 자본 2억 원
• 부채 1억 원

부채비율 50%

운용리스 계약

• 3억 원짜리 벤츠 차량
• 월 리스료 500만 원

공주상사
• 자본 2억 원
• 부채 1억 원

부채비율 50%

금융리스 계약

자산, 부채 인식 ×

• 자본 2억 원
• 부채 1억 원

부채비율 50%

리스 회계 방식만 다를 뿐인데 부채비율에서 이렇게 차이가 난다니……

➕ 자산 3억 원
➕ 부채 3억 원

• 자본 2억 원
• 부채 4억 원

1억 원 + 3억 원

부채비율 200%

계약 전 자본이 2억 원이고 부채가 1억 원이 있었던 상태라고 가정해 보자. 두 회사 모두 부채비율(부채 ÷ 자본)은 50%다.

리스 계약 후에는 부채비율이 어떻게 바뀔까? 운용리스 계약을 체결한 영양물산의 경우에는 자산과 부채를 기록하지 않으므로 부채비율에 변동이 없다.

그런데 공주상사는 다르다. 금융리스 회계 처리를 적용하여 자산과 부채는 각각 3억 원씩 증가하였고 자본(자산 - 부채)은 늘지 않았다. 부채는 최초 1억 원에서 3억 원을 더하여 4억 원이 되었다. 부채비율을 다시 계산하면 '4억 원(부채) ÷ 2억 원(자본)'이 되어 부채비율이 200%로 계산된다. 종전보다 부채비율이 4배 상승하게 된다.

운용리스로 회계 처리한 영양물산은 부채비율이 50%로 동일하지만 금융리스로 회계 처리한 공주상사는 부채비율이 50%에서 200%로 급상승한다. 부채비율이 이렇게 상승하면 재무구조가 나빠진 것으로 간주되어 은행으로부터 차입금 상환 요구를 받을 수도 있고, 회사의 신용평가에도 악영향을 미친다.

이러한 차이를 국제회계기준을 만드는 사람들이 불합리하게 여긴 것 같다. "공주상사의 이 회장은 금융리스로, 영양물산의 권 회장은 운용리스로 벤츠를 타고 다닌다. 똑같이 회장이 벤츠를 타고 다니는데 금융리스로 처리한 공주상사는 영양물산보다 부채비율이 더 높게 나오지 않느냐? 똑같이 벤츠를 빌려 타는데 리스 계약 방식 때문에 회계 처리가 달라서야 되겠느냐?"

국제회계기준을 만드는 사람들은 계약 조건에 따라 재무 수치의 유불리가 갈리는 것이 기업 간에 재무제표의 비교가능성을 현저히 저해한다고 판단하였다. 따라서 국제회계기준에서는 운용리스 계약도 금융리스 계약과 동일하게 회계 처리하도록 요구한 것이다.

새로운 리스 회계 기준에 맞춘 운용리스 회계 처리

바뀐 국제회계기준에서는 리스 이용자 입장에서 운용리스 계약을 그럼 어떻게 회계 처리할까? 운용리스 계약도 금융리스 계약과 동일하게 자산과 부채를 장부에 기록하게 되었다. 그러려면 계정 과목이 필요할 것이다. 일반적으로 기업에서 운용리스 계약에 따라 생긴 자산은 '사용권자산'으로, 새로 생긴 부채는 '리스부채'라는 명칭으로 기록하기로 하였다. 금융리스의 경우 재무상태표 계정 과목은 '금융리스자산'과 '금융리스부채'로 기록하는 것이 일반적이다.

재무상태표에서 사용권자산은 회사가 법적으로 소유하지 않은 자산에 대한 사용권이므로 무형자산의 성격이 있으나, 실제 빌려서 쓰는 자산이 부동산이나 차량 운반구 등 실물이 존재하는 자산이다 보니 유형자산으로 분류하는 회사가 많다. 사용권자산을 별도로 구분하여 공시하는 회사를 제외하고, 대다수 회사가 유형자산의 하위 항목으로 사용권자산을 분류하고 있다고 보면 된다. 유형자산으로 분류되니 당연히 비유동자산이 된다.

또한 사용권자산은 리스기간 또는 기대 사용 기간(내용연수)에 걸쳐 감가상각을 한다. 운용리스는 보통 계약이 종료되면 자산을 반납하므로 사용권자산의 감가상각 기간은 리스 계약 기간과 동일하게 잡는 것이 일반적이다.

사용권자산의 장부금액 결정 또한 중요할 것이다. 사용권자산의 장부금액은 어떻게 계산할까? 실무적으로는 사용권자산의 금액을 별도로 계산하지 않는다. 먼저 리스부채를 계산한 후 기준서에서 정한 몇 가지 항목을 가감하여 사용권자산의 장부금액을 계산한다. 대표적으로 리스 계약을 체결하기 위해 추가로 들어간 비용(리스 개설 직접원가)과 빌린 자산을 반납할 때 필요한 복구 비용 등은 사용권자산에 가산하고, 리스 계약 시 인센티브를 받는 경우에는 사용권자산에서 차감한다.

운용리스 계약에서 부채를 계상해야 하는 이유는 무엇일까? 먼저 회계에서 정의하는 부채의 개념을 다시 한번 되새겨 보자. 회계에서 부채는 '미래에 금전 또는 서비스를 제공해야 하는 현재의 의무'로 간단히 표현할 수 있다. 운용리스 계약은 미래에 리스료를 지급해야 할 의무가 포함되어 있으므로, 미래의 리스료도 회사가 부담할 것으로 간주하여 계약 시점에 부채로 계상하는 것이다. 리스부채는 금융부채로 분류된다. 또한 다른 부채와 마찬가지로 유동과 비유동으로 구분한다. 결산일로부터 1년 내 지급할 리스료는 유동부채, 1년 이후에 지급할 금액은 비유동부채다.

실무적으로 사용권자산은 독립적으로 계산하는 것이 아니라 리스부채 금액과 연동된다. 그렇다 보니 리스부채에 대한 계산이 더 중요하다. 리스부채 금액이 곧 사용권자산 금액이 된다고 보아도 무방하기 때문이다.

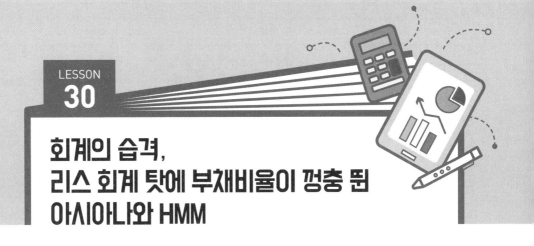

LESSON 30

회계의 습격,
리스 회계 탓에 부채비율이 껑충 뛴
아시아나와 HMM

상장사에 새로운 리스 회계 처리가 도입된 지 꽤 시간이 흐른 최근에는 리스 회계로 인한 급격한 재무제표 변동은 일어나지 않고 있다. 하지만 상장사에 새로운 리스 회계가 최초로 도입된 2019년에는 '회계의 습격'이라고 말할 정도로 크게 영향받은 업종들이 있었다.

아시아나항공 홀로 부채비율이 껑충 뛴 이유

비행기를 빌려서 영업하는 항공사, 선박을 빌려서 영업하는 해운업, 호텔과 면세점업, 물류창고와 영업점을 빌려서 영업하는 유통사가 가장 큰 영향을 받았다. 그리고 같은 업종이라도 운용리스를 많이 이용하는 기업과 그렇지 않은 기업 간의 차이가 매우 컸다.

　항공업을 대표하는 대한항공과 아시아나항공은 비행기를 빌리는 계약 방식에 차이가 있었다. 대한항공은 전체 항공기 164기 중 운용리스 비중이 17%(28기)였다. 아시아나항공은 전체 항공기 82기 중 운용리스 비중이 61%(50기)였다. 아시아나항공의 운용리스 비중이 대한항공에 비해 월등히 높았다.

대형 항공사의 항공기 운용리스 비중

* 2018년 6월 말 기준
* 자료 : 각 사 제시 자료, 한국기업평가

운용리스
17%

소유
34%

대한항공

금융리스
49%

소유
13%

금융리스
26%

아시아나항공

운용리스
61%

실제로 리스 회계가 개정되기 전인 2018년과 리스 회계가 도입된 2019년에 공시된 양사의 연결재무제표를 통해 부채비율을 비교해 보면 차이를 실감할 수 있다. 대한항공은 부채비율이 2018년 717%에서 2019년 871%로 약 154%p가 증가하였다. 같은 기간 아시아나 항공은 부채비율이 649%에서 1387%로 약 737%p 증가하였다. 항공업이 리스 회계 기준 변경으로 부채비율이 급격히 증가하였고, 동일한 업종 내에서도 회사의 리스 운영 방식에 따라 재무비율 변동에서 큰 차이가 발생했음을 알 수 있다.

대한항공과 아시아나항공의 부채비율 변화

	2018년	2019년	증가율
대한항공	717%	871%	154%p
아시아나항공	649%	1387%	737%p

같은 업종이어도 리스 운용 방식 따라 엇갈린 희비

해운업의 경우 컨테이너선사는 장기 운용리스 방식으로 선박을 빌리는 경우가 많고, 벌크선사는 대부분 금융리스나 자가로 선박을 확보하고 있어서 선사별로 리스 운영 방식에 차이가 있다.

컨테이너선사인 HMM(옛 현대상선)은 2018년 9월 말 기준으로 운용 컨테이너선 54척 중 72%와 벌크선(탱커선 포함) 30척 중 83%를 장기 운용리스 방식으로 임대하고 있어, 전반적으로 운용리스 비중이 높았다. 반면 벌크선사인 대한해운의 경우 금융리스나 단기 임대 비중이 높았다. 실제로 공시된 재무 수치를 비교해 보면 HMM이 리스 회계 변경이 있었던 해에 부채비율이 260%p 증가했지만 대한해운은 큰 변화가 없었다.

HMM과 대한해운의 부채비율 변화

	2018년	2019년	증가율
HMM	296%	557%	260%p
대한해운	276%	273%	-3%p

리스 회계 기준 변경에 따라 영향을 크게 받는 업종과 그렇지 않은 업종이 있고, 같은 업종 내에서도 리스 운영 방식에 따라 재무비율 변동에서 큰 차이가 발생했다.

리스 회계 기준 변경에 따라 업종별로 영향을 크게 받는 부분이 있고, 같은 업종 내에서도 리스 운용 방식에 따라 재무제표에 미치는 영향의 크기가 달라지는 것을 확인할 수 있었다.

리스 회계 기준 개정은 K-IFRS 도입 이후 가장 굵직한 변화 가운데 하나였다. 최근에는 리스 회계 도입 이후 시간이 많이 흘렀기 때문에 기업들도 리스 회계 처리에 따른 부채비율 변동에 대응하기 위해 재무구조 개선 방안을 별도로 마련하고 있다.

최근 기사를 참고해 보자. 제주항공이 신형항공기를 운용리스 대신 직접 구매하기로 하였다는 내용의 기사다. 거래 방식 변경이 회사의 재무나 영업 성과를 개선시킬 수 있는 기회가 될 수 있다는 것을 알 수 있다.

매일경제 / 2024년 3월 3일

신형 항공기 50대 도입 ⋯ LCC 1위 굳힌다

김이배 제주항공 대표(사장)가 최근 열린 창립 19주년 기념 행사에서 "차세대 구매 항공기 도입을 통해 도약 기반을 구축하겠다"고 말했다. 구매기 도입을 통한 기단 현대화로 경쟁사 대비 압도적인 원가 경쟁력을 확보하겠다는 설명이다.

김 대표는 "차세대 항공기 B737-8의 연료 효율이 우수해 기존에 운영하고 있는 기단보다 18% 수준의 원가 절감 효과를 보이고 있다"며 "초기 비용 부담에도 불구하고 직접 구매 방식이 기존 운용리스 방식 대비 12% 수준의 원가 절감이 가능한 것으로 내부에서도 분석하고 있다"고 말했다.

홈플러스가 부동산을 팔고 다시 빌려 쓰는 속사정

리스 거래의 특이한 형태 중의 하나로 판매 후 리스(Sale & Leaseback, 이하 세일 앤 리스백)가 있다. 말 그대로 회사에서 소유한 자산을 매각한 후, 그 자산을 다시 빌려 쓰는 계약을 맺는 것이다. 세일 앤 리스백은 주로 부동산 자산이 대상이다. 부동산 원 소유자가 매각(세일)을 하고 재임차(리스백)를 할 때 거래 상대방은 은행, PEF(사모펀드), 리츠회사(REITs : Real Estate Investment Trusts), 부동산신탁사 등이다. 이들이 리스 제공자 역할을 한다. 부동산 펀드라고 부르는 리츠펀드도 많이 활동하고 있다.

돈맥경화를 뚫는 세일 앤 리스백

기업이 부동산을 팔고 다시 빌리는 이유는 크게 두 가지다. 기존 사업 구조를 건드리지 않으면서 영업력의 훼손 없이 부족한 운영자금을 충당하거나 신규 투자자금을 확보할 수 있기 때문이다. 세일 앤 리스백은 단기적으로는 거액의 자금 조달을 할 수 있다는 장점이 있지만, 장기적으로는 리스 제공자의 수익률

머니투데이 / 2022년 5월 17일

"세입자여도 괜찮아!"
유통업계에 부는 '세일 앤 리스백' 바람

홈플러스는 재무구조 개선 등을 위해 매장과 부지를 매각하고 있다. 2021년 홈플러스 탄방점, 안산점, 대구점, 둔산점, 동대전점, 부산 가야점을 매각했다. 영업을 종료한 부산 가야점이 매각 후 리뉴얼의 첫 사례가 될 전망이다. 홈플러스는 가야점을 새로운 콘셉트의 미래형 마트로 재오픈한다. 해운대점 역시 매각 과정에서 재오픈에 중점을 두고 매수자와 협의한다.

한화갤러리아는 2021년 3월 11일 이사회를 통해 갤러리아백화점 광교점의 토지·건물 등을 코람코자산신탁에 처분하기로 결의했다. 처분가액은 6534억 5000만 원으로 당초 업계에서 예상한 약 6000억 원의 매각가를 웃도는 수준이다. 이는 자산 총액 대비 32.7%에 해당하는 액수다. 한화갤러리아가 광교점 조성에 약 5000억 원을 투입한 만큼 이번 처분으로 1500억 원가량을 남기게 됐다.

을 보장하는 내용의 계약이 체결된다면 리스 이용자 입장에서 임차료 부담이 커질 수 있다.

10여 년 전부터 세일 앤 리스백을 가장 활발하게 사용하고 있는 홈플러스의 사례를 보자. 재무제표의 주석을 확인하면 앞으로 지급해야 할 총 임차료 금액을 추정해 볼 수 있다.

홈플러스는 2023년 말 기준으로 앞으로 지급해야 할 총 임차료가 4조 9717억 원에 이른다. 2024년 지급해야 할 금액을 추정해 보려면 3개월 미만

홈플러스 재무제표 주석 중 리스부채의 만기 분석 (단위 : 천 원)

* 보고 기간 종료로 현재 할인되지 않은 리스부채의 만기 분석은 다음과 같습니다.

| 2023년 말 |

구분	3개월 미만	1년 이하	5년 이하	5년 초과	합계
리스부채	118,152,444	323,372,489	1,882,904,628	2,647,271,811	4,971,701,372

금액과 1년 이하의 리스부채를 합해보면 된다. 약 4415억 원에 이른다. 5년 이하 즉 2025년부터 2028년까지 지급해야 할 총 금액은 1조 8829억 원이다. 이것을 연 단위로 추정해 보면 매년 약 4707억 원의 리스료를 지급해야 한다. 따라서 평균적으로 매년 4700억 원 정도의 임차료를 부담해야 하는 셈이다.

리스부채는 홈플러스의 재무 현황에 어떤 영향을 미칠까? 홈플러스가 공시한 현금흐름표를 살펴보면 2022년에 영업현금흐름으로 8104억 원, 2023년에 1조 1928억 원이 발생하였다. 홈플러스 입장에서 보았을 때 영업점 매각을 통해 일시에 큰 현금을 획득하였지만, 영업으로 벌어들이는 현금의 약 40~50%를 임차료로 지급해야 한다. 부담되는 금액이 아닐 수 없다.

대형마트나 백화점 같은 대형 유통업체는 세일 앤 리스백을 가장 적극적으로 활용한다. 그러나 들어온 현금을 재투자하거나 신규 사업 개발을 위해 활용하지 못하고 온라인 쇼핑 등에 계속 밀려나는 점이 이들의 공통된 고민이다.

🏦 사고 다시 빌려주는 리스 제공자의 이득은 무엇일까?

세일 앤 리스백에서 부동산을 매수한 뒤 다시 리스해 주는 리스 제공자가 챙

기는 이익은 무엇일까? 리스 제공자 입장에서는 부동산을 매입함과 동시에 임차인이 확정되는 것이므로 안정적인 임대수익을 기대할 수 있다. 또한 펀드를 만들어 부동산을 매입하기 때문에 펀드 참여자들이 투자금을 나누어 부담한다는 장점도 있다.

최근의 추세는 국내 기업들이 별도 자회사로 리츠(부동산투자회사)를 설립하여 부동산 자산을 그 회사에 담는 것이다. 2024년 9월 삼성화재는 판교 사옥을 삼성그룹의 리츠 계열사인 삼성FN리츠에 매각하였다. 삼성화재는 이 자산을 세일 앤 리스백 방식으로 이용하기로 했으며, 매각금액은 약 1258억 원이다.

2024년 8월 한화리츠의 자산관리회사인 한화자산운용은 서울시 중구 장교동에 위치한 한화빌딩을 자산으로 편입하였다. 장교동 사옥의 주인은 한화생명이었다. 2011년 한화생명은 한화케미칼(현 한화솔루션)로부터 한화빌딩을 4141억 원에 인수하였다. 한화빌딩에는 한화시스템, 한화테크원 등의 계열사들이 입주해 있다. 서울 핵심 업무권역인 도심권역(CBD)에 위치한 한화빌딩의 양도 가격은 8080억 원이었다.

한화생명은 2024년 8월 장교동 한화빌딩을 한화리츠에 8080억 원에 양도하였다. 사진은 장교동 한화빌딩.

투자은행(IB) 업계는 앞으로도 많은 기업이 사옥을 포함해 부동산 자산을 리츠에 편입하거나, 유동화할 가능성이 높다고 보고 있다고 한다.

리츠 운용사 입장에서는 우량한 자산을 편입해 투자자들에게 부동산 투자 수익을 분배할 수 있다는 장점이 있다. 또한 부동산 가치 상승에 따른 시세차익을 기대할 수 있다. 2003년 부동산 리츠펀드 코크랩3호는 한화증권 여의도 사옥을 1383억 원에 매입한 후 2008년에 3201억 원에 재판매하여 1818억 원의 시세차익을 얻었다. 코크랩1호는 한화그룹의 장교동 사옥(옛 현암빌딩)을 1860억 원에 매입한 후 2007년 2월에 3500억 원에 매각하여 1640억 원의 차익을 거둔 바 있다. 임대료 수익을 제외하고서도 5년 동안 100%가 넘는 시세차익을 올렸다.

결국, 세일 앤 리스백은 리스 제공자 입장에서는 안정적이고 충분한 임대료 수익과 시세차익을 기대할 수 있다. 그리고 리스 이용자는 일시에 거액의 자금을 조달하여 충분한 유동성을 확보한 뒤 재무구조 개선이나 신규 투자에 사용할 수 있다. 이렇게 상호 이해가 맞는다면 세일 앤 리스백은 각광받는 거래 형태가 될 수 있다.

업종별로 세일 앤 리스백 거래가 주는 시그널이 다를까?

최근 세일 앤 리스백 방식으로 자금을 확보한 기업의 사례를 보면 크게 두 가지로 분류할 수 있다. 한화오션, 두산건설, 삼성E&A 같은 수주산업과 동국제강 같은 원자재 산업, 이마트, 롯데쇼핑, AK프라자 등 유통산업으로 구분해 볼 수 있다.

다음은 세일 앤 리스백 관련한 기사 중 일부를 편집한 것이다.

디지털타임스 / 2024년 8월 3일

태영그룹 사옥, SK그룹 품으로 … 세일 앤 리스백 방식

태영그룹 사옥이 SK그룹 품에 안긴다. 이번 매각으로 태영그룹은 약 2500억 원의 현금을 손에 쥐게 된다. 건물 매각 후 다시 임차하는 세일 앤 리스백 방식을 통해 이 건물을 계속 사용할 계획인 것으로 알려졌다. 태영그룹은 건물 매각을 통해 유입된 현금을 연 8~10%에 달하는 대출금 상환에 사용할 것으로 알려졌다. 태영그룹은 이 외에도 폐기물 처리 자회사 에코비트와 관광 레저 자회사인 블루원 매각도 추진 중이다.

연합인포맥스 / 2023년 7월 10일

SK하이닉스, 새로운 조달 시동
비핵심 자산 세일 앤 리스백

SK하이닉스는 비핵심 자산인 이천 수처리센터를 SK리츠에 매각하는 형태로 자산 유동화를 추진한다고 밝혔다. 이를 통해 자산 효율성을 높이고 재무구조 개선도 꾀하겠단 계획이다.

구체적으로 세일 앤 리스백 방식으로 SK하이닉스가 SK리츠에 이천 수처리센터를 매각한 뒤 추후 임차해 사용하는 구조다. SK하이닉스는 이를 통해 확보하게 되는 자금을 기술 개발 등 성장을 위한 투자에 쓸 계획이다.

한국경제 / 2022년 7월 18일

신한금융투자, 여의도 사옥 6395억 원에 매각

세일 앤 리스백 방식

신한금융투자가 서울 여의도 소재 본사 사옥을 6395억 원에 이지스자산운용에 매각한다. 신한금융투자는 매매계약을 체결하고 이달 말까지 매각을 끝내기로 했다고 밝혔다. 이번 매매는 매각 후 신한금융투자가 사옥을 그대로 임차해 사용하는 세일 앤 리스백 방식으로 이뤄졌다.

신한금융투자는 1995년 5월 준공된 현 사옥을 줄곧 보유하고 있다가 이번에 매각하게 됐다. 특히 최근 몇 년간 부동산 가격 급등으로 신한금융투자는 사옥 매각으로 막대한 차익을 남기게 됐다. 매각가격은 현 장부가 1800억 원의 3.6배에 이른다.

비즈워치 / 2021년 3월 30일

롯데손해보험,

사옥까지 팔아 새 규제제도 대비한다

롯데손해보험은 본사 사옥을 세일 앤 리스백하여 지급여력(RBC)비율과 재무 건전성이 개선될 것이라고 밝혔다. 롯데손해보험은 캡스톤자산운용과 남창동 소재 본사 사옥에 대하여 '매각 후 임차(세일 앤 리스백)' 계약을 체결했다. 이를 통해 추가 자본 확충 없이 2240억 원의 유동성을 확보하게 됐으며, RBC

비율은 8.6%p 상승할 전망이다. 또한 이번 사옥 매각을 통해 2023년 국제회계기준(IFRS17 : 보험사의 보험 부채를 원가가 아니라 시가로 평가. IFRS17이 시행되면 부채 규모 증가로 건전성 관리 부담이 커지게 된다)과 신 지급여력제도(K-ICS)의 도입 등 제도 변화에 대비할 수 있는 재무 건전성을 갖추게 됐다.

태영건설은 유동성 위기를 벗어나기 위해 세일 앤 리스백을 선택했다. 롯데손해보험은 금융 규제에 대응하기 위해, SK하이닉스는 신규 투자에 쓸 현금을 확보할 목적으로 세일 앤 리스백을 이용했다. 이처럼 기업들이 다양한 목적으로 자산을 매각했다가 다시 빌려 쓰는 만큼, 세일 앤 리스백이 시장에 주는 시그널은 똑같을 수 없다.

LESSON 32

리스 회계를 다루는 실무자가 부딪칠 법한 문제들

이번에 다루는 내용은 실무자를 제외하고는 그다지 중요한 사항은 아니 수 있다. 리스부채를 계산하는 데는 몇 가지 중요한 항목 있다. 그 항목 가운데 실무적으로 문제가 발생했던 것을 정리해 보았다.

리스료가 무엇 때문에 변동되는가?

리스부채를 계산하는 데 중요한 항목은 크게 세 가지로 요약된다. 매월 또는 일정 기간마다 납부하는 '리스료', 리스자산을 이용하는 '리스기간', 리스료를 현재가치로 할인하기 위한 '할인율'이다. 리스부채는 미래에 지급해야 할 총리스료(리스료 × 리스기간)를 현재가치로 할인해서 계산하기 때문이다.

리스부채를 계산하는 데 논란이 되는 내용 첫 번째는 리스료의 형태와 관련한 것이다. 대부분의 리스 계약서에는 리스료가 명확히 정해져 있다. 이것을 '고정 리스료'라고 한다. 그러나 리스료가 변동되는 경우도 있다. 보통 '변동 리스료'라고 하는데, 크게 두 가지로 나뉜다. 매출액 또는 사용량에 연동되어 리스료가 결정되는 경우와 물가상승률, 이자율 등에 연동되어 리스료가 결정되는 경우다.

리스료가 매출액이나 사용량에 연동되는 리스 계약은 회계기준서의 리스계약 정의에 부합하지 않아 리스부채 산정에서 아예 제외한다. 그러나 리스료가 이자율 또는 물가상승률에 연동되어 변하는 리스 계약은 리스부채에 포함된다.

두 번째 리스부채 계산과 관련한 실무 문제는, 리스부채를 계산할 때 부가가치세(이하 부가세)를 리스료에 포함해야 하는지다. 회사는 임원이 사용하는 승용차 렌트료에 포함된 부가세를 공제받지 못한다. 공제받지 못한 부가세는 회사에서 부담한 셈이니, 고정 리스료에 포함해야 하는지 논란이 되었다. 이에 대해 한국회계기준원이 명확한 결론을 내려줬다. 회사가 공제받지 못하는 부가세는 고정 리스료에 포함시키지 않는다. 즉 리스부채를 계산할 때 '공제받지 못하는 부가세'는 제외한다고 판단하면 된다.

자동 연장되는 부동산 계약의 리스기간을 몇 년으로 볼 것인가?

세 번째는 리스자산을 이용할 수 있는 기간 즉, 리스기간의 산정이다. 실무적으로 리스기간에 관한 논쟁 사항은 부동산 계약에서 발생했다. 기업들의 부동산 임차계약은 개인의 주택 전세계약처럼 보통 2년이다. 그런데 사무용 부동산은 주택 계약과 달리, 2년이 경과하여 연장계약을 할 때 계약서를 새로 작성하지 않는 게 일반적이다. 보통 특약 사항에 "임대인과 임차인이 계약 만료 2~3개월 전에 계약 해지의 통보가 없을 때는 자동 연장된다"라는 문구가 삽

입된다. 이 문구에 따라 별도의 계약 기간을 정하지 않고 부동산을 계속 사용하는 경우가 많았다. 이런 경우 리스기간을 어떻게 산정할 것인지 갑론을박이 있었다.

이때 임차인의 기대 사용 기간으로 리스기간을 산정한다고 하면, 임대인도 언제든지 계약 해지를 요구할 수 있기 때문에 예측 가능성이 떨어진다. 또한 회사에서 기대 사용 기간을 길게 잡으면 리스부채가 과도하게 산정되는 문제가 있었다. 이 문제는 한국회계기준원에서도 비교적 명확한 결론을 내지 못했는데, 〈상가건물임대차보호법〉과 관련하여 리스 계약서를 자세히 검토하여 리스기간을 산정하도록 하였다. 이에 실무적으로는 자동 연장 기간을 리스기간으로 하여 리스부채를 산정하는 것이 일반적이다.

💰 리스료 할인율은 어떻게 결정하나?

마지막으로 할인율이다. 미래에 지급해야 할 총리스료를 현재가치로 산정하기 위해서는 할인율이 필요하다. 할인율에 따라 계상해야 할 리스부채 금액이 크게 변동될 수도 있기 때문에 할인율 결정이 중요하다. 기준서에서는 리스료 할인율로 내재이자율을, 내재이자율을 산출할 수 없으면 증분차입이자율을 사용할 수 있게 하였다.

내재이자율을 쉽게 설명하면 리스 제공자의 수익률이다. 그런데 내재이자율은(특히 부동산의 경우) 리스 개시와 종료 시점의 공정가치나 잔존가치 등의 정보를 알기 어렵다. 리스 제공자라 할지라도 그중에서도 특히 부동산 리스 투자를 전문으로 하는 기업이 아니고서는 알기가 어렵다. 예를 들어 상가를 임차한 기업(= 리스 이용자)이 상가 주인(= 리스 제공자)에게 이러한 내용을 요청하기도 어렵거니와 리스 제공자(예. 집주인)가 개인이거나 일반기업이라면, 그들조차도 내재이자율(= 수익률)이 얼마인지 잘 모른다. 이런 어려움을 감안하여 기준서에서는 대안으로 리스 이용자(임차한 기업)가 증분차입이자율을 사용할 수 있도록 허용하였다.

기업 입장에서는 내재이자율을 알 수 없어서 증분차입이자율을 사용해야 하는 경우가 대부분이다. 증분차입이자율은 현재 기업에서 1원을 추가로 차입할 때 지급해야 할 이자율을 의미한다. 증분차입이자율을 산정하는데 많은 방법론이 등장하였다. 그러나 쉽게 찾기 힘든 요인들을 이용해서 증분차입이자율을 산정하다 보니 기업의 담당자도 증분차입이자율 산정을 이해하기 힘들었다. 따라서 실무에서는 비교적 쉽게 산출할 수 있는 담보대출이자율 등을 대용으로 사용하는 경우가 일반적이다.

간략하게나마 리스 회계 처리와 관련한 실무적 문제들을 짚어 보았다. 실무자라면 재무제표에 기록된 사용권자산과 리스부채의 산출 과정을 이해하는데 도움이 될 것이다.

LESSON 33

주가가 오를수록 정작 회사 손익계산서가 나빠지는 이유

기업은 주식(유상증자)이나 회사채를 발행하여 자금을 조달할 수 있다. 그런데 코스닥 상장기업을 보면, 일반 회사채가 아닌 약간 특수한 성격을 가진 회사채를 발행하는 경우가 많다. 대표적인 것이 전환사채(CB : Convertible Bond)다. CB는 사채에 주식전환권이 내재된 금융상품이다. 예를 들어 A 기업이 만기 3년, 연이자율 5%(3개월마다 이자 지급), 전환가격 1만 원인 CB를 100만 원어치를 발행하였고, B증권이 이를 인수하였다고 해보자.

B증권은 3개월마다 이자를 받으면서 A사의 주가 움직임을 지켜보다가 주가가 1만 원(전환가격)보다 훨씬 높은 시점이 오면 주식전환권을 행사하여 CB 원금을 주식으로 바꾼다. 예를 들어 주가가 1만 5000원일 때 원금 100만 원을 주식으로 전환하면 100주를 받을 수 있다. 시가가 150만 원인 주식을 100만 원에 받아 50만 원의 차익을 실현할 수 있는 것이다.

그럼 주가가 전환가격보다 하락하면 주식으로 전환할 기회는 없는 것일까? CB는 대부분 시가 하락에 따른 전환가격 조정(리픽싱; refixing) 조건이 붙어 발행된다. 예를 들어 주가가 8000원으로 떨어지고 전환가격도 이에 맞춰 리픽싱되면 원금 100만 원에 대한 전환가능주식수는 125주로 증가하기 때문에 전환기회를 엿볼 수 있다.

전환사채의 주식전환권 행사와 리픽싱

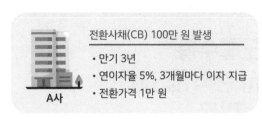

전환사채(CB) 100만 원 발생

• 만기 3년
• 연이자율 5%, 3개월마다 이자 지급
• 전환가격 1만 원

A사

주식전환권 행사

A사 주가

1만 원   1만 원   1만 5000원 ➡

• 주식전환권을 행사해 사채 원금 (100만 원)을 주식(100주)으로 전환
• 주식을 매각해 차익 50만 원 (150만 원 −100만 원) 실현

B증권

2025년 초   3월 31일   6월 30일   9월 30일   2027년 말(만기)
A사 CB에   이자 수령   이자 수령   이자 수령   만기상환
100만 원 투자   이자 수령
원금 100만 원
수령

리픽싱

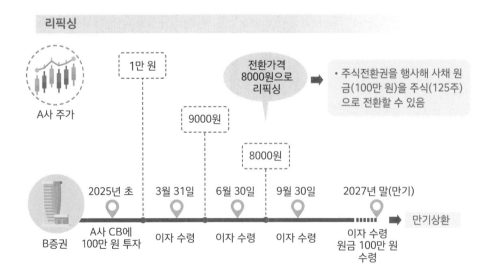

A사 주가

1만 원

9000원

8000원

전환가격 8000원으로 리픽싱 ➡

• 주식전환권을 행사해 사채 원금(100만 원)을 주식(125주)으로 전환할 수 있음

B증권

2025년 초   3월 31일   6월 30일   9월 30일   2027년 말(만기)
A사 CB에   이자 수령   이자 수령   이자 수령   만기상환
100만 원 투자   이자 수령
원금 100만 원
수령

 **CB는 자본일까 부채일까?**

CB를 발행한 기업들에 대해 다음과 같은 기사들이 나올 때가 가끔 있다.

이데일리 / 2024년 2월 15일

툴젠, 252억 원 규모 전환사채 평가손실 발생

코스닥기업 툴젠은 252억 2469만 원 규모의 파생상품(전환사채) 평가손실이 발생했다고 15일 공시했다. 회사 측은 "주가 상승으로 전환사채 전환가격과 주가 간 차이로 인해 파생상품 평가손실을 인식했다"고 설명했다.

서울경제신문 / 2024년 2월 6일

위메이드, 지난해 영업손실 1126억 원 '나이트 크로우' 글로벌로 반등 도모

위메이드는 2023년 1126억 원의 영업손실을 기록, 전년(849억 원)과 비교해 적자 폭이 증가했다고 밝혔다. 순손실은 2096억 원으로 나타났다.

위메이드 관계자는 "매출은 증가했지만, 매출 연동 비용과 사업 확장에 따른 인건비가 늘어 영업이익이 감소했다"며 "전환사채(CB)에 대한 파생상품 평가손실 등으로 당기순손실이 확대됐다"고 설명했다.

위메이드는 주가 상승 등의 영향으로 이날 358억 원가량의 CB 평가손실이 발생, 재무제표에 반영했으나 실질적인 현금 유출은 없다고 공시했다.

기사의 내용을 이해하기 위해서는 몇 가지 사전지식이 필요하다. CB 발행회사는 투자자에 대해 두 가지 의무를 진다. 원리금 상환 요청에 응해야 하는 의무, 다시 말해 회사에서 현금이 유출되는 의무가 있다. 또 주식 전환 요청에 응해야 하는 의무 즉 현금 유출 없이 신주만 발행해 주는 의무가 있다. CB는 기본적으로 사채이기 때문에 원리금을 상환할 의무가 주채무이다. 따라서 CB는 '금융부채'로 인식된다.

그런데 주식 전환 의무는 좀 다르다. 투자자의 전환권 행사 시 회사가 발행해 줘야 하는 주식수가 고정되어 있다면 '자본'으로, 주식수가 변동될 수 있다면 '부채'로 인식하는 게 원칙이다.

앞에서 대부분의 CB는 주가 변동에 따른 리픽싱 조건이 붙어있다고 하였다. 즉 전환가능주식수에 변동 가능성이 있는 것이다. 따라서 대부분의 CB에 내재된 전환권은 따로 그 가치를 평가하여 부채로 인식해야 한다. 주채무에서 파생한 것이므로 '파생금융부채'로 인식한다.

예를 들어보자. A사는 2025년 초 3년 만기 CB(리픽싱 조건 있음)를 100만 원에 액면 발행하였다. 전환권의 가치를 평가하였더니 20만 원으로 산출되었다.

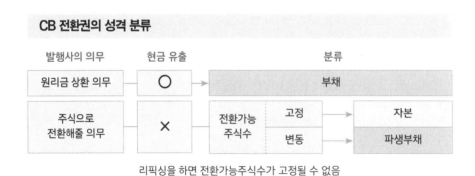

CB 전환권의 성격 분류

그러면 주채무(사채 부분 채무)는 100만 원 − 20만 원 = 80만 원이 된다.

CB 발행으로 회사에 현금 100만 원이 유입되며, 회사는 CB 부채로 80만 원, 파생금융부채(전환권가치)로 20만 원을 인식하는 것이다. 문제는 주식전환권의 가치가 A사의 주가가 오를수록 커진다는 데 있다. A사 주가가 상승하면 파생금융부채도 증가하고, 증가액만큼 손실이 된다는 이야기다. 2025년 말 결산에서 전환권가치를 평가하였더니 30만 원이 되었다면, 10만 원(30만 원 − 20만 원)의 파생금융부채 평가손실이 발생한 것이고, 이는 당기손익에 영업외비용으로 반영된다. 현금이 유출되는 비용은 아니지만 기업가치가 오를수록 정작 회사

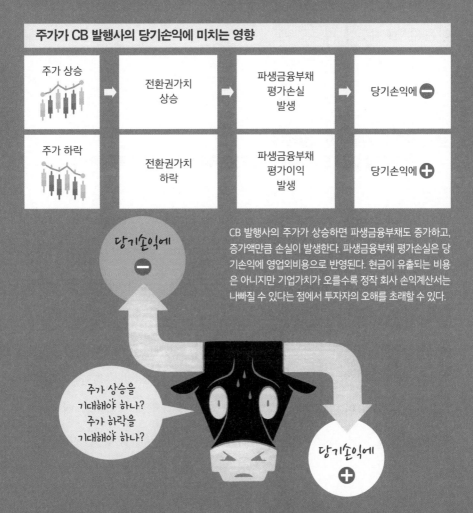

주가가 CB 발행사의 당기손익에 미치는 영향

주가 상승	전환권가치 상승	파생금융부채 평가손실 발생	당기손익에 ⊖
주가 하락	전환권가치 하락	파생금융부채 평가이익 발생	당기손익에 ⊕

CB 발행사의 주가가 상승하면 파생금융부채도 증가하고, 증가액만큼 손실이 발생한다. 파생금융부채 평가손실은 당기손익에 영업외비용으로 반영된다. 현금이 유출되는 비용은 아니지만 기업가치가 오를수록 정작 회사 손익계산서는 나빠질 수 있다는 점에서 투자자의 오해를 초래할 수 있다.

손익계산서는 나빠질 수 있다는 점에서 투자자의 오해를 초래할 수 있다.

반대로 전환권가치가 감소하면 파생상품부채 평가이익이 발생한다. 예를 들어 A사의 2026년 결산에서 전환권가치 평가액이 25만 원이 되었다면, 5만 원(30만 원 - 25만 원)의 평가이익이 당기손익에 반영된다.

주가가 지속적으로 오르면 파생상품부채 평가손실의 영향으로 당기순손실이 크게 발생할 수 있다. 이 때문에 자본이 대폭 감소하고 때로는 부분자본잠식이나 완전자본잠식으로까지 진행되는 사례도 있다. 그런데 이렇게 주가가 오르면 투자자들은 차익을 실현하기 위해 CB를 주식으로 전환하기 마련이다. 주식 전환으로 신주가 발행되면 자본금과 자본잉여금이 발생하기 때문에 자본은 다시 회복된다.

툴젠과 위메이드 실적에서 영업손실 대비 당기순손실을 키운 주범, 파생상품 평가손실

앞선 기사에서 언급한 두 회사(툴젠, 위메이드)의 전환권 파생상품 평가손실 발생 공시를 한번 보자. 툴젠(유전자 가위 기업)이 주가가 상승하면서 CB의 전환권가치(파생부채)가 올라가 평가손실 269억 원을 2023년 손익계산서에 반영하였다는 내용의 공시다.

그 아래에는 툴젠의 2023년 연결손익계산서가 있다. 영업손실(170억 원) 대비 당기순손실(423억 원) 규모가 훨씬 크며, 주원인이 금융비용(273억 원)에 있다는 걸 알 수 있다. 재무제표 주석에서 금융비용 내역을 찾아보면 대부분이 전환권가치(평가손실 : 내재 파생상품)에서 발생하였다는 사실을 알 수 있다.

툴젠 파생상품 평가손실 발생 공시

(단위 : 원)

파생상품 종류 및 내용		파생상품(전환사채) 평가손실 발생
손실 발생 내역	손실누계잔액 (기신고분 제외)	26,925,374,750
손실 발생 주요 원인		당사는 한국채택국제회계기준(K-IFRS)에 따라 전환사채에 부여된 파생금융상품을 공정가치로 평가하여 회계상의 손익을 당기손익으로 계상하고 있으며, 계상된 금액은 현금 유출이 없는 손실입니다. 주가 상승으로 전환사채 전환가격과 주가 간 차이로 인해 파생상품 거래 손실을 인식하였습니다.
손실 발생 일자		2024년 3월 20일

툴젠 2023년 연결재무제표 손익계산서

(단위 : 원)

구분	금액
매출액	1,103,409,421
영업이익(손실)	(17,087,547,698)
금융수익	2,073,042,911
금융비용	27,353,619,579
기타 수익	175,658,109
기타 비용	157,256,355
당기순이익(손실)	(42,340,173,030)

툴젠 2023년 연결재무제표 주석 중 금융비용 내역

(단위 : 천 원)

구분	금액
이자비용 : 상각 후 원가 측정 금융부채	(428,245)
평가손실 : 내재 파생상품	(26,925,375)
소계	(27,353,620)

다음은 게임업체 위메이드의 파생상품 평가손실 발생 공시다.

위메이드 파생상품 평가손실 발생 공지
(단위 : 원)

파생상품 계약의 종류 및 내용		파생상품(전환사채) 평가손실 발생
손실 발생 내역(원)	손실누계잔액 (기신고분 제외)	35,761,432,232
손실 발생 주요 원인		본 파생상품 평가손실 발생의 주요 원인은 당사의 주가 상승 등으로 인하여 당사가 발행한 전환사채의 전환가격과 주가 간 차이가 발생함에 따라 회계적으로 인식한 파생상품 평가손실입니다. 한국채택국제회계기준(K-IFRS)에 따라 전환사채를 공정가치로 평가하여 재무제표에 반영하였으며, 실질적으로 현금 유출이 없는 손실입니다.
손실 발생 일자		2024년 2월 6일

위메이드 역시 CB 전환권 때문에 357억 원의 평가손실을 당기손익에 반영하였다. 다음은 위메이드의 2023년 연결손익계산서다.

위메이드 2023년 연결손익계산서
(단위 : 원)

구분	금액
매출액	605,252,428,314
영업이익(손실)	(110,440,776,864)
기타 수익	54,574,264,840
기타 비용	51,519,716,853
금융수익	25,149,169,968
금융비용	96,426,242,557
지분법손익	18,542,480,263
당기순이익(손실)	(206,682,445,625)

영업손실(1104억 원) 대비 당기순손실(2066억 원)이 2배 가까이 되며, 금융비용이 가장 큰 영향을 줬다고 볼 수 있다. 재무제표 주석을 찾아보면 금융비용(964억 원)의 38%(363억 원)가 파생상품 평가손실이다. 이 평가손실의 대부분은 CB 전환권 가치 상승에서 발생하였다.

위메이드 2023년 연결재무제표 주석 중 금융비용 내역   (단위 : 천 원)

구분	금액
금융비용	96,426,243
이자비용	11,699,492
파생상품 평가손실	36,360,430
당기손익 공정가치 측정 금융자산 평가손실	39,833,475

K-GAAP와 K-IFRS의 상반된 CB 전환권 분류

CB 전환권의 회계 처리는 한국채택국제회계기준(K-IFRS) 도입 이후 오랫동안 논란이 되어왔다. 대부분의 비상장사가 채택하고 있는 일반기업회계기준(K-GAAP)에서 CB 전환권은 '자본'으로 처리한다. 리픽싱 조건의 존재 여부와 상관이 없다. 그러나 상장사들이 의무적으로 따라야 하는 K-IFRS에서는 전환가능주식수가 고정되어 있지 않으면, 즉 주가(시가) 하락에 따른 발행주식수 변동이 가능한 리픽싱 조건이 붙어있으면 전환권은 '파생금융부채'로 해석하고 있다.

현재 이러한 원칙이 절대적으로 지켜지는 것은 아니다. K-IFRS 적용을 받는 일부 기업들은 리픽싱 조건이 붙은 CB 전환권을 자본으로 분류했고, 금융당국

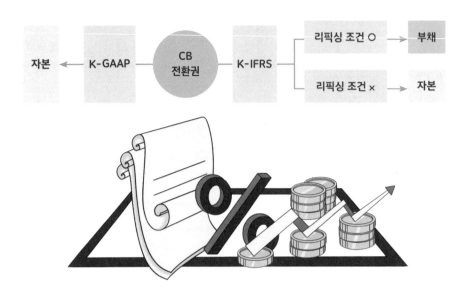

회계 기준에 따른 CB 전환권의 회계 처리

자본 ← K-GAAP ← CB 전환권 → K-IFRS

리픽싱 조건 ○ → 부채

리픽싱 조건 × → 자본

은 이를 허용하고 있다. IFRS 도입 초기인 2011년 어떤 기업의 회계 질의에 대해 금융당국이 회신한 공문을 보면 자본으로 분류하는 게 가능한 것으로 해석될 소지가 있었다. 일부 기업들이 이를 근거로 리픽싱 조건이 붙은 CB 전환권도 자본으로 분류하고 있다. 그러나 현재 K-IFRS 기업 대부분은 CB 전환권을 파생금융부채로 분류하는 것을 원칙으로 수용하고 있다.

CB 전환권 회계 처리를 몰라 수천억 원 상장 차익을 놓친 라이노스

CB 전환권과 관련하여 수천억 원대 소송이 진행 중인 유명한 사건이 있다. 라이노스자산운용(이하 라이노스)과 게임업체 스마일게이트 간 법정 싸움이다.

라이노스가 설정한 펀드는 2017~2018년 게임회사 스마일게이트RPG가 발행한 260억 원어치 CB에 투자하였다. 당시 이 회사의 기업가치는 2000억 원대로 추정되었다. 2018년 결산으로 스마일게이트RPG는 매출 330억 원에 영업손실 250억 원을 기록했다.

라이노스는 스마일게이트RPG의 미래에 베팅하였다. 대박 게임을 출시하여 이익을 내고 기업가치가 높아지면 증권시장에 상장할 것이고, 이 과정에서 CB를 주식으로 전환하여 큰 차익을 낼 수 있다는 계산을 한 것이다.

예상대로 이 회사는 게임 〈로스트아크〉(2018년 11월 베타테스트)가 대박을 치면서 매출이 800억 원대로 증가했다. 그리고 2020년에는 흑자 전환을 달성하였다. 2021년에는 매출 4898억 원, 영업이익 3055억 원, 당기순이익 2290억 원이라는 믿기 어려운 성과를 냈다. 이 같은 실적을 확인하자, 2022년 중에 라이노스는 회사 측에 기업공개(IPO) 추진을 요구하는 서면을 보냈다.

IPO 준비하며 회계 기준 바꾸자 뒤집힌 스마일게이트 실적

상장을 추진하는 회사는 금융당국이 지정한 외부감사인(회계법인)에게 결산 감사를 받아야 한다. 또한 재무제표 작성 회계 기준도 비상장사 시절의 일반 기업회계기준(K-GAAP)을 버리고 한국채택국제회계기준(K-IFRS)을 의무적으로 적용해야 한다.

지정 감사를 거쳐 확정된 스마일게이트RPG의 2022년도 실적에는 놀라운 변화가 있었다. 스마일게이트RPG는 2022년에 매출 7369억 원에 영업이익은 3641억 원으로 다시 한번 괄목할 만한 성장을 이루었는데, 이상하게도 당기순 이익은 1426억 원 적자로 산출된 것이다. 왜 이런 결산이 나왔을까?

스마일게이트는 2019년 12월 4일 <로스트아크>를 정식 서비스했다. <로스트아크>는 국내 RPG 업계에서 대성공을 거뒀다. <로스트아크> 성공을 발판으로 스마일게이트는 2021년 매출 4898억 원에 영업이익 3055억 원을 올리며 'IPO 대어'로 발돋움했다.

대부분의 비상장사가 사용하는 K-GAAP은 CB의 전환권을 '자본'으로 분류한다. 리픽싱 조건 여부를 따지지 않는다. 자본으로 분류된 전환권가치는 재측정할 필요가 없다. 스마일게이트RPG도 그렇게 해왔다.

그러나 상장을 앞두고 K-IFRS로 전환을 하면서 이 회사의 CB 전환권은 파생상품부채로 분류되었고, 공정가치 평가 대상이 되었다. 스마일게이트RPG의 기업가치는 최초 CB 발행 시점에 2000억 원대에서 2022년 말 결산 시점에는 5조 원 이상으로 급상승하였다. 주식가치가 급등한 것이다. 그러다 보니 전환권 부채 평가액 또한 급증하여 2022년 손익계산서에 반영해야 할 파생상품 평가손실이 무려 5357억 원에 이르렀다. 3600억 원이 넘는 영업이익을 냈음에도 회계적 평가손실의 영향으로 당기순손실 1426억 원을 기록하게 된 이유가 여기에 있다.

통상 비상장사는 K-GAAP로 재무제표를 작성하는데, 상장하려면 K-IFRS에 따라 작성된 재무제표를 금융감독원에 제출해야 한다.

기업공개(IPO)를
하고 싶다고?
우선 회계 기준을 K-GAAP
에서 K-IFRS로 바꿔야
하는 건 알고 있겠지.

K-GAAP

K-IFRS

다음은 스마일게이트RPG의 2022년 손익계산서다.

스마일게이트RPG 2022년 손익계산서 (단위 : 원)

구분	금액
영업수익(매출액)	736,952,218,022
영업비용	372,836,248,116
영업이익	364,115,969,906
기타 수익	7,724,972,579
기타 비용	32,388,050,056
금융수익	11,137,167,006
금융비용	550,875,844,710
법인세비용 차감 전 순이익(손실)	(200,285,785,275)
법인세비용(수익)	(57,615,416,120)
당기순이익(손실)	(142,670,369,155)

금융비용 5508억 원의 내역을 재무제표 주석에서 찾아보면 파생상품 평가손실(전환권가치 상승에 따른 파생상품부채액 증가)이 5357억 원을 차지한다는 사실을 알 수 있다.

스마일게이트RPG 2022년 금융비용 내역 (단위 : 천 원)

구분	금액
당기손익 공정가치 측정 금융자산 평가손실	13,489,988
당기손익 공정가치 측정 금융자산 처분손실	83,010
파생상품 평가손실	535,749,215
합계	550,875,845

🪙 IPO 발목을 잡은 복병, '당기순이익 120억 원 충족 조항'

이렇게 되자 큰 문제가 발생하였다. 라이노스와 스마일게이트 측이 합의한 투자계약서에는 "당기순이익이 120억 원 이상일 때 IPO를 추진한다"는 내용이 들어있었다. 한국거래소에 상장예비심사청구서를 제출하는 시점의 바로 직전 사업연도 당기순이익을 기준으로 한다고 되어있었다. 상장예비심사청구는 2023년에 들어가야 하므로 직전 사업연도는 2022년이 된다. 그런데 2022년 결산을 K-IFRS로 진행하다 보니 전환권부채에서 발생한 회계적 평가손실로 당기순이익은커녕 막대한 당기순손실을 기록하게 되었다.

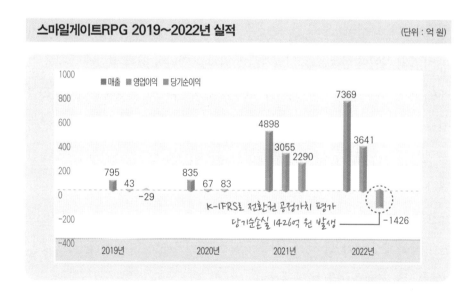

스마일게이트 측은 IPO 추진 전제조건인 당기순이익 120억 원을 충족하지 못하였다는 이유로 상장예비심사청구를 하지 않았다. 라이노스로서는 막대한 상장 차익을 얻을 기회를 눈앞에서 잃을 상황에 처했다. 라이노스는 협의하려 했지만, 회사 측은 아예 대화의 문을 닫아버렸다. 이러는 사이 2023년 11월 CB의 만기가 도래했고, 스마일게이트 측은 계약대로 라이노스 펀드의 투자원금에 연 3.5% 복리를 적용한 이자를 붙여 CB를 상환하겠다는 방침을 통보했다.

2022년 중에 라이노스가 전환권을 행사하여 CB를 미리 주식으로 전환하는 방법도 있지 않았을까? 그랬다면 스마일게이트는 2022년 말 결산에서 전환권 가치평가에 따른 막대한 당기순손실을 반영하지 않았을 것이다. 그러나 라이노스는 그럴 수 없었다. 양사 간 투자계약을 보면 상장예비심사 통과 이전에서는 주식 전환을 할 수 없게 되어있었다.

라이노스는 2024년 초에 스마일게이트 측을 상대로 손해배상청구 소송을 제기하였다. 파생금융부채 평가손실은 현금 유출이 없는 장부상 손실로 회사의 사업 능력이나 현금흐름, 기업가치에 미치는 영향이 전혀 없는데도 이를 이유로 IPO를 회피하는 것은 옳지 않다고 주장하였다. 또한 당기순이익 120억 원 조건을 붙인 것은 본질적인 영업활동을 통해 창출하는 이익의 수준을 보자는 것이지, 특이한 회계적 평가손실까지 포함한다는 의미는 아니라고 강조하였다.

그러나 스마일게이트 측 입장은 단호했다. 계약서 문구에 '당기순이익'으로 명확하게 기재가 되어있는 만큼 이론의 여지가 없다는 것이다. 이 소송은 2025년 초 현재도 계속 진행 중이다.

자본잠식 규모 8000억 원, '오늘의집'은 망할 기업이었나?

기업은 주식을 발행해 필요한 자금을 조달할 수 있다. 이를 '유상증자'라고 한다. 발행하는 주식은 보통주 또는 우선주다. 우선주는 일반적으로 의결권은 없지만 배당을 보통주보다 우선하여 더 많이 받을 권리가 있는 주식을 말한다. 우선주에도 여러 가지 종류가 있다. 예를 들어 투자자가 발행회사에 "투자원리금을 상환해 달라"고 요구할 수 있는 권리인 상환권을 내재한 상환우선주, "우선주를 보통주로 전환해달라"고 요구할 수 있는 권리인 전환권을 내재한 전환우선주, 상환권과 전환권을 함께 내재한 상환전환우선주(RCPS : Redeemable Convertible Preferred Stock) 같은 것들이다.

💰 지금은 부채이지만 그때는 자본이었던 RCPS

비상장사들이 채택하는 일반기업회계기준(K-GAAP)은 우선주가 어떤 성격을 가졌건 무조건 '자본'으로 분류하도록 한다. 그러나 상장사들이 의무적으로 선택해야 하는 한국채택국제회계기준(K-IFRS)은 우선주를 실질에 맞게 회계 처

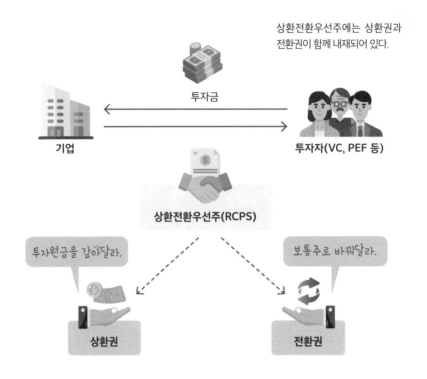

상환전환우선주(RCPS)의 구조

상환전환우선주에는 상환권과
전환권이 함께 내재되어 있다.

투자금

기업

투자자(VC, PEF 등)

상환전환우선주(RCPS)

투자원금을 갚아달라.

보통주로 바꿔달라.

상환권

전환권

리하라고 한다. 투자자가 발행회사에 상환을 요구할 수 있는 조건으로 발행되는 상환우선주라면 발행회사는 자본이 아닌 '부채'로 분류해야 맞다는 것이다.

상환전환우선주는 흔히 'RCPS'라고 부르는데, 내재한 상환권과 전환권의 성격을 따져 자본 또는 부채로 인식해야 한다. 우리가 앞에서 살펴본 전환사채(CB)를 생각해 보자(293쪽 참조). CB 발행기업은 이자를 지급해 나가다가 만기가 되면 원금도 갚아야 한다. 따라서 기본적으로 CB는 발행회사가 원리금을 상환할 의무가 있는 금융상품이다. 다만 회계적으로 발행금액의 대부분은 부채(사채)로, 내재된 전환권을 평가한 금액은 리픽싱 조건이 존재하는지에 따라 자본 또는 부채(파생금융부채)로 분류할 뿐이다.

RCPS는 조금 다르다. K-GAAP에서는 일반 우선주와 마찬가지로 RCPS를 무조건 '자본'으로 분류한다. 일반적으로 스타트업들이 외부 투자를 유치할 때 주로 RCPS를 발행한다. 스타트업은 비상장사로서 K-GAAP를 사용하기 때문에 RCPS 발행액은 자본이 된다. 스타트업이 발행하는 RCPS에는 투자자들이 상환을 요구할 수 있는 권리가 붙어있지만 그래도 자본으로 분류할 수 있는 것이다.

하지만 실질을 따지는 K-IFRS에서 RCPS는 자본이 될 수도 부채가 될 수도 있다. 우선 투자자가 상환을 요구할 수 있는 조건으로 발행되면 이 RCPS는 '금융부채'다. 투자자가 상환을 요구할 수 없는 조건, 다시 말해 발행회사가 상환의무를 지지 않는 조건으로 발행된다면 '자본'이다.

RCPS에 내재된 전환권 평가액은 어떻게 분류해야 할까? 역시 자본이 될 수도 있고, 파생부채로 인식해야 할 수도 있다. 투자자가 전환권 행사 시 발행해 줘야 할 주식 수가 고정되어 있다면 '자본'이고, 변동 가능하다면 '파생부채'가 된다.

💲 자본잠식은 회계 착시다?

2024년 8월에 있었던 인테리어 전문 이커머스 플랫폼 '오늘의집(법인명 버킷플레이스)' 사태는 RCPS가 안고 있는 회계상의 문제점을 적나라하게 보여주는 사건이다.

당시 한 일간신문이 "이커머스 플랫폼 10곳 중 4곳이 자본완전잠식에 빠졌다"며 "이커머스 업계 재무 건전성에 노란불이 들어왔다"는 내용의 기사를 크게 실었다. 선두 플랫폼 10곳을 대상으로 회계사 두 명의 도움을 받아 분석했

이커머스 플랫폼 10곳 중 4곳 '완전자본잠식'

국내 주요 이커머스 플랫폼 10곳의 재무제표를 분석한 결과 4곳이 완전자본잠식 상태인 것으로 나타났다. 자본금을 이미 다 소진한 채 적자가 쌓여가고 있다는 의미다. 이커머스 업계의 재무 건전성에 '노란불'이 들어온 만큼 티몬·위메프와 같은 대규모 미정산 사태 재발을 미리 대비해야 한다는 지적도 나온다.

시장점유율 1~10위 이커머스 플랫폼 중 금융감독원에 감사보고서를 제출한 쿠팡, 11번가, 지마켓, 쓱닷컴과 각 전문 분야 1~2위 플랫폼인 무신사, 에이블리(이상 패션), 컬리, 정육각(이상 식료품), 발란(명품), 오늘의집(인테리어) 등 10곳 가운데 완전자본잠식인 곳은 4곳(에이블리, 정육각, 발란, 오늘의집)이었다.

기업이 완전자본잠식 상태인 것은 향후 사업의 지속 가능성이 불확실하다는 뜻이다.

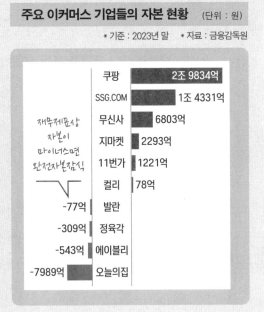

주요 이커머스 기업들의 자본 현황 (단위 : 원)

* 기준 : 2023년 말   * 자료 : 금융감독원

재무제표상 자본이 마이너스면 완전자본잠식

쿠팡	2조 9834억
SSG.COM	1조 4331억
무신사	6803억
지마켓	2293억
11번가	1221억
컬리	78억
발란	-77억
정육각	-309억
에이블리	-543억
오늘의집	-7989억

더니, 에이블리, 정육각, 발란, 오늘의집 등 4곳이 자본완전잠식으로 나타났다는 것이다.

기사에 첨부된 그래프를 보면 완전자본잠식으로 분류된 4곳의 기업 중 인테리어 전문업체 오늘의집의 자본잠식 규모(마이너스 7989억 원)가 단연 압도적인 것으로 나타났다. 기사를 보며 '저 회사 금세 망하는 거 아니야?'라고 생각한 사람도 있었을 것이다. 실제로 보도 이후 오늘의집은 일부 셀러(입점 업체)들이 플랫폼에서 이탈하려는 움직임을 보였고, SNS에서는 오늘의집이 곧 망할 것 같다는 루머가 돌았다. 과연 오늘의집의 재무 안전성과 건전성은 심각한 위기에 빠진 걸까?

스타트업이 VC(벤처캐피털)나 PEF(프라이빗에쿼티펀드) 등으로부터 투자를 받을 때, 대개는 우선주를 발행한다. 일반적인 우선주가 아니라 대개 RCPS를 발행한다. 스타트업이 발행하는 RCPS에는 상환권과 전환권이 내재되어 있다.

이러한 RCPS를 발행하는 기업의 재무제표를 판단할 때는 두 가지를 잘 살펴봐야 한다. 첫째, 회사가 어떤 회계 기준에 따라 재무제표를 작성하고 있느냐 하는 것이다. 오늘의집은 2014년부터 누적으로 약 3000억 원가량의 외부 투자를 유치하는 과정에서 RCPS를 발행했다. 당시는 K-GAAP을 쓰던 비상장 스타트업 시절이었으므로 RCPS 발행액은 당연히 '자본'으로 분류되었다.

그런데 이 회사는 2023년 결산을 하면서 재무제표 작성 기준을 K-IFRS로 바꾼다. 미래에 상장할 것에 대비하여 자발적으로 K-IFRS 전환 작업을 한 것이다. 오늘의집이 발행했던 3000억 원의 RCPS에는 투자자의 상환요구권이 담겨있었다. 따라서 K-IFRS로 전환한 재무제표에서 RCPS는 이제 자본이 아니라 '금융부채'로 바뀌었다. 회사의 영업이나 재무 상황은 달라진 것이 없는데 회계 기준의 변화 때문에 부채가 크게 증가한 것이다.

둘째, K-IFRS로 작성된 오늘의집 재무제표를 해석할 때 주의 깊게 봐야 하는 부분이 또 있다. 오늘의집 RCPS에는 두 가지 의무가 내재되어 있다. 하나는 투자자의 요구가 있을 경우 원리금을 상환해 줘야 하는 의무이고, 또 하나는 우선주를 보통주로 전환을 해줘야 하는 의무 즉 보통주를 발행해 줘야 하는 의

오늘의집(버킷플레이스) 부채 증가 원인

오늘의집은 2023년 K-GAAP에서 K-IFRS로 회계 기준을 전환하였다. 회계 기준을 전환하자 기존에 자본으로 분류되었던 RCPS 발행금액이 금융부채로 바뀌며 부채가 크게 증가하였다.

비상장 스타트업(K-GAAP 적용)

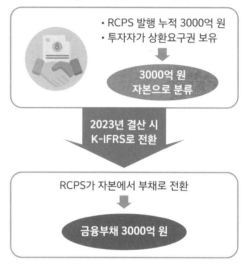

- RCPS 발행 누적 3000억 원
- 투자자가 상환요구권 보유

3000억 원 자본으로 분류

2023년 결산 시 K-IFRS로 전환

RCPS가 자본에서 부채로 전환

금융부채 3000억 원

무다. 이 RCPS의 전환권 가치는 '파생금융부채'로 인식해야 한다.

오늘의집 RCPS는 기업 가치가 오르면 전환권 가치(파생금융부채)도 증가하는 구조다. 증가액은 '파생금융부채 평가손실'이라는 이름을 달고 당기손익(영업외금융비용)에 반영된다.

일반적으로 자본잠식은 회사가 영업활동에서 계속 손실을 내는 바람에 적자(결손금)가 누적되어 발생한다. 그러나 RCPS 발행으로 투자 유치를 많이 한 비상장 기업은 'IFRS로의 회계 변경' 그리고 '기업 가치의 지속적 상승(주식가치의 상승)'이 있으면 당기순손실 발생과 결손금 누적으로 자본잠식에 빠질 수 있다. 회사의 영업이나 재무에 본질적 변화가 없는데도 완전자본잠식으로 치달을 수 있는 것이다. 이는 회계가 불러오는 일종의 '착시현상'이라 말할 수 있다.

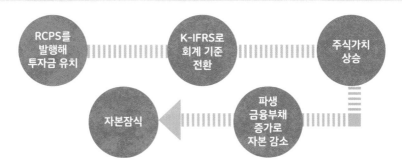

회계 기준 전환(K-GAAP → K-IFRS)으로 인한 회계 착시

RCPS를 발행해 투자금 유치 → K-IFRS로 회계 기준 전환 → 주식가치 상승 → 파생 금융부채 증가로 자본 감소 → 자본잠식

RCPS 전환권 평가 때문에 발생한 자본잠식은 RCPS의 보통주 전환이 실행되면 해소된다. 전환 의무가 이행되었으므로 관련 부채가 제거되고 자본이 증가한다.

오늘의집은 억울하다!

오늘의집 재무제표를 K-GAAP 기준과 K-IFRS 기준으로 나누어 비교해 보자.

오늘의집(버킷플레이스) 2023년 별도재무제표 비교

(단위 : 원)

구분	K-GAAP 적용	K-IFRS 적용
유동자산	3605억 원	3605억 원
유동부채	1604억 원	9074억 원
부채총계	1681억 원	1조 2109억 원
자본총계	2243억 원	(7946억 원)
결손금	958억 원	8275억 원

두 기준 모두 자산에서 차이가 날 것은 없다. 유동자산을 보면 금액이 동일하다. 그런데 유동부채에서는 차이가 크다. K-GAAP 기준에서 1604억 원이던 것이 K-IFRS 기준에서는 9074억 원으로 급증한다. 부채총계 역시 1681억 원에서 1조 2109억 원으로 큰 폭으로 늘어난다. 이 때문에 플러스 2243억 원이던 자본총계는 마이너스 7946억 원으로, 드라마틱하게 감소한다. 완전자본잠식으로 전환한 것이다. 자본 내 결손금은 958억 원에서 8275억 원으로 변한다. 누적 결손금 급증은 영업상의 적자에서 비롯된 것이 아니라 회계 기준 변경 효과로 인해 발생한 것이다.

오늘의집의 재무구조가 드라마틱하게 변화한 근본적 이유는 자본으로 잡혀있던 RCPS가 K-IFRS 전환 과정에서 금융부채 3000억 원과 파생금융부채(전환권 및 상환권 평가액) 7000억 원 등 약 1조 원의 부채로 바뀌었기 때문이다.

이 같은 재무구조 변화가 야기된 근본 이유는 자본으로 잡혀있던 RCPS가 K-IFRS 전환 과정에서 금융부채 3000억 원과 파생금융부채(전환권 및 상환권 평가액) 7000억 원 등 약 1조 원의 부채로 바뀌었기 때문이다.

오늘의집(버킷플레이스) 유동비율 비교

* 출처 : 오늘의집

	K-GAAP 기준	K-IFRS 기준
자본총계	2,243억 원	(7,946억 원)
유동비율	224.8%	39.7%
당좌비율	219.0%	38.7%

K-GAAP 기준에서 오늘의집의 유동비율(유동부채 대비 유동자산)은 100%를 넘어 우량한 수준으로 평가받는 200%를 웃돈다. 그런데 K-IFRS 기준으로 가면 50%에도 못 미치는 40% 수준으로 떨어진다. 실질 유동성은 매우 건실한데도 RCPS에서 발생한 회계 착시 때문에 부실기업으로 보이는 것이다.

2024년 상반기 말 기준으로 오늘의집의 유동자산 3605억 원 가운데 현금성자산(현금 + 단기금융상품)이 3110억 원이다. 유동자산으로 실질 유동부채 1675억 원을 다 상환한다 해도 1900여억 원의 현금성 자산이 남는다. 오늘의집은 2024년 8월 초 675억 원의 셀러(입점 업체) 정산대금을 조기에 정산하였다. 당시 티메프(티몬 + 위메프) 사태로 중소업체의 자금 운용이 어려워짐에 따라 조기 정산을 진행한 것이다. 이 정도도 유동성이 탄탄한 기업이 어느 날 갑자기 언론의 보도로 대표적 부실기업으로 전락하고 한때 휘청했던 사건이다.

재무 건전성을 평가할 때 함께 고려해야 하는 조정 EBITDA

그렇다면 이 회사에는 아무런 문제가 없는 것일까? 그렇지는 않다. 오늘의집은 2023년 결산까지 영업손실을 냈다. 매출액이 2022년 1689억 원에서 2023년 2241억 원으로 증가하며, 영업적자가 매우 감소(493억 원 → 130억 원)한 점은 긍정적이지만, 적자 부담은 계속 이어졌다.

회사 측은 이에 대해 조정 EBITDA 기준으로는 2023년 흑자를 냈다고 말한다. 회계상 영업손익에다 현금이 유출되지 않은 각종 상각비용을 더한 값이 EBITDA다. 여기에 다시 스톡옵션 부여 비용 같은 현금이 유출되지 않는 비용을 추가로 더하면 조정 EBITDA를 구할 수 있다. 현금흐름 기준으로 본 영업이익이라고 말할 수 있겠다. 필자가 계산해 보니 조정 EBITDA 값이 대략 107억 원으로 산출되었다.

오늘의집(버킷플레이스) 손익계산서(K-IFRS)

(단위 : 원)

	2022년	2023년
매출액	1689억	2241억
매출원가	475억	462억
판매비와 관리비	1708억	1909억
영업손실	(493억)	(130억)

조정 EBITDA = 영업손익 + 각종 상각비 + 주식 보상(스톡옵션) 비용

현금흐름 기준 영업이익은 2023년 연간 흑자(약 107억 원) 정도

조정 EBITDA가 플러스라는 사실은 회계상 영업손익도 플러스로 전환할 가능성을 보여준다는 점에서 긍정적이긴 하다. 하지만 이는 향후 영업 상황이 얼마나 좋아지느냐에 달려있다.

한편, 오늘의집은 2025년 3월 말에 2024회계연도 감사보고서를 공시하면서, 드디어 창사 이래 첫 영업이익을 달성했다고 밝혔다(매출액 2879억 원, 영업이익 5억 7000만 원, 당기순이익 23억 1000만 원).

한가지 눈에 띄는 점은 재무제표 작성 기준을 K-IFRS에서 K-GAAP으로 다시 돌렸다는 점이다. 계속 K-IFRS를 적용할 경우 자본잠식에 대한 시장의 오해에서 벗어나는 게 쉽지 않다고 보고, 회계 기준 변경을 선택한 것으로 보인다.

K-GAAP을 적용한 오늘의집의 재무상태표(요약)는 다음과 같다.

오늘의집(버킷플레이스) 2024년 말 재무상태표 (단위 : 원)

* 2023, 2024년 모두 K-GAAP 기준

구분	2023년	2024년
자산	392,402,465,911	356,873,843,426
유동자산	360,530,980,417	308,481,398,793
비유동자산	31,871,485,494	48,392,444,633
부채	168,110,718,786	125,083,859,738
유동부채	160,367,139,805	111,968,703,026
비유동부채	7,743,578,981	13,115,156,712
자본	224,291,747,125	231,789,983,688
자본금	420,475,000	423,992,500
자본잉여금	319,910,613,127	320,855,531,467
기타 포괄누계액	(191,345,927)	1,091,231,696
결손금	95,847,995,075	90,580,771,975

채무증권인데 자본이 된다고?

: 에코프로비엠, 포스코퓨처엠의
  영구채(신종자본증권)

전자공시시스템(DART)에서 '자본으로 인정되는 채무증권 발행 결정'이라는 검색어를 넣으면 다음과 같은 공시들이 죽 뜨는 걸 볼 수 있다. '채무증권'이라고 하면 회사가 원리금 상환을 약속하고 투자자에게 발행하는 채권이다. 회사 재무제표에는 당연히 '부채'로 기록되어야 할 것이다. 그런데 이런 채권이 자본으로 인정된다니 무슨 말일까?

DART에서 '자본으로 인정되는 채무증권 발행 결정' 검색 결과

공시 대상 회사	보고서명	접수일자
에코프로	자본으로 인정되는 채무증권 발행 결정	2024. 12. 26
포스코퓨처엠	자본으로 인정되는 채무증권 발행 결정	2024. 12. 17
CJ프레시웨이	자본으로 인정되는 채무증권 발행 결정	2024. 11. 26
롯데에너지머티리얼즈	자본으로 인정되는 채무증권 발행 결정	2024. 11. 25
JW신약	자본으로 인정되는 채무증권 발행 결정	2024. 11. 21
CJ대한통운	자본으로 인정되는 채무증권 발행 결정	2024. 11. 08
에코프로비엠	자본으로 인정되는 채무증권 발행 결정	2024. 10. 28

에코프로비엠이 발행한 만기 없는 영구채, 실질은 2년짜리 회사채

2차전지 핵심 소재인 양극재 제조업체 에코프로비엠은 2024년 10월 29일 회사채(7-1회차)를 발행했다. 차입금 상환과 운영자금 마련을 위해 연 이자율 6.28%에 2440억 원어치의 채권을 발행했다. 발행 조건을 보면, 일단 만기가 30년으로 아주 길다. 만기상환 방법을 보면 눈에 띄는 내용이 있다. 만기일(2054년 10월 29일) 30일 전까지 통보만 하면 회사가 만기를 30년 더 연장할 수 있으며, 만기연장 횟수에 제한이 없다는 것이다. 그렇다면 일단 이 채권은 회사 마음먹기에 따라 이자만 지급(3개월마다)하면서 만기를 30년씩 계속 연장할 수 있다는 이야기가 된다.

신종자본증권 특징

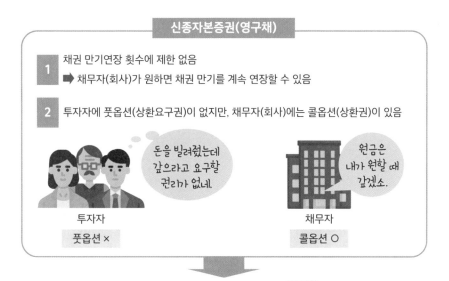

회사(채무자)에 원금을 상환할 의무가 없으므로　자본　으로 분류

또 하나, 이 사채는 중도상환 권리 관련한 내용이 독특하다. 발행 조건에 따르면, 사채권자(투자자)는 중도상환을 요구할 수 없다. 즉 투자자에게 풋옵션(상환요구권)이 없다는 이야기다. 반면 채무자인 에코프로비엠은 만기 전에 상환할 생각이 있으면 상환할 수 있다. 즉 콜옵션(상환권)을 갖는다는 이야기다.

콜옵션은 발행일로부터 2년이 지난 시점(2026년 10월 29일)에 행사할 수 있다. 이날을 '최초 콜 행사일'이라고 한다. 이날 행사하지 않아도, 이후 이자 지급일마다 상환권을 행사할 수 있다.

그럼 에코프로비엠이 최초 콜 행사일에 콜옵션을 행사하여 중도상환을 하지 않으면 어떻게 될까? 재산정한 이자율이 그로부터 1년 동안 적용되는데, 가산금리가 붙기 때문에 이자율이 처음보다 올라간다고 보면 된다. 이후 1년마다 이자율은 재산정된다. 이자율 산정 공식까지 굳이 알 필요는 없으므로 여기서 따로 소개하지는 않는다. 이자율은 대체로 조금씩 상향 조정된다고 보면 될 것 같다.

종합해 보자. 에코프로비엠이 발행한 채권은 30년 만기이지만 회사의 선택에 따라 원금 상환을 영구히 연기할 수 있다. 발행일로부터 2년간은 6.28% 이자율이 적용되나 그 이후로는 매년 이자율이 재산정된다(계속 상향 조정될 가능성 높음). 투자자는 중도상환을 요구할 수 없다. 그러나 에코프로비엠은 상환할 의사가 있으면 발행일로부터 2년이 지난 시점 이후부터 상환권을 행사할 수 있다.

이런 조건으로 발행되는 채권은 원리금을 상환할 의무가 없기 때문에 부채가 아니라 '자본'으로 분류된다. 이런 채권을 '신종자본증권'이라고 부르는데, 회사 마음먹기에 따라 영구히 원금을 갚지 않아도 된다는 뜻에서 '영구채'라고도 부른다. 혹자는 만기가 길어서 영구채는 자본으로 분류된다고 설명하는데, 그렇지 않다. 아무리 만기가 길어도 발행회사가 원금을 상환해야 할 의무를 지면 부채다.

그럼 발행회사가 원금을 갚지 않아도 되는 영구채에 왜 투자하는 걸까? 이런 영구채는 최초의 콜옵션 행사일(에코프로비엠의 경우 발행일로부터 2년 지난 시점)에 회사가 콜을 행사하는 게 자본시장에서 관행으로 굳어져 있다. 즉 의무적으로 중도상환을 한다는 이야기다.

영구채는 일반적으로 발행금리가 높은 편이다. 콜을 행사하지 않으면 여기서 이자율이 더 올라가기 때문에 회사는 이자를 감내하기가 어려워져 결국 중도상환을 선택할 수밖에 없다. 투자자들도 최초 콜옵션 행사일을 사실상의 만기로 생각하고 영구채를 인수한다. 에코프로비엠이 사실상 만기 2년짜리 회사채를 찍은 것으로 생각해도 무방한 것이다.

에코프로비엠이 영구채를 찍으면 발행금액만큼 현금이 들어오고 자본이 증가한다. 부채비율이 높은 회사가 영구채를 발행하면 현금을 확보하면서 부채비율을 낮추는 효과가 있다. 영구채를 중도상환하면 현금이 줄면서 자본이 감소한다. 공시를 보면 에코프로비엠의 영구채(신종자본증권)를 인수한 곳은 한국투자증권, NH투자증권 등 다섯 곳이다.

영구채는 발행사가 중도상환하지 않으면 발행금리(이자율)가 계속 올라간다. 따라서 영구채 발행사에 중도상환 의무가 없음에도, 불어나는 이자를 감당할 수 없게된 발행사가 중도상환을 선택할 수밖에 없게 설계된 회사채다.

💰 CB, BW도 영구채가 될 수 있다!

포스코퓨처엠도 2024년 12월 18일 모회사 포스코홀딩스와 증권사 두 곳을 대상으로 6000억 원의 영구채를 발행하였다. 이자율은 발행일로부터 5년이 경과한 시점(2029년 12월 18일)까지는 4.638% 고정금리를 적용한다. 이날이 최초 콜 행사일이며 이후 이자 지급일마다 콜옵션 행사(중도상환)가 가능하다. 최초 콜을 행사하지 않으면 이자율이 공식에 따라 재산정되는데, 상향 조정된다고 보면 된다. 이후 1년마다 이자율은 재산정된다.

영구채라고 하지만 포스코퓨처엠은 최초 콜 행사 시점인 2029년 12월에 원리금을 상환할 것으로 예상된다. 사실상 포스코퓨처엠의 영구채는 5년 만기 회사채와 비슷하다고 보면 된다.

다음은 2024년 포스코퓨처엠의 연결재무상태표인데, 신종자본증권(영구채)이 자본에 포함되어 있다.

포스코퓨처엠의 2024년 연결재무상태표

구분	금액
자산	7조 9324억 원
부채	4조 6119억 원
자본	3조 3205억 원
지배기업 소유주 자본	2조 9702억 원
자본금	387억 원
자본잉여금	1조 4594억 원
신종자본증권	5993억 원
기타 포괄손익누계액	1154억 원
이익잉여금	7608억 원
비지배 지분	3502억 원

한편 전환사채(CB)나 신주인수권부사채(BW)도 영구채로 발행될 수 있다. CB와 BW에는 일반 영구채에는 없는 주식 전환 조건(전환 가능 시점과 전환가격 등)이 포함되어있다.

다음은 풀무원 재무제표 주석에 나타난 2023년 9월 사모전환사채 발행 내역이다. 이 전환사채는 신종자본증권으로 분류된다.

풀무원 재무제표 주석 중 사모전환사채 발행 내역

구분	내용
액면금액	600억 원
전환가능주식수	5,300,821주
발행 시 전환가액	1주당 11,319원
발행일	2023년 9월 5일
만기일	2053년 9월 5일(회사의 선택에 따라 만기연장 가능)
이자율	표면 2%, 만기보장 연복리 9.5%(2028. 9. 5 미상환 시 매 5년마다 만기보장수익률 + 2.5% 가산 변경)
이자 지급	3개월 후급조건(회사의 선택에 따라 지급연기 가능)
전환 청구 기간	사채발행일로부터 3년이 경과한 날(2026년 9월 6일)부터 만기일 1개월 전일(2053년 8월 5일)까지
전환에 관한 사항	전환비율 : 100% 전환가액 조정 : 전환 청구가 있기 전 주식 배당 및 무상증자 시, 유상증자, 전환사채 발행, 신주인수권부사채 발행, 기타 주식 연계 사채 발행, 분할 및 합병, 주식분할, 감자 및 주식병합 시
기타	회사는 발행일로부터 3년 경과 시 및 그 후 매 3개월이 되는 날마다 중도상환 가능

LESSON 37

정수기와 비데 렌탈 가구가 늘수록 넷마블이 웃는 이유

다음은 LX그룹 지주사인 LX홀딩스의 실적 개선과 현대모비스의 주주환원 확대와 관련한 기사 내용이다.

이데일리 / 2024년 12월 10일

지분법이익 2배 뛴 LX홀딩스

LX홀딩스의 지분법이익이 1년 새 2배 가까이 증가한 것으로 나타났다. LX하우시스와 LX인터내셔널 등 주요 계열사들의 당기순이익이 개선되고 지난해 적자를 기록했던 LX MMA가 흑자 전환에 성공한 것이 지분법이익 증가로 이어졌다는 분석이다.

한국경제 / 2024년 11월 20일

KB증권 "현대모비스, 주주환원 규모 큰 폭 확대 전망"

KB증권은 현대모비스에 대해 "주주환원 규모가 큰 폭으로 빠르게 증가할 것"이라고 분석했다. 이 증권사 강성진 연구원은 "현대모비스가 주주환원의 규모를 정하는 기준 이익에 지분법이익도 포함하기로 하면서 앞으로 주주환원이 크게 증가할 것"이라고 말했다. 강 연구원은 "지난해 현대모비스의 세전 이익에서 지분법이익이 차지한 비중은 41.5%에 달했다"면서 "만약 지난해에도 이 같은 기준을 적용했다면 총주주환원 규모가 71% 증가했을 것"이라고 설명했다.

코웨이가 당기순이익 또는 당기순손실을 내면 넷마블의 재무제표는 어떻게 바뀔까?

두 기사에는 공통적으로 '지분법이익'이라는 말이 나온다. 지분법이란 무엇일까? 2020년 넷마블은 MBK파트너스사모펀드로부터 정수기, 비데 등 가정용기기를 렌탈 서비스하는 코웨이를 인수하였다(지분 25%).

일반적으로 A사가 B사의 지분을 20~50% 취득하는 경우, A사는 B사의 재무나 영업 등과 관련한 의사결정에 '유의적인 영향력'을 가진다고 말한다. 유의적 영향력은 의사결정에 참여할 수 있는 능력을 말하는 것으로, 실제로 의사결정에 참여하여 영향력을 행사하고 있는지를 따지지는 않는다. 이때 B사는 A사의 '관계기업'이라고 표현한다. 참고로 지분율이 20%가 안 되어도 여러 가지 조건을 따져서 '유의적인 영향력'을 판단할 수 있다.

만약 A사의 B사에 대한 지분율이 50%를 초과한다면 A사는 B사의 의사결정을 좌지우지할 수 있다고 보고 "지배력을 가진다"고 말한다. 이때 A사는 '지배기업', B사는 '종속기업'이라고 한다. 지배–종속기업 간에 작성하는 연결재무제표에 대해서는 뒤에서 자세히 설명한다(352쪽 참조).

관계기업, 지배기업, 종속기업

A사가 B사 지분을
20~50% 획득

A사 → **B사**

A사의 관계기업

A사는 B사에 유의적 영향력을 가진다.

A사가 B사 지분을 20~50% 보유하고 B사의 재무나 영업 등과 관련한 의사결정에 참여하여 영향력을 행사할 수 있으면, B사를 A사의 관계기업으로 분류한다.
만약 A사가 B사 지분을 50% 초과해 보유한다면, A사는 지배기업 B사는 종속기업으로 분류한다.

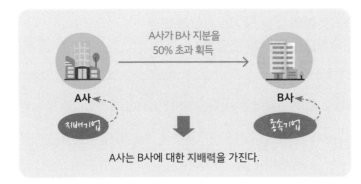

A사가 B사 지분을
50% 초과 획득

A사 **B사**

지배기업   종속기업

A사는 B사에 대한 지배력을 가진다.

넷마블은 코웨이의 지분 25%를 취득함으로써 주요 의사결정에 참여할 수 있는 유의적인 힘을 가지게 되었으니, 코웨이는 넷마블의 '관계기업'이 되었다고 할 수 있다.

지분법은 뒤에서 자세히 설명하겠지만, 간단하게 말하자면 관계기업인 코웨이가 창출한 당기순이익 가운데 지분율만큼을 넷마블 손익계산서에 지분법이익으로 인식하는 것을 의미한다.

예를 들어 2020년 초에 넷마블이 코웨이 지분 25%를 100억 원에 취득하고 관계기업으로 분류하였다고 가정해 보자. 넷마블 연결재무제표에 기록된 관계기업(코웨이)의 장부가격은 100억 원이다. 2020년 말 코웨이는 10억 원의 당기순이익을 낸 것으로 결산하였다. 넷마블은 2020년 말 손익계산서를 작성하면서 10억 원 가운데 지분율(25%)에 해당하는 2억 5000만 원을 지분법이익으로 반영한다(정확한 지분법이익을 산출하기 위해서는 추가로 고려해야 할 요소들이 있으나, 이는 뒤에서 설명하기로 한다).

이 과정을 그림으로 보면 아래와 같다.

① 코웨이의 결산 결과 당기순이익이 10억 원으로 집계되었다. ② 이에 따라 코웨이의 순자산(자본)은 10억 원 증가한다.

③ 넷마블은 증가한 코웨이 순자산(10억 원) 가운데 지분율(25%)만큼 코웨이 지분의 장부가격을 증가시킨다. 이제 코웨이의 장부가격은 102억 5000만 원 (100억 원 + 2억 5000만 원)이 된다.

④ 넷마블은 코웨이 장부가격 증가분 2억 5000만 원을 지분법이익으로 인식한다.

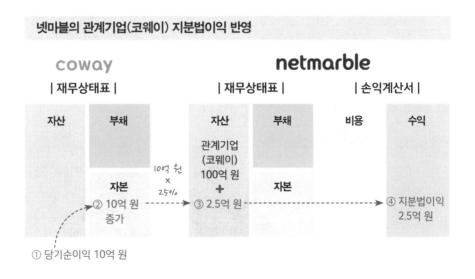

넷마블의 관계기업(코웨이) 지분법이익 반영

만약 코웨이가 10억 원의 당기'순손실'이 난 것으로 결산하였다면, 넷마블의 관계기업 장부가격은 지분율에 해당하는 2억 5000만 원만큼 감소하여 97억 5000만 원이 된다. 손익계산서에는 2억 5000만 원의 지분법손실이 반영될 것이다.

결국 지분법이라는 것은 관계기업(코웨이)의 순자산액에 변동이 발생하였을 때, 투자기업(넷마블)이 지분율만큼을 당기손익(지분법손익)으로 반영하는 것을 말한다. 관계기업의 순자산(자본)은 당기순이익(또는 당기순손실)에 따라 증감한다. 예를 들어 코웨이의 2023년 말 손익계산서 결산 결과 당기순이익이 5억 원으로 산출되었다면, 그만큼이 순자산 내 이익잉여금 항목에 가산되므로 순자산은 5억 원 증가한다.

관계기업 순자산은 이 외에도 여러 가지 사유로 변동이 생기고 지분법 회계처리도 달라지는데, 이에 대해서는 뒤에서 좀 더 자세히 설명한다.

앞으로 코웨이가 창출하는 당기순이익 가운데 25%는 넷마블 손익계산서에 지분법이익으로 반영할 거야.

왜냐고? 코웨이는 넷마블의 '관계기업'이니까.

넷마블은 코웨이 지분 25%를 취득함으로써 주요 의사결정에 참여할 수 있는 유의적인 힘을 가지게 되었으므로, 코웨이를 '관계기업'으로 분류한다. 지분법에 따라 넷마블은 코웨이가 창출하는 당기순이익 가운데 지분율만큼을 지분법이익으로 인식할 수 있다.

일반기업의 지분법손익은 영업 외 범주에 속하므로 영업이익에 가산되지 않는다. 그런데 지주회사의 지분법손익은 영업이익에 포함된다. 지주회사는 다른 회사 주식을 소유함으로써 다른 회사를 지배·관리하는 활동을 통해 수익을 창출한다. 따라서 지분법손익을 주된 영업의 범주로 본다.

정수기와 BTS 중 넷마블 당기순이익에 크게 기여한 것은?

다음 표는 게임업체 넷마블의 2024년 3분기 누적 연결 기준 손익계산서를 요약·편집한 것이다.

넷마블 2024년 3분기 누적 연결재무제표 손익계산서 (단위 : 백만 원)

구분		금액
영업수익(매출액)	①	2,014,784
영업비용		1,834,384
영업이익(손실)	②	180,399
금융수익		52,901
금융비용		189,333
기타 수익		168,680
기타 비용		46,783
지분법손익	③	94,576
법인세비용 차감 전 순이익	④	260,441
법인세비용		87,440
당기순이익		173,001

넷마블의 손익계산서를 보면 회사는 2024년 3분기 누적으로 2조 147억 원의 매출(①)과 1804억 원의 영업이익(②)을 기록했다. 세전이익(법인세비용 차감 전 순이익)이 2604억 원(④)으로 영업이익을 크게 웃도는 것은 영업 외 범주로 분류된 지분법이익 946억 원(③)의 영향이 크다. 세전이익에서 지분법이익이 차지하는 비중이 36%가량 된다.

그러면, 넷마블의 관계기업으로는 어떤 회사들이 있을까? 3분기 보고서 연결재무제표 주석을 보면 14개 기업이 있는데, 그 중 순자산 규모 300억 원 이상인 기업을 골라보면 다음 표에 나타난 것처럼 4개다.

2024년 3분기 기준 넷마블 관계기업 내역(순자산 300억 원 이상) (단위 : 백만 원)

구분	순자산	지분율(%)	순자산 지분금액	투자차액	지분법 적용 투자지분
하이브	2,875,886	9.47	272,385	44,506	316,892
코웨이	2,954,509	25.74	760,574	1,282,501	2,043,075
스마트코나 투자조합	30,922	31.98	9,887	17	9,905
에이럭스	30,006	9.69	2,906	7,940	10,846

이 표에서 다른 항목은 일단 제쳐두고 지분율을 보자. 코웨이와 스마트코나 투자조합은 넷마블이 투자한 지분율이 20~50% 사이에 있어 지분율을 기준으로 한 관계기업 조건에 부합한다. 그런데 하이브는 9.47%, 에이럭스(상업용 드론 업체)는 9.69%에 불과하다. 이들 회사에 대한 넷마블의 지분율은 20% 미만이지만 넷마블이 이사선임권을 가지고 있거나 넷마블 임원이 이들 회사 이사를 겸임하고 있는 경우 관계기업으로 분류할 수 있다. 이들 기업이 넷마블에 영업을 크게 의존하고 있거나 양사 경영진이 상호교류하고 있는 경우에도 지

분율과 상관없이 관계기업 분류가 가능하다.

다음으로, 넷마블이 관계기업으로부터 인식한 2024년 3분기 누적 지분법손익을 알아보자. 연결재무제표 주석에 잘 나타나 있다.

2024년 3분기 누적 넷마블 지분법손익 내역 (단위 : 백만 원)

	기초 장부가격	처분	취득	배당	기타 증감	지분법 손익	기말 장부가격
하이브	406,317	(89,705)	0	(3,521)	3,388	413	316,892
코웨이	1,947,030	0	0	(24,990)	27,988	93,046	2,043,075
스마트코나 투자조합	8,281	0	1,833	0	0	(208)	9,905
에이럭스	0	0	10,300	0	0	546	10,846

넷마블이 14개 관계기업으로부터 인식한 3분기 누적 총지분법이익이 946억 원인데, 이 가운데 코웨이가 930억 원으로 98%의 비중을 차지한다. 하이브는 4억 원을 갓 넘는 수준으로, 미미하다. 코웨이의 3분기 누적 연결 당기

넷마블이 14개 관계기업으로부터 인식한 2024년 3분기 누적 총지분법이익이 946억 원인데, 이 가운데 코웨이가 930억 원으로 98%의 비중을 차지한다. 하이브는 4억 원을 갓 넘는 수준으로, 지분법이익 기여도가 미미하다.

순이익은 4613억 원으로, 지난해 같은 기간보다 25% 증가했다. 반면 하이브는 226억 원으로, 91%나 감소하여 넷마블에 대한 지분법이익 기여도가 확 줄었다. 넷마블은 2023년에 코웨이로부터 759억 원, 하이브로부터는 358억 원의 지분법이익을 얻었다.

💰 SK스퀘어 실적을 천국 또는 지옥으로 이끄는 관계기업

이번에는 SK그룹의 중간지주회사인 SK스퀘어의 2024년 3분기 누적 연결 손익계산서를 보자.

SK스퀘어 2024년 3분기 누적 연결 손익계산서 (단위 : 백만 원)

구분	2023년 3분기 누적	2024년 3분기 누적
영업수익(매출액)	1,646,783	1,424,346
영업비용	1,858,528	1,576,469
지분법손익	(1,722,541)	2,412,705
지분법이익	1,606	2,503,212
지분법손실	(1,724,147)	(90,507)
영업이익(손실)	(1,934,286)	2,260,582

일반기업의 손익계산서는 영업수익(매출액)에서 영업비용(매출원가, 판관비)을 차감하여 바로 영업이익을 산출한다. 그런데 SK스퀘어 같은 지주사는 다른 회사 지분을 보유하여 수익을 창출하는 것이 주된 영업이기 때문에 영업이익 산

출에 지분법손익을 포함시킬 수 있다.

SK스퀘어는 2023년 3분기 누적으로 1조 9342억 원의 영업적자를 냈다. 그런데 2024년 3분기에는 누적 2조 2606억 원의 영업이익을 달성하는 기염을 토했다. 어떻게 이런 대반전이 가능했을까? 지분법이익 때문이다.

2024년 3분기 누적 실적으로 보면 지분법손익이 무려 2조 4127억 원이다. 이 회사의 지분법손익은 1년 만에 드라마틱하게 변했다. 전년 동기 즉 2023년 3분기 누적 지분법손익은 마이너스 1조 7225억 원이었다. 관계기업인 SK하이닉스의 대규모 적자때문이었다. SK스퀘어는 거의 2조 원에 육박하는 영업적자를 냈다. 그런데 SK하이닉스의 손익이 반도체 업황 개선에 따라 2024년 들어 급변하면서 상황이 반전되었다.

SK스퀘어의 13개 관계기업 가운데 장부금액이 700억 원이 넘는 회사는 다음 표에 나타난 것처럼 2개다.

SK스퀘어의 주요 관계기업(장부금액 700억 원 이상) (단위 : 백만 원)

기업명	2024년 3분기 말	
	지분율(%)	장부금액
SK하이닉스	20.1	14,982,709
콘텐츠웨이브	40.5	78,042

참고로, SK스퀘어는 관계기업 외에 다음의 표에 나타난 기업들을 '공동기업'으로 분류하고 있다. 공동기업이란 합작기업 같은 것을 말하는데, 투자 약정을 통해 공동으로 지배하는 기업(어느 일방이 단독 지배력을 보유하지 않고 의사결정을 공동으로 하는 기업)이라고 보면 된다. 이러한 공동기업 역시 관계기업과 마찬가

지로 지분법 회계 처리를 한다.

SK스퀘어의 공동기업

(단위 : 백만 원)

기업명	2024년 3분기 말	
	지분율(%)	장부금액
Techmaker	50.0	4,757
NEXTGEN BROADCAST SERVICES	50.0	3,351
NEXTGEN ORCHESTRATION	50.0	1,935
에스케이텔레콤씨에스티원	55.3	31,973
코리아시큐리티홀딩스	32.0	876,002

SK스퀘어 손익에 가장 큰 영향을 미치는 SK하이닉스는 반도체 업황 악화로 2023년에는 3분기 누적으로 7조 7581억 원의 순손실을 냈다. 이후 D램과 플래시메모리 가격이 상승하고, 부가가치가 높은 HBM(고대역폭메모리)이 대박을 치면서, 2024년에는 3분기 누적 11조 7904억 원의 순이익을 기록했다. 이를 반영하여 SK스퀘어가 SK하이닉스로부터 인식한 지분법손익은 다음과 같다.

SK스퀘어의 SK하이닉스 지분법손익(3분기 연결재무제표 주석)

(단위 : 백만 원)

구분	기초 장부가격	취득	처분	지분법손익	지분법 자본 변동	배당	분기 말 장부가격
2023년 3분기 누적	14,591,477	–	(2,163)	(1,647,295)	58,053	−131,490	12,868,582
2024년 3분기 누적	12,504,193	16,474	–	2,498,200	95,332	−131,490	14,982,709

SK하이닉스와 SK스퀘어의 1년간 주가 추이

중간지주사인 SK스퀘어는 유의적 영향력을 행사하는 관계기업들 특히 그 가운데 SK하이닉스 실적에 영향을 크게 받는다. SK하이닉스가 2023년 반도체 업황 악화로 7조 원 넘는 영업손실을 냈을 땐, SK스퀘어도 2조 원에 육박하는 영업적자를 냈다. 그러다 2024년 AI 메모리 반도체용 HBM 수요 급증으로 SK하이닉스의 실적이 반등하자, SK스퀘어는 2조 원 넘는 영업이익을 달성했다. 두 회사는 주가 흐름도 거의 똑같다.

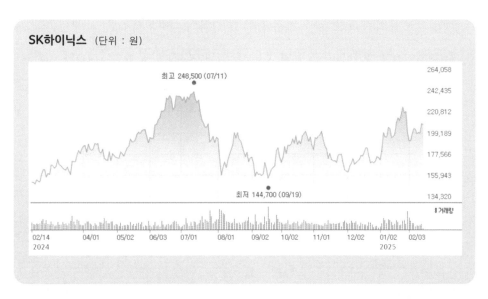

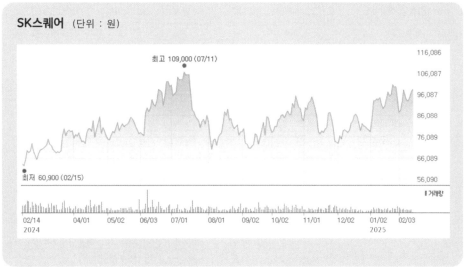

지분법손익이 영업이익에
영향을 미치는 LG vs. 영향을 미치지 않는 CJ

한편, 지주회사 가운데 지분법손익을 영업이익 산출에 포함하는 곳도 있고, 영업 외로 돌리는 곳도 있다. 예를 들어 LG그룹의 지주회사 LG는 지분법손익을 영업이익에 포함시키는 반면, CJ는 영업외손익으로 분류한다. LG와 CJ의 2023년 손익계산서에서 이를 확인해 보자. LG는 지분법이익으로 8992억 원을, CJ는 지분법손실로 519억 원을 인식했다.

LG 연결재무제표 손익계산서   (단위 : 백만 원)

구분	2023년
매출 및 지분법손익	7,445,336
제품 및 상품매출	1,022,195
용역매출	2,507,360
건설형 계약매출	2,421,518
기타매출	595,060
지분법손익	899,203
매출원가	5,438,970
매출총이익	2,006,366
판매비와 관리비	417,353
영업이익	1,589,013
금융수익	128,197
금융비용	57,963
기타 영업외수익	49,540
기타 영업외비용	90,419
당기순이익	1,414,258

CJ 연결재무제표 손익계산서

(단위 : 백만 원)

구분	2023년
매출액	41,352,688
매출원가	29,955.292
매출총이익	11,397,395
판매비와 관리비	9,358,337
영업이익	2,039,057
금융수익	668,420
금융비용	1,492,718
지분법손익	(51,995)
기타 수익	614,334
기타 비용	791,164
당기순이익	524,667

참고로, 두 지주회사의 연결 기준 영업수익(매출액)을 비교해 보면 그룹 규모가 훨씬 큰 LG(7조 4453억 원)가 CJ(41조 3527억 원)의 18% 수준밖에 되지 않는다. 왜 그럴까?

LG는 그룹 주력사들의 지분을 30~40% 정도 보유하고 있으며, 이들을 관계기업으로 분류하고 있다. LG는 관계기업이 창출한 당기순이익 가운데 지분율만큼을 지분법손익으로 끌어와 영업수익에 포함시키고 있다. 대표적인 관계기업으로 LG화학, LG생활건강, LG전자, LG유플러스, HSAD 등이 있다.

반면 CJ는 그룹 주력사들의 지분을 30~60% 사이에서 보유하고 있으며, 이들을 종속기업으로 분류하고 있다. 다시 말해 연결재무제표를 만들면서 이들

LG 연결재무제표 주석 중 관계기업　　　　　　　　　* 2024년 사업보고서 기준

법인명	보유주식수(주)	소유 지분율(%)
엘지화학	23,534,211	30.06%
엘지생활건강	5,315,500	30.00%
엘지전자	55,094,582	30.47%
엘지유플러스	164,422,375	37.66%
에이치에스애드	5,798,593	35.00%

주력사의 매출을 CJ 자체 매출과 합산하고 있다는 이야기다. 대표적인 종속기업으로는 CJ제일제당, CJE&M, CJ대한통운, CJCGV, CJ올리브영, CJ프레시웨이 등이 있다. 만약 LG가 주력 계열사들을 CJ처럼 모두 종속기업으로 분류한다면 영업수익은 2023년 기준 165조 원을 웃돌 것으로 보인다.

지분법 평가차액과 투자차액이 지분법손익에 미치는 영향

이번에는 지분법에 대해 조금 더 체계적으로 살펴보자. 2023년 초에 A사가 B 사(상장사) 지분 10%를 20억 원에, 그리고 C사(상장사) 지분 30%를 30억 원에 취득했다고 해보자.

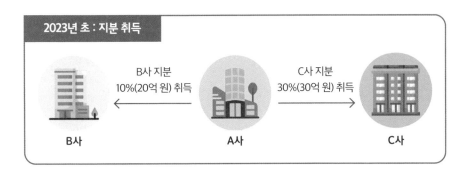

2023년 초 : 지분 취득

B사 지분
10%(20억 원) 취득

C사 지분
30%(30억 원) 취득

B사   A사   C사

2023년 말에 B사 지분의 공정가치(주가)를 평가했더니 25억 원이 되었다. A사는 B사 지분의 장부가격을 20억 원에서 25억 원으로 올리고, 5억 원의 투자주식 평가이익을 손익계산서에 반영할 것이다.

2023년 말 : 공정가치법 평가

B사 지분 공정가치(주가)
2023년 초 20억 원 ➡ 2023년 말 25억 원

A사 연결재무제표에 B사 지분 장부가격
2023년 초 20억 원 ➡ 2023년 말 25억 원
투자주식 평가이익 5억 원

2023년 말에 C사 지분의 공정가치(주가)는 50억 원이 되었다. 그러면 A사는 C사 지분의 장부가격을 30억 원에서 50억 원으로 상향 조정하고, 20억 원의 투자주식 평가이익을 손익계산서에 반영하면 될까?

C사는 B사와 달리 이렇게 회계 처리하면 안 된다. 지분 20~50%를 취득하게 되면 A사는 C사의 영업, 투자, 재무적 의사결정에 '유의적 영향력'을 행사할 수 있기 때문에, C사를 '관계기업'으로 분류하고 지분법으로 평가해야 한다. 지분법은 C사의 순자산 변동액을 A사가 지분율만큼 자기 재무제표에 반영하는 회계 처리를 말한다.

2023년 말 : 공정가치법 평가

C사 지분 공정가치(주가)
2023년 초 30억 원 ➡ 2023년 말 50억 원

A사 연결재무제표에 C사 지분 장부가격
2023년 초 30억 원 ➡ 2023년 말 50억 원
투자주식 평가이익 20억 원

이렇게 처리하면 안 돼.

지분을 30% 보유한 관계기업의 가치 평가

간단한 예를 들어보자. A사는 2023년 초 C사 지분 30%를 30억 원에 취득하였다고 했다. A사가 보유한 C사 지분의 장부가격은 30억 원이라는 이야기다. 이때 C사의 재무제표(장부상) 순자산은 100억 원이었고, 공정가치로 평가해 본 순자산도 동일한 100억 원이었다. 장부상 순자산과 공정가치의 순자산이 같다는 전제를 다는 이유는 뒤에서 자세히 설명한다.

2023년 말에 C사는 10억 원의 당기순이익을 냈다. 기업의 순자산에 변동을 일으키는 대표적인 요인은 당기순이익(또는 순손실)의 발생이다. 당기순이익만큼 순자산은 증가하고, 당기순손실만큼 순자산은 감소한다. 따라서 2023년 말 C사의 순자산액은 10억 원 증가할 것이다. 아울러 이때 C사가 5억 원의 현금을 주주들에게 배당으로 지급한다고 해보자. 기업이 현금배당을 하면 그만큼 순자산은 감소한다.

2023년 말 C사의 순자산은 당기순이익으로 10억 원 증가했다가 현금배당으로 5억 원 감소하였으므로 최종적으로 5억 원 증가하였다. 2023년 말에 A사는 결산 과정에서 이러한 C사의 순자산변동액(5억 원)에 대해 지분율(30%)을 곱한 만큼, 즉 1억 5000만 원을 C사 지분 장부가격(30억 원)에다 더해준다. 즉 2023년 결산 결과 A사 연결재무제표에 기록된 C사 장부가액은 31억 5000만 원이 되는 것이다.

그렇다면 A사의 손익계산서에 기록되는 지분법손익은 어떻게 될까? C사의 당기순이익(10억 원)에 지분율(30%)을 곱한 3억 원이 A사의 손익계산서에 반영되는 지분법이익으로 기록된다. 다시 말해 관계기업 C사가 창출한 당기순이익 가운데 30%는 나의 몫이라고 A사는 주장할 수 있는 것이다.

A사의 2023년과 2024년 결산

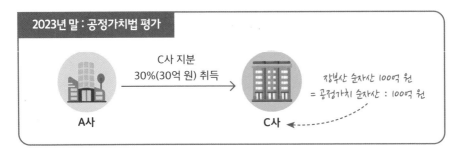

2023년 말 : 공정가치법 평가

A사 → C사 지분 30%(30억 원) 취득 → C사

장부산 순자산 100억 원
= 공정가치 순자산 : 100억 원

2023년 말

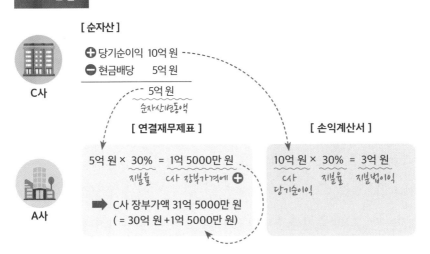

C사

[순자산]

➕ 당기순이익 10억 원
➖ 현금배당　 5억 원
──────────
　　　5억 원
　순자산변동액

A사

[연결재무제표]

5억 원 × 30% = 1억 5000만 원
　지분율　 C사 장부가격에 ➕

➡ C사 장부가액 31억 5000만 원
　(= 30억 원 +1억 5000만 원)

[손익계산서]

10억 원 × 30% = 3억 원
　C사　　 지분율　 지분법이익
당기순이익

2024년 말

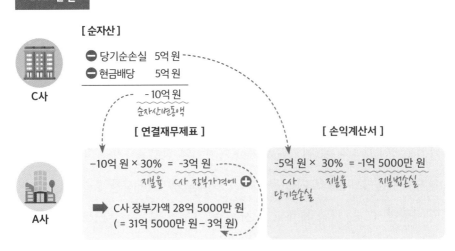

C사

[순자산]

➖ 당기순손실　5억 원
➖ 현금배당　　5억 원
──────────
　　 -10억 원
　순자산변동액

A사

[연결재무제표]

-10억 원 × 30% = -3억 원
　지분율　 C사 장부가격에 ➕

➡ C사 장부가액 28억 5000만 원
　(= 31억 5000만 원 – 3억 원)

[손익계산서]

-5억 원 × 30% = -1억 5000만 원
　C사　　 지분율　 지분법손실
당기순손실

만약 C사에 대해 지분법 평가를 하지 않고, 공정가치법(주가)을 적용했다면 2023년 말 A사 재무제표에 기록된 C사의 장부가격은 50억 원이 되고 20억 원의 투자주식 평가이익이 반영될 것이다. 그러나 지분법을 적용하면 장부가격은 31억 5000만 원이 되고, 손익계산서에는 지분법이익으로 3억 원을 인식하면 되는 것이다.

어떤 회사가 보유한 관계기업 지분이 주가 기준으로 1000억 원이더라도, 이 회사 재무제표에 잡혀있는 장부가격은 800억 원일 수도 있고, 1200억 원일 수도 있다. 지분법은 주가와는 아무 상관 없으며, 순자산 변동액에 지분율을 적용한 값에 따라 장부가격이 변동하기 때문이다.

1년이 흘러, 2024년 말에 가서는 C사가 당기순손실 5억 원을 결산하였고, 현금으로 5억 원을 배당하였다.

A사 연결재무제표에 잡힌 C사 장부가격은 얼마가 될까? C사의 순자산 변동액은 -10억 원이다. 여기에 지분율 30%를 적용하면 -3억 원이다. 따라서 C사 장부가격은 28억 5000만 원(31억 5000만 원 - 3억 원)이 된다. 이제 A사 손익계산서에는 1억 5000만 원(당기순손실 5억 원 × 30%)의 지분법손실이 반영될 것이다.

관계기업의 장부상 순자산과 공정가치 평가상 순자산이 다를 때

이번에는 조금 더 복합한 상황을 가정해 보자. 관계기업의 장부상 순자산액과 공정가치 평가상 순자산액이 일치하지 않는 경우다. 대부분이 이렇다고 봐야 할 것이다.

D사가 2023년 말 E사 지분 30%를 50억 원에 취득하였다. 이때 E사는 장부상으로 자산 250억 원, 부채 150억 원, 순자산 100억 원인 회사였다. 그런데 자산과 부채를 공정가치로 평가하였더니 자산은 20억 원 증가한 270억 원, 부채는 150억 원으로 산출되었다. 순자산 공정가치가 120억 원으로, 장부상 가치보다 20억 원 많았다.

장부상 순자산액과 공정가치 평가상 순자산액 불일치

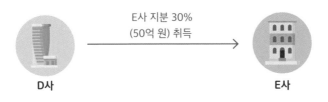

공정가치 평가 후 자산이 20억 원 증가한 이유는 건물 자산이 장부에는 10억 원으로 잡혀있지만, 시세가 30억 원으로 평가되었기 때문이다. 표로 정리해 보면 다음과 같다.

E사 지분 30%에 대한

구분	금액
지분 30%에 대한 지급액(취득원가)	50억 원
지분 30% × 순자산 공정가치(120억 원)	36억 원
지분 30% × 순자산 장부가액(100억 원)	30억 원

공정가치 평가액이 36억 원인 지분을 실제로는 50억 원을 지급하고 취득하였으니, 14억 원의 웃돈을 줬다고 할 수 있다. 이를 '투자차액'이라고 한다. 차액 14억 원은 '영업권'의 개념으로 볼 수 있다. 장부가액(30억 원)과 공정가치 평가액(36억 원) 간의 차이는 '평가차액'이라고 한다. 이 관계를 그림으로 나타내면 다음과 같다.

투자차액과 평가차액의 관계

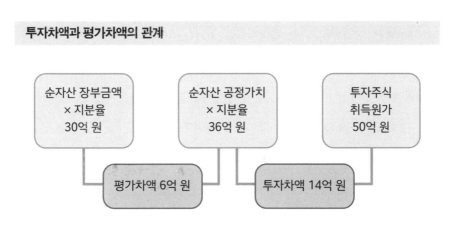

여기서 중요한 것은 평가차액이다. 평가차액은 지분법 손익계산에 영향을 주기 때문이다. E사가 2023년 말에 15억 원의 당기순이익을 냈다면, D사가 인식하는 지분법이익은 '15억 원 × 30% = 4억 5000만 원'이라고 생각할 수 있다. 그런데 여기서 한 가지를 더 고려해야 한다. 건물의 잔존내용연수가 10년이라면, 평가차액 6억 원을 10년간 상각하여 해소해야 한다. 연간 6000만 원을 상각해야 한다는 이야기다. 결국 최종 지분법이익은 4억 5000만 원에서 6000만 원을 차감한 3억 9000만 원이라고 할 수 있다. D사는 2023년부터 2032년까지 10년간은 지분법손익을 계산할 때 'E사 당기순손익에 지분율을 곱한 값'에서 6000만 원씩을 차감해야 한다.

투자기업이 인식한 지분법이익이 '관계기업의 당기순이익에 지분율을 곱한 값'과 일치하지 않는 경우가 많은데, 주원인이 이러한 평가차액 때문에 발생한다고 보면 된다.

평가차액은 상각 절차를 밟아야 하는데 투자차액(영업권의 개념)은 그대로 둬도 될까? 상장사에 적용되는 K-IFRS(한국채택국제회계기준)에서는 투자차액을 상각하지 않는다. 하지만 대다수 비상장사가 채택하고 있는 일반기업회계기준(K-GAAP)에서는 투자차액을 상각하라고 한다. 그만큼 지분법손익에 영향을 미친다.

예를 들어 D사가 비상장사이고, 투자차액을 10년간 상각(연간 1억 4000만 원)한다면, 2023년 말 D사의 지분법이익은 '4억 5000만 원 - 6000만 원 - 1억 4000만 원 = 2억 5000만 원'이 된다.

평가차액과 투자차액 상각

**D사 비상장사
투자차액 10년간 상각**

평가차액 6억 원
• 발생 원인 : 건물의 장부가와 공정가치 차이
• 10년 정액 상각한다면, 연 6000만 원씩 지분법이익에서 차감

투자차액 14억 원
• 발생 원인 : 지분 30% 공정가치와 취득원가(실제 지급대금) 차이
• K-IFRS : 상각 없음
• K-GAAP : 상각 있음. 10년 정액상각이라면 연 1.4억 원을 지분법이익에서 차감

지분법손익에 영향을 미치는 요소는 또 있다. 투자기업과 관계기업 간에 상거래가 있다면, 지분율만큼 내부 거래를 제거해야 할 때가 있다. 이에 대해서는 연결재무제표를 다룰 때 간단하게 설명하기로 한다(370쪽 참조).

아울러 지분을 단계적으로 취득하여 유의적 영향력이 발생하는 경우(예를 들어 A사가 B사 지분 10% 매입 후 다시 10% 매입) 또는 관계기업 지분을 매도하여 유의적 영향력을 상실하는 경우 등은 이 책에서 다루고자 하는 범위를 넘어서기 때문에, 고급 회계 전문 서적을 참조하는 것이 좋겠다.

₩ 관계기업 투자주식에서 손상이 발생한 경우

이번에는 관계기업 투자주식에서 손상이 발생하는 경우에 대해 간단하게 알아보자. 관계기업 투자주식(지분법 적용 주식)도 자산이므로 당연히 손상 징후가 발생하면 손상 검사를 해야 하고, 손상이 확인되면 비용으로 처리해야 한다.

A사는 2023년 초 B사 지분을 30% 보유하고 있으며 장부가격은 50억 원이었다. 2023년 중 B사가 부도가 났고, 2023년 말 결산 결과 당기순손실 40억 원을 기록하였다. 이를 반영한 결과 B사 장부가격은 38억 원{50억 원 + (− 40억 원 × 30%)}이 되었다. 이런 경우 B사의 부도는 손상 징후에 해당하므로, B사 지분에 대한 손상 평가를 해야 한다.

손상 평가는 '회수가능액'을 측정하는 작업이다. B사 지분에 대한 공정가치는 20억 원으로 평가되었다고 하자. B사가 상장사라면 주가가 공정가치가 될 것이다. 그 다음으로 사용가치를 산출해야 한다. B사 지분을 계속 보유할 경우 기대할 수 있는 미래 현금흐름이 사용가치인데, 25억 원으로 평가되었다고 해

보자. 회수가능액은 둘 중 높은 값인 25억 원이된다. 따라서 관계기업 지분가치 손상까지 반영하여 B사 장부가격은 25억 원으로 조정된다. 그 차액 13억 원(38억 원 - 25억 원)은 관계기업 투자주식 손상차손(영업외비용)으로 손익계산서에 반영된다.

관계기업 투자주식에서 손상이 발생한 경우

2023년 초

B사 지분 30% 보유
(장부가격 50억 원)

A사   B사

2023년 말

B사의 지분법 평가 장부가격 38억 원

**손상 평가
(회수가능액 측정)**

공정가치
20억 원

사용가치
25억 원

회수가능액 25억 원

2023년 말 B사의 장부가액 **25억 원**으로 조정
13억 원(38억 원 - 25억 원)은 관계기업 투자주식 손상차손으로 손익에 반영
       지분법   회수가능액
     평가 장부가격

카카오 연결재무제표 주석의 지분법 내역을 보면 2023년 말 기준으로 관계기업은 170개가 넘는다. 이들에게서 발생한 손상차손이 2497억 원에 이른다. 지분법이익은 52억 7400만 원이었다. 다음은 카카오의 관계기업 가운데 손상액이 100억 원 넘는 기업을 요약·편집한 것이다.

카카오의 관계기업 중 투자주식 손상액이 100억 원 이상인 기업 (단위 : 천 원)

* 2023년 연결재무제표 주석

	취득	처분	배당	손상	지분법손익
그립컴퍼니	–	–	–	(58,460,253)	(9,843,746)
그레이고	–	–	–	(37,542,707)	(2,309,232)
디어유	–	–	–	(115,624,312)	5,527,163

유한양행, 연결과 별도 실적이 다른 이유

: 연결재무제표의 이해와 활용

개미투자자 한투자 씨는 경제 기사를 보다가 의문이 들었다. 유한양행의 실적이 크게 개선되었다는 내용의 기사에 연결 기준일 때와 별도 기준일 때 매출과 영업이익이 서로 달랐기 때문이다. 연결과 별도 기준에는 어떤 차이가 있는 걸까?

연합인포맥스 / 2024년 10월 28일

유한양행, 2024년 3분기 영업이익 475억 원, 51배↑

유한양행의 3분기 영업이익이 전년 동기와 비교해 크게 개선됐다. 유한양행은 연결 기준 2024년 3분기 매출과 영업이익으로 각각 5987억 원, 475억 원을 기록했다고 28일 잠정 공시했다.

매출과 영업이익은 지난해 같은 기간보다 각각 23%, 5188% 늘어난 수준이다. 이는 증권가 컨센서스를 웃도는 수준이다.

별도 기준으로도 큰 폭 개선됐다. 별도 기준 3분기 매출과 영업이익은 각각 5851억 원, 544억 원으로 같은 기간 대비 각각 24.8%, 690% 늘었다.

💲 시세차익을 얻을 목적 없이 주식투자를 왜 할까?

기업이 다른 회사 주식을 보유하는 목적은 크게 두 가지다. 시세차익을 얻기 위해서와 시세차익 외의 전략적·운영적 목적을 달성하기 위해서다. 전략적·운영적 목적이란 건 무엇일까?

첫 번째로 기업은 협력사나 주요 파트너 기업의 주식을 보유함으로써 장기적으로 협력을 강화하고, 안정적인 비즈니스 관계를 유지할 수 있다. 이로써 사업 확장과 공급망 안정화에도 기여할 수 있다. 두 번째로 다른 기업의 주식을 취득하는 것은 산업이나 시장에서 발생할 수 있는 위험을 분산시키는 데 도움이 된다. 이를 통해 본업 외의 분야에서 안정적인 수익원을 확보할 수 있다. 세 번째로 주요 경쟁사나 업계에서 중요한 기업의 주식을 보유함으로써, 간접적으로 시장 내 영향력을 강화하고 의사결정 과정에 참여할 기회를 얻을 수 있다.

위와 같은 목적으로 기업은 시세차익을 얻을 목적이 없더라도 다른 회사 주식을 보유한다. 244쪽에서 시세차익을 얻기 위해 보유하는 주식에 관한 회계 처리는 알아보았다. 회계 기준에서는 시세차익을 얻는 것 외의 목적으로 기업이 보유하고 있는 주식은 다른 방법으로 회계 처리할 것을 요구하고 있다.

회계 기준에서는 지분율에 따라 시세차익 목적이 아닌 주식투자를 두 단계로 구분하고 있다. 먼저 20% 이상~50% 이하로 취득할 때는 그 기업에 대해 유의적인 영향력을 행사할 수 있다고 판단한다. 그래서 그 주식의 명칭을 재무제표에서 '관계기업 투자주식'이라고 부르고 다른 특별한 방법을 적용해서 주식의 가치를 평가하고 회계 처리하도록 하고 있다. 이 방법을 통상적으로 '지분법'이라고 부른다.

다른 기업의 주식을 50% 초과하여 보유하는 경우, 주로 '50%+1주'라고 표

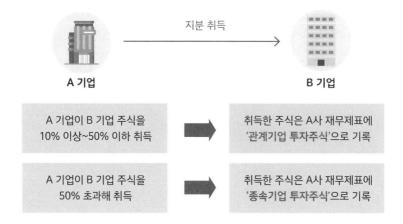

현한다. 이럴 때 주식을 취득한 기업을 '지배기업'이라고 부르고, 반대 기업을 '종속기업'이라고 부른다. 다르게는 '모회사'와 '자회사'라고 부르기도 한다. 지배기업(모회사)이 취득한 종속기업(자회사)의 주식은 재무제표에 '종속기업 투자주식'이라고 기록된다.

종속기업이 생긴 경우 회계적으로 두 가지를 고려해야 한다. 첫 번째는 별도 재무제표에서 종속기업 투자주식을 처리하는 방법이다. 한국채택국제회계기준(K-IFRS)에서는 별도재무제표에서 종속기업 투자주식에 대해 두 가지 회계 처리 방법을 인정하고 있다. 한 가지 방법은 종속기업 투자주식을 따로 평가하지 않고, 취득한 금액으로 표시하는 방법이다. 쉽게 '원가법'으로 부른다. 다른 방법은 관계기업 투자주식처럼 종속기업 투자주식도 지분법으로 회계 처리하는 방식이다.

두 번째, 종속기업이 생긴 기업은 연결재무제표 작성 의무가 생긴다. 연결재무제표를 간단히 설명하면 지배기업(모회사)이 종속기업(자회사)을 가지고 있는

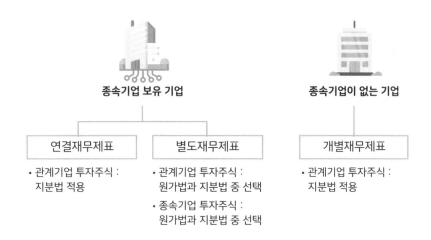

한국채택국제회계기준에서 재무제표의 종류

종속기업 보유 기업		종속기업이 없는 기업
연결재무제표	**별도재무제표**	**개별재무제표**
• 관계기업 투자주식 : 지분법 적용	• 관계기업 투자주식 : 원가법과 지분법 중 선택 • 종속기업 투자주식 : 원가법과 지분법 중 선택	• 관계기업 투자주식 : 지분법 적용

경우 그 종속기업의 재무제표를 지배기업(모회사)의 재무제표와 합산해 놓은 것이다.

결국 재무제표의 종류가 여러 개가 되는 이유는 기업이 종속기업을 취득하기 때문이다. 종속기업을 취득하면 지배기업(모회사)만의 재무제표인 별도재무제표와 지배기업(모회사)과 종속기업(자회사)의 재무제표를 합산한 '연결재무제표'를 작성할 의무가 생긴다. 반대로 종속기업이 없는 경우에 작성하는 재무제표는 '개별재무제표'라고 부른다. 즉 시중에서 재무제표를 부르는 명칭은 세 가지다. 종속기업이 있는 회사가 작성해야 하는 재무제표는 별도재무제표와 연결재무제표, 종속기업이 없는 회사가 작성하는 재무제표는 개별재무제표다. 개별재무제표에서는 관계기업 투자주식에 대해서 무조건 지분법을 적용하여야 한다.

K-IFRS가 최초로 도입되었을 때는 별도재무제표에 표시되는 종속기업 투자주식이나 관계기업 투자주식의 경우 원가법, 즉 취득한 금액으로만 처리하고

지분법을 적용할 수 없었다. 하지만 K-IFRS가 개정됨에 따라 2016년부터는 별도재무제표에도 지분법을 적용할 수 있게 되었다. 따라서 별도재무제표와 개별재무제표는 구분에 큰 의미가 없어졌다.

주로 비상장회사에서 적용하는 일반기업회계기준(K-GAAP)은 별도재무제표에 포함되는 관계기업과 종속기업 투자주식에 대한 처리가 K-IFRS와는 조금 차이가 있다. K-GAAP은 별도재무제표에서 관계기업 투자주식과 종속기업 투자주식을 지분법으로만 평가해야 한다. 따라서 원가법으로 처리할 수도 있는 K-IFRS와 차이가 있다.

🅦 왜 연결재무제표를 작성할까?

그런데 왜 연결재무제표를 만들어야 할까? 재무제표를 작성하는데 기초가 되는 기본 전제가 있다. '회계 공준'이라고도 부르고 '재무제표의 기본 가정'이라고도 부른다. 간단히 소개하면 다음과 같다.

재무제표의 기본 가정

① 기업 실체의 가정 : 기업 실체는 주주나 다른 기업 실체와 독립적으로 존재하는 회계 단위를 말하며, 법적 실체인 법인격과는 다른 의미이다.

② 계속기업의 가정 : 기업 실체는 일반적으로 목적과 의무를 이행하기에 충분할 정도로 장기간 존속한다고 가정한다. 즉 회사는 망하지 않고 계속 사업을 영위할 것이라는 가정이다.

③ 기간 보고의 가정 : 한 기업 실체의 존속기간을 일정한 기간 단위로 나눠서 각 기간에 대해서 재무 정보를 제공한다. 이러한 기간을 회계 연도 또는 회계 기간이라고 한다. 통상 회계 기간은 1년이다.

연결재무제표를 만들어야 하는 이유는 기업 실체의 가정 때문이다. 일반적으로 개별 기업은 하나의 독립된 회계 단위로서 재무제표를 작성하는 기업 실체에 해당한다. 그러나 회계적으로 기업 실체 개념은 법적 실체와는 구별된다. 예를 들어 지배기업과 종속기업은 법률적으로 별도의 회사지만 실질적으로는 하나의 '경제적 실체'다. 따라서 하나의 회계 단위로서 연결재무제표 작성 대상이 된다. 이때 지배기업과 모든 종속기업은 연결재무 보고의 대상인 단일 기업 실체가 된다.

현대자동차의 사업보고서에 공시된 연결손익계산서의 사업부문별 매출액을 살펴보자.

현대자동차 연결손익계산서 중 사업부문별 매출액 (단위 : 백만 원)

2023년	금액	비중
매출액	162,663,579	100%
재화의 판매로 인한 수익(매출액)	138,208,356	85%
용역의 제공으로 인한 수익(매출액)	4,389,945	3%
로열티수익(매출액)	226,785	0%
금융업 매출액	15,610,287	10%
건설 계약으로 인한 수익(매출액)	3,455,105	2%
기타 수익(매출액)	773,101	0%

현대자동차는 재화의 판매 즉 완성 자동차 및 부품을 팔고, 용역의 제공 즉 AS를 통해 매출을 일으킬 것으로 예상할 수 있다. 그런데 표에서 보는 것처럼 금융업과 건설 계약으로 인한 매출액도 있다. 금융업 매출액은 현대차가 지분 59.72%를 소유하고 있는 현대캐피탈과 지분 36.96%를 소유하고 있는 현대카드의 매출액이다. 건설 계약 매출은 철도차량을 제작 판매하는 현대로템의 지분을 현대차가 33.37%를 소유하고 있어서 발생한 금액이다. 현대차가 실질적으로 지배하고 있는 현대캐피탈, 현대카드, 현대로템 등을 현대차와 합쳐서 한 개의 회계 실체로 본 것이다.

앞서 지분율이 50%를 초과해야 지배력을 행사할 수 있다고 했다. 그런데 현대차는 지분을 36.96% 소유하고 있는 현대카드와 지분을 33.37%를 소유하고 있는 현대로템을 왜 종속기업으로 편입하였을까?

사실 K-IFRS에는 종속기업을 판단하는데 있어서 지분율에 대한 지침이 없다. 다만 두 가지를 얘기하고 있다. 한가지는 '힘'이고 다른 한 가지는 '이익'이다. 이 두 가지를 '지배력'이라고 표현하기도 한다. 간단하게 설명해 보면 힘의 원천은 바로 지분율이다. 마치 정당별 국회의원 의석수에 따라 정당의 힘이 결정되듯 지분율은 지배력의 가장 중요한 원천이다. 두 번째는 이 힘에 의해서 피투자회사의 이익을 결정할 수 있고, 그 이익이 투자회사의 이익에 영향을 미치게 되는 경우 투자회사는 지배력을 행사하고 있다고 판단한다. 기본적으로 지분율이 50%를 초과하면 힘과 이익 조건을 충족한다고 판단한다.

그러나 지분율이 50%를 초과하지 않더라도 실질적으로 다른 회사를 지배하고 있는 때도 있다. 투자기업인 A사의 지분율이 50%를 초과하지 않더라도 피투자기업인 B사를 지배하고 있다고 보는 경우는 다음과 같다.

A사가 B사의 지분을 50% 이하 보유하지만 지배하는 경우

① 다른 투자자, 예를 들어 C사와의 약정으로 과반수의 의결권을 행사할 수 있는 능력이 있는 경우

② 법규나 약정에 따라 기업의 재무와 영업 정책을 결정할 수 있는 능력이 있는 경우

③ 이사회나 이에 준하는 의사결정기구 구성원의 과반수를 임명하거나 해임할 수 있는 능력이 있는 경우

④ 이사회나 이에 준하는 의사결정기구의 의사결정에서 과반수의 의결권을 행사할 수 있는 능력이 있는 경우라면 의결권 수에 상관없이 지배하고 있는 상황으로 본다.

결국 지분율이 50%를 초과하지 않지만 실질적으로 의사결정기구를 지배하고 있거나 재무 및 영업 정책을 결정할 수 있다면 그 기업을 지배하고 있는 것으로 간주하는 것이다. 따라서 이러한 회사들도 종속기업으로서 연결 실체에 포함하여 연결재무제표를 작성하게 된다.

연결재무제표는 별도재무제표와 어떤 부분이 다를까?

별도재무제표와 연결재무제표의 형태상 차이는 무엇일까? 일타 강사처럼 핵심만 딱 찍어보자면, 연결재무상태표의 자본과 연결손익계산서의 당기순이익 부분이다.

다음은 불소화합물을 기반으로 화학 원료를 제조하는 ㈜후성의 연결재무상태표 중 자본 항목을 발췌한 것이다.

(주)후성의 별도재무상태표

(단위 : 백만 원)

구분	2021년	2022년	2023년
자본			
자본금	46,303	47,176	47,176
주식발행초과금	54,360	75,211	75,211
기타 자본	1,901	1,562	1,463
이익잉여금 합계	175,941	234,295	135,264
자본총계	278,505	358,244	259,114

(주)후성과 그 종속기업의 연결재무상태표

(단위 : 백만 원)

구분	2021년 말	2022년 말	2023년 말
자본			
지배기업의 소유주 귀속지분	**248,076**	**366,254**	**312,506** ← 별도재무제표의 자본과 대응
자본금	46,303	47,176	47,176
주식발행초과금	54,360	75,211	75,211
기타 자본	8,422	4,384	6,713
이익잉여금(결손금)	138,991	239,483	183,406
비지배 지분	**35,382**	**49,042**	**18,964**
자본총계	283,459	415,296	331,470

　　일단 가장 큰 차이점은 별도재무제표에는 자본이 큰 항목 한 개로 되어있는데 연결재무제표에서는 크게 두 부분으로 나누어져 있다는 것이다. 연결재무제표 자본 항목은 '지배기업의 소유주에게 귀속되는 지분'과 '비지배 지분'으로 나뉜다. 쉽게 별도재무제표의 자본은 연결재무제표의 지배기업 소유주에게 귀속되는 지분과 대응한다고 이해하면 된다. 비지배 지분은 단어 그대로 회사를 지배하지 않는 사람들의 지분이라고 생각하면 된다(비지배 지분이 생기는 이유

는 362쪽에서 자세히 살펴본다).

(주)후성 별도포괄손익계산서

(단위 : 백만 원)

구분	2021년	2022년	2023년
당기순이익(손실)	46,972	55,937	(97,364)
기타 포괄손익	(3,590)	3,468	120
총포괄손익	43,382	59,406	(97,244)

(주)후성 연결포괄손익계산서

(단위 : 백만 원)

구분	2021년	2022년	2023년
당기순이익(손실)	31,279	112,438	(84,392)
총포괄손익	38,289	112,422	(82,963)
당기순이익(손실)의 귀속			
지배기업의 소유주 귀속순이익(손실)	22,564	97,049	(53,917) ←
비지배 지분 귀속순이익(손실)	8,715	15,389	(30,475)
포괄손익의 귀속			
지배기업 소유주 귀속지분	26,422	98,763	(52,885) ←
비지배 지분	11,867	13,659	(30,078)

별도포괄손익계산서의 당기순익, 총포괄손익과 대응

손익계산서도 비교해 보자. 연결포괄손익계산서에는 당기순이익과 총포괄손익을 구한 후 아랫부분 당기순이익(손실)의 귀속 부분에서 지배기업 소유주에게 귀속되는 당기순이익(손실)과 비지배 지분에 귀속되는 당기순이익(손실)으로 구분하고 있다. 별도손익계산서에는 당기순이익과 총포괄이익이 구분 없이 나온다. 재무상태표와 마찬가지로 별도포괄손익계산서의 당기순이익과 총포괄손익은 연결포괄손익계산서의 지배기업 소유주에게 귀속되는 당기순이익(손실) 및 포괄손익과 대응한다고 생각하면 된다.

비지배 지분?
연결재무제표 작성법에 해답이 있다

연결재무제표의 자본 부분에서는 소유주 지분과 비지배 지분을 구분하여 표시하고 있다. 그렇다면 비지배 지분이 생기는 이유는 무엇일까? 연결재무제표를 작성하는 방법을 보면 답을 알 수 있다.

비지배 지분은 왜 생길까?

간단한 사례로 이해해 보자. 여기 두 기업이 있다. 지배기업 골드문과 종속기업 실버문이다. 2024년 1월 1일 지배기업 골드문은 종속기업 실버문의 지분 90%를 개인주주 이자성으로부터 63억 원에 매입하여 종속기업으로 편입하였다. 실버문의 나머지 지분은 여럿에 분산되어 있다. 2024년 1월 1일의 골드문과 실버문의 별도재무상태표는 오른쪽과 같다.

골드문의 총자산은 500억 원이다. 골드문이 취득한 실버문 주식 90%(63억원)는 종속기업 투자주식으로 자산에 포함되어 있다. 한편 실버문의 자산에서 부채를 뺀 순자산(자본)은 70억 원이다. 이 가운데 90%를 골드문이 보유하고 있기 때문에 골드문 몫은 63억 원이다. 따라서 골드문이 실버문의 순자산을 초과하여 지불한 금액은 없다(골드문의 종속기업 투자주식 63억 원 = 실버문 순자산 70억 원 × 지분율 90% = 63억 원).

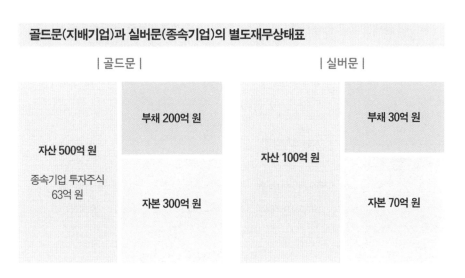

골드문(지배기업)과 실버문(종속기업)의 별도재무상태표

| 골드문 |

자산 500억 원
종속기업 투자주식 63억 원
부채 200억 원
자본 300억 원

| 실버문 |

자산 100억 원
부채 30억 원
자본 70억 원

연결재무상태표를 작성하는 방법은 간단하다. 먼저 두 회사의 재무상태표를 그냥 합하면 된다.

1단계 두 회사의 재무상태표를 단순 합산한다.

| 골드문 |

자산 500억 원
종속기업 투자주식 63억 원
부채 200억 원
자본 300억 원

➕

| 실버문 |

자산 100억 원
부채 30억 원
자본 70억 원

🟰

| 골드문과 그 종속기업 |

자산 600억 원
종속기업 투자주식 63억 원
부채 230억 원
자본 370억 원

단순 합산하면 골드문과 그 종속기업의 자산 합계는 600억 원 부채는 230억 원, 자본은 370억 원이 된다.

2단계 종속기업 투자주식과 종속기업(실버문) 자본을 상계해 제거한다.

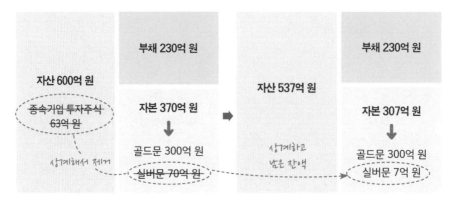

| 골드문과 그 종속기업 |

| 골드문과 그 종속기업 |

종속기업 투자주식과 실버문 주식을 상계하면 연결 후 자산은 537억 원이 되고 자본은 307억 원이 된다. 골드문이 가지고 있는 종속기업 투자주식과 실버문의 자본을 상계하는 이유는 무엇일까?

앞서 설명했던 기업 실체 이론(356쪽)에 근거한다. 별도재무제표 관점에서는 골드문과 실버문은 다른 몸체이기 때문에 골드문이 돈을 주고 취득한 실버문 주식은 골드문의 자산이 된다. 기업 실체 이론 측면에서 보면 종속기업의 자본 중 투자 지분율 만큼은 지배기업이 투자한 것이다. 연결 실체의 관점에서 보면 지배기업과 종속기업은 한 몸이기 때문에 자신이 자기 회사 주식을 가지고 있는 셈이 된다. 그러므로 연결재무상태표에서는 종속기업 투자주식과 종속회사의 자본을 상계해서 제거해 주는 것이다.

그런데 골드문의 종속기업 투자주식 63억 원과 실버문의 자본 63억 원을 상계했더니 연결재무상태표에 실버문의 자본금이 7억 원 남았다. 총자본금 70억 원의 10%인 7억 원이다. 이 10%는 실버문의 소수 주주 몫이다. 소수 주주는 지분 90%를 소유한 골드문에 대항해서 실버문의 영업이나 재무 정책을 결정할 수 있는 능력이 없다. 지배할 수 없는 지분이 되는 것이다. 따라서 이 부분은 연결재무상태표에 '비지배 지분'으로 표시한다.

결론적으로 연결재무상태표에 있는 비지배 지분은 종속기업의 순자산(자산 - 부채) 중에서 지배기업의 지분을 뺀 금액, 즉 지배하지 못하는 주주들의 몫을 분리해 놓은 것으로 이해하면 된다. 골드문과 실버문의 연결재무상태표를 완성해 보면 다음 그림과 같다.

3단계 **연결이 완료된 연결재무상태표**

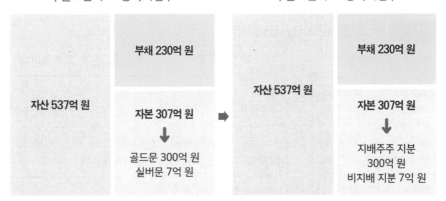

지배기업 골드문과 종속기업 실버문의 연결손익계산서 만들기

이번에는 연결손익계산서를 알아볼 차례다. 2024년 말 골드문과 실버문의 별도손익계산서는 다음과 같다.

골드문과 실버문의 별도손익계산서

골드문	
매출	500억 원
매출원가	300억 원
영업이익	200억 원
영업외손익	100억 원
당기순이익	300억 원

실버문	
매출	300억 원
매출원가	250억 원
영업이익	50억 원
영업외손익	50억 원
당기순이익	100억 원

연결손익계산서를 작성하는 순서도 연결재무상태표를 만드는 순서와 같다. 일단 두 회사의 손익계산서를 더한다.

1단계 **두 회사의 손익계산서를 합한다.**

골드문			실버문			골드문과 그 종속기업	
매출	500억 원		매출	300억 원		매출	800억 원
매출원가	300억 원	➕	매출원가	250억 원	➖	매출원가	550억 원
영업이익	200억 원		영업이익	50억 원		영업이익	250억 원
영업외손익	100억 원		영업외손익	50억 원		영업외손익	150억 원
당기순이익	300억 원		당기순이익	100억 원		당기순이익	400억 원

골드문에서 실버문에 내부 거래로 물건을 팔지 않았다면 이걸로 연결손익계산서 작성은 끝난 것이다. 그러나 회계 기준에서는 한 단계를 더 요구한다. 연결재무상태표에서 소수 주주 10%의 몫을 따로 떼어 보여준 것과 마찬가지로 연결손익계산서에서 종속회사의 당기순이익을 구분하여 표시하라는 것이다.

실버문의 당기순이익 100억 원 중 지배기업인 골드문 몫은 90%인 90억 원이 되고, 나머지 10%인 10억 원은 소수주주 몫이 된다.

2단계 **연결손익계산서에서 종속회사의 당기순이익을 배분한다.**

| 골드문 |

매출	500억 원
매출원가	300억 원
영업이익	200억 원
영업외손익	100억 원
당기순이익	300억 원

➕

| 실버문 |

매출	300억 원
매출원가	250억 원
영업이익	50억 원
영업외손익	50억 원
당기순이익	100억 원
지배기업 몫	90억 원
소수 주주 몫	10억 원

🟰

| 골드문과 그 종속기업 |

매출	800억 원
매출원가	550억 원
영업이익	250억 원
영업외손익	150억 원
연결당기순이익	400억 원
당기순이익의 귀속	
지배기업 소유주 지분	390억 원
비지배 지분	10억 원

결론적으로 비지배 지분이 연결재무제표에 표시되는 이유는 연결재무제표 작성의 출발점이 두 개 회사 재무제표를 단순 합산하는 데 있기 때문이다. 단순 합산분에는 지배주주분과 비지배 지분 몫이 함께 포함되어 있는데, 회계 기준에서 지배주주분과 비지배 지분의 몫을 따로 떼어서 보여주도록 하고 있기 때문이다.

연결재무제표 작성 순서

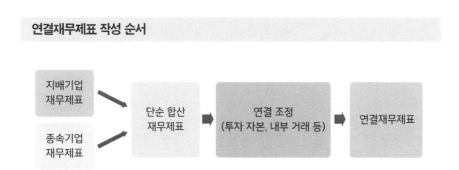

367

🏦 연결재무제표는 만들어서 뭐 해?

두 회사 재무제표를 단순 합산해서 보여줄 것 같으면 굳이 연결재무제표를 만들 필요가 있을까? 연결재무제표에는 큰 장점이 하나 있다. 바로 지배기업과 종속기업의 내부 거래를 제거할 수 있다는 점이다. 지배기업은 종속기업의 영업 및 재무 정책에 지배력을 행사할 수 있다. 쉽게 말해 '가스라이팅'할 수 있는 위치에 있는 것이다.

상황을 가정해 보자. 지배회사 골드문이 상장사이고 지난 3년간 연속 영업손실이 발생하였다. 올해에 또 영업손실이면 4년 연속 영업손실이 발생하여 관리종목으로 지정될 수 있는 상황에 놓여있다. 그렇다면 골드문의 대표 이중구는 어떻게 이 위기를 타파하려고 할까? 이중구는 위기를 벗어나고자 종속기업인 실버문에 대량의 매출을 일으키도록 지시했다.

골드문의 손익계산서 및 실버문과의 내부 거래

| 골드문 |

매출	500억 원
매출원가	400억 원
영업이익	100억 원
영업외손익	(−)50억 원
당기순이익	50억 원

→

| 매출 중 실버문에 판 것 |

매출	300억 원
매출원가	100억 원
영업이익	200억 원

골드문의 별도손익계산서를 보면 실버문에 대한 매출 영향으로 영업이익 100억 원이 발생하였다. 이처럼 별도재무제표만 공시하게 되어있으면 골드문

의 올해 영업이익은 100억 원으로 4년 연속 영업손실에서 벗어날 수 있는 것처럼 보인다. 그리고 종속기업 실버문에게 발생시킨 매출액 300억 원과 매출원가 100억 원은 별도재무제표 주석에만 기재하면 되었을 것이다.

하지만 연결손익계산서를 작성하면 달라진다. 연결재무제표에서는 지배기업과 종속기업을 하나의 실체로 보기 때문이다. 골드문이 실버문에 판매한 제품이 실버문에서 외부로 하나도 팔지 못하고 모두 재고로 남아있다고 가정해보자. 이런 상황이라면 연결 실체 입장에서는 매출이 일어난 것이 아니다. 그냥 골드문 창고에서 실버문 창고로 재고만 이동시킨 것으로 본다. 따라서 이러한 거래는 실질 거래가 아닌 내부 거래로, 이 거래를 제거해야 한다. 그것을 '내부 거래 제거'라고 부른다.

내부 거래 제거 후 연결손익계산서

| 골드문 |

매출	200억 원(500억 원-300억 원)
매출원가	300억 원(400억 원-100억 원)
영업이익	(-)100억 원
영업외손익	(-)50억 원
당기순이익	(-)150억 원

➕

실버문 |

매출	300억 원
매출원가	250억 원
영업이익	50억 원
영업외손익	(-)30억 원
당기순이익	20억 원

➖

| 골드문과 그 종속기업 |

매출	500억 원
매출원가	550억 원
영업이익	(-)50억 원
영업외손익	(-)80억 원
연결당기순이익	(-)130억 원

골드문에서 실버문에 판매한 제품이 고스란히 실버문 창고에 남아있으므로 연결 실체 입장에서는 매출이 아니다. 재고자산의 보관 장소가 골드문 창고에서 실버문 창고로의 이동한 것에 불과하다. 따라서 해당 매출액과 매출원가를 골드문의 손익계산서에서 제거해야 한다. 이처럼 내부 거래를 제거하면 골드문의 연결손익계산서에는 영업이익 (-)50억 원이 기록되고 연결당기순이익은 (-)130억 원이 된다. 연결재무제표 작성을 통해 골드문의 이중구가 종속회사를 이용해 실적을 부풀리려는 분식(粉飾)을 막을 수 있었다. 이것은 연결재무제표 최고의 장점이라고 볼 수 있다. 그렇다면 연결재무제표를 작성하면 실제적으로 얻을 수 있는 이득은 무엇이 있을까?

연결재무제표의 장점을 꼽으라면 다음 것들을 말할 수 있다. 첫 번째로 모회사와 자회사를 하나의 경제적 단위로 간주하여 작성하기 때문에 그룹 전체의 재무 상태와 성과를 종합적으로 이해할 수 있다. 또한 투자자와 이해관계자에게 기업의 전체적인 규모와 실질적인 재무 건전성을 제공하는 데 유용하다. 두 번째로 모회사와 자회사 간의 내부 거래, 내부 수익, 비용 등을 제거하여 실질적인 성과와 재무 상태를 보여준다. 세 번째로 경영진과 투자자가 그룹 차원에서 전략적 의사결정을 내릴 수 있도록 돕는다.

연결재무제표는 모회사와 자회사 간의 내부 거래, 내부 수익, 비용 등을 제거하여, 모회사가 자회사를 이용해 실적을 부풀리는 분식회계 등을 막을 수 있다.

한전 5조 9000억 원 흑자라는데, 사실이 아닌가요? 연결재무제표의 단점

한국전력은 원료비가 오르는 만큼 전기요금을 올리지 못해서 적자가 지속되고 있다고 알려져 있다. 실제로 최근 3년간 한국전력의 별도 기준 영업손실은 2021년 7조 4255억 원, 2022년 33조 9085억 원, 2023년 6조 6039억 원 등으로 천문학적이다.

2024년에 전기요금을 일부 인상하여 연결재무제표에서 영업이익이 전년 대비 개선된 모습을 보이고 있기는 하지만, 한국전력은 전전긍긍하고 있는 모습이다. 2024년 3분기 말까지의 누적 별도손익계산서와 연결손익계산서를 보자.

한국전력의 2024년 3분기 말 누적 별도손익계산서와 연결손익계산서 (단위 : 백만 원)

구분	별도손익계산서	연결손익계산서
매출액	68,663,952	69,869,807
매출원가	66,863,407	61,715,081
매출총이익	1,800,545	8,154,726
판관비	1,405,127	2,209,066
영업이익	395,418	5,945,660
당기순이익(손실)	(831,230)	2,589,999
지배기업 소유주		2,475,886
비지배 지분		114,113

연결손익계산서의 영업이익은 5조 9457억 원인데 별도손익계산서의 영업

이익은 3954억 원으로 연결 대비 6.6%에 불과하다. 당기순이익도 연결에서는 2조 5900억 원이 발생했지만, 별도에서는 손실 8312억 원이 발생하였다. 연결과 별도의 손익 간에 괴리가 크다.

한국전력 관련해 언론에 다음과 같은 기사가 실린 적 있다. 한 지자체 공무원이 "한전이 엄청난 흑자를 기록 중이라고 들었는데, 사실이 아닌가요?"라고 질문한 것이다. 한국전력은 2024년 3분기 누계 연결 기준 매출액은 69조 8698억 원, 영업이익은 5조 9457억 원을 기록했다고 공시하였다. 수치만 놓고 보면 충분히 의문을 제기할 만하다. 연결 기준 재무제표상 흑자를 보인 건 사실이지만, 전남 나주에 자리한 한국전력 본사 안팎의 표정은 전혀 밝지 않다. 이유가 무엇일까?

기업의 실적을 이야기할 때 가장 중요한 지표는 바로 영업이익이다. 매출 총이익에서 각종 판매비와 일반관리비를 제하고 남은 금액을 영업이익이라고 부른다. 3분기까지 누적 영업이익 5조 원대를 기록 중인 한국전력의 실적은 나름 괜찮은 편이라고 이야기할 수 있으나, 속내를 들여다보면 한국전력이 웃지 못하는 이유가 나온다. 바로 연결재무제표와 별도재무제표의 차이로 인해 한국전력 실적에 고개를 갸우뚱하는 상황이 벌어진 것이다. 한국전력의 연결 기준 재무제표는 한국전력과 6개 발전자회사(한국수력원자력, 한국남동발전, 한국중부발전 등)를 포함한 주요 종속회사 60개사의 실적을 하나로 묶어서 작성한다.

하지만 법인세 납부의 근거가 되는 한국전력의 별도재무제표를 기준으로 한 3분기까지 누적 영업이익은 3954억 원에 그치고 있다. 한국전력의 분기별 별도 실적을 보면 1분기에는 1조 2618억 원의 영업이익을 올렸지만, 2분기 927억 영업손실, 3분기 7737억 영업손실로 2분기 연속 영업손실을 보고 있다.

이처럼 연결 실체의 손익을 합산하여 하나로 보고를 하다 보니 정작 지배회

한국전력 2024년 분기별 별도손익계산서   (단위 : 백만 원)

구분	1월 1일~3월 30일	4월 1일~6월 30일	7월 1일~9월 30일
매출액	22,782,168	20,212,052	25,669,732
매출원가	21,073,869	19,800,287	25,989,251
매출총이익(손실)	1,708,299	411,765	(319,519)
판관비	446,406	504,522	454,199
영업이익	1,261,893	(92,757)	(773,718)
당기순이익(손실)	592,838	(456,247)	(967,821)

사의 실적을 정확하게 판단하기 어려운 경우가 생길 수 있다. 한국전력을 별도 기준으로 보면 여전히 분기별로 적자가 발생하고 있으니, 내부적으로는 웃을 수 없는 것이다. 이처럼 연결재무제표만을 이용했을 때 확인할 수 없는 정보들이 존재한다. 그렇다면 연결재무제표의 단점은 무엇일까?

연결재무제표의 단점은 다음과 같다. 첫째, 작업 과정이 복잡하다. 자회사와 모회사 간의 내부 거래 제거, 비지배 지분 계산 등 작업에 많은 시간과 노력이 필요하다. 또 여러 자회사와 복잡한 계열사 구조를 가진 그룹일수록 작업이 까다롭다. 둘째, 개별 회사의 실체를 파악할 만한 재무 정보가 부족하다. 그룹 전체를 합산한 정보만 제공하기 때문에 개별 회사의 재무 상태와 성과를 정확히 파악하기 어려운 측면이 있다. 셋째, 기업의 회계 비용 증가다. 연결재무제표를 작성하기 위한 인력, 소프트웨어, 회계 감사 비용 등이 증가할 수 있다.

첫 번째와 세 번째는 재무제표를 작성하는 기업 입장에서 뽑은 것이므로 재무 정보를 이용하는 입장에서는 단점이라고 할 수 없다. 다만 두 번째가 재무제표 이용자에게 단점이라고 할 수 있다. 따라서 재무제표를 분석할 때 두 번째 단점을 잘 알고 연결재무제표를 이용할 수 있어야 한다.

연결재무제표가 현행 국제회계기준에서 가장 중요한 주 재무제표인 것은 틀림없다. 하지만 결국 지배회사의 재무 상태가 연결 실체 내에서는 뼈대가 되는 것이기 때문에 지배회사의 개별 실적도 매우 중요하다. 한국전력처럼 어떤 회사는 연결재무제표만으로는 의미 있

연결재무제표는 그룹 전체를 합산한 정보만 제공하기 때문에 개별 회사의 재무 상태와 성과를 정확히 파악하기 어렵다. 재무제표를 정확하게 분석하려면 연결 실체의 개별재무제표도 함께 살펴봐야 한다.

는 정보를 얻기 어려울 수 있다. 따라서 재무제표 이용자들은 연결 실체의 개별재무제표도 함께 살펴봐야 한다.

발생주의 회계의
치명적 단점을 보완하는
현금흐름표

지금까지 살펴본 투자주식, 유형자산, 무형자산, 리스 등의 회계 처리를 하면 재무상태표와 손익계산서가 만들어진다. 기업에서 이루어지는 모든 회계 처리는 재무상태표와 손익계산서를 작성하기 위한 과정이라고 보면 된다. 이후 만들어지는 부속 재무제표가 자본변동표와 현금흐름표다. 실무적으로는 현금흐름표를 작성하기 위해 별도의 회계 처리를 하지는 않는다. 작성된 재무상태표와 손익계산서를 바탕으로 특수한 몇 개의 거래를 확인하는 과정을 통해 현금흐름표를 작성하게 된다. 현금흐름표를 본격적으로 살펴보기 전에, 먼저 두 가지 용어를 짚고 넘어가자.

발생주의 vs. 현금주의

회계 교과서를 펼치면 제일 처음 만나는 용어가 '발생주의'와 '현금주의'다. 발생주의는 거래에 대해 현금이 이동한 시점이 아니라 발생한 시점에 회계 처리를 하는 방법이다. 발생한 시점이라는 게 어느 때를 가리키는 걸까? 거래에 있어 내가 해야 할 의무를 마친 시점이다.

예를 들어 고객이 현대차 대리점에서 그랜저 구매를 위해 계약을 맺는다. 이후 현대차는 그랜저를 생산해서 고객에게 인도한다. 그랜저를 고객에게 인도하는 바로 이 시점이 현대차가 거래 의무를 마친 시점이다. 따라서 회계에서는 이 시점을 거래가 발생한 시점으로 본다. 만약 그랜저를 인도하고 대금을 한 달 뒤에 받는다고 하더라도 회계적으로 현대차는 고객에게 그랜저를 인도한 시점에 손익계산서에 매출액을 기록할 수 있다. 그랜저 가격이 5000만 원이라고 하면 고객에게 인도한 시점에 손익계산서에 매출 5000만 원, 재무상태표에 외상매출금(매출채권) 5000만 원을 기록하게 된다.

반대로 현금주의는 무엇일까? 거래를 기록하는 시점을 무조건 현금을 주고받을 때로 보는 것이다. 앞의 예에서 현대차가 고객에게 그랜저를 인도했을 때는 아직 현금을 받지 못했기 때문에 아무런 회계 처리를 하지 않는다. 실제 대금은 한 달 뒤에 받기로 했으므로 한 달 뒤 실제 대금 5000만 원을 받았을 때 손익계산서에 매출 5000만 원과 재무상태표에 현금 5000만을 기록하게 된다.

다음 그림을 보면 발생주의와 현금주의의 차이에 대해 알 수 있을 것이다. 마지막으로 그림의 대금 수령 시점 즉 자동차 거래가 완결된 시점의 재무상태표와 손익계산서를 보자. 발생주의와 현금주의의 재무상태표와 손익계산서가 동일한 것을 알 수 있다. 결국 거래가 완료되어 대금 정산까지 끝나면 발생주의와 현금주의는 차이가 없다. 그런데 왜 회계에서는 발생주의로 회계 처리를 해야 한다고 말하는 것일까?

그 이유는 바로 회계 기간이 정해져 있기 때문이다. 우리나라 대부분의 회사는 매년 1월 1일부터 12월 31일까지 1년간을 회계 기간으로 정하고 있다. 회사 재무제표에 1기, 2기로 표시되는 것이 회계 기간이다. 어떤 회사는 회계 기

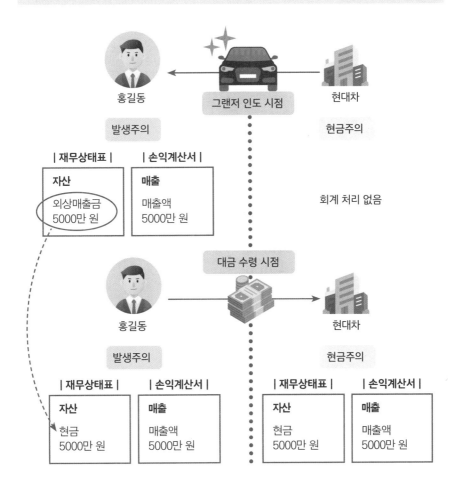

간을 매년 3월 1일 또는 7월 1일로 시작하기도 하는데 이때에도 '1년'이라는 회계 기간에는 변동이 없다. 회계가 어려워지기 시작하는 가장 큰 이유는 바로 회계 기간을 정해 놓았기 때문이다.

만일 앞의 사례에서 그랜저 인도 시점이 12월 20일이었다면 12월 31일에 작성해야 할 현대차의 재무제표는 발생주의와 현금주의 간에 큰 차이가 발생하게 된다. 발생주의에서는 매출액 5000만 원이 기록되는데 현금주의에서는

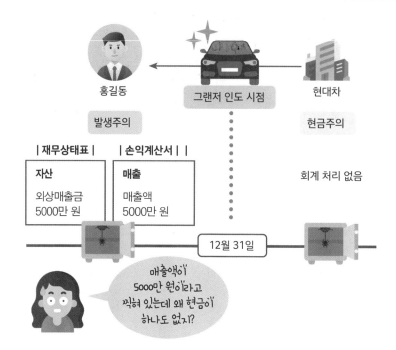

아무것도 기록되지 않기 때문이다.

그런데 발생주의에는 치명적인 단점이 있다. 손익계산서에는 분명 매출액이 5000만 원이라고 기록되어 있는데, 실제 회사에 현금이 없다는 것이다. 다음 달에 월급을 주려고 봤더니 현금이 0인 상황인 것이다. 현금주의로 손익계산서를 만들면 회계 처리가 없으니 '회사에 매출도 없고 돈도 없구나'라고 직관적으로 이해할 수 있는 장점이 있다. 따라서 손익계산서 같은 발생주의 재무제표와 비교할 수 있게 현금주의 재무제표도 필수적으로 하나 있어야겠다는 생각이 든다. 그래서 회계 기준에서는 현금주의 재무제표인 현금흐름표를 필수 재무제표에 넣음으로써 재무상태표, 손익계산서, 자본변동표와 같이 발생주의에 따라 작성하는 재무제표의 단점을 보완하고 있다.

현금흐름표의 원리를 이해할 때 한가지 유념할 부분은, 현금흐름표가 손익계산서의 당기순이익처럼 매년 회사의 실제 성적을 나타내는 재무제표는 아니라는 점이다. 또한 현금흐름표는 실제 현금이 지난해에 비해 1000원 늘어났는데 10000원 늘어난 것으로 표시할 수도 없다. 현금흐름표에 있는 현금 및 현금성 자산의 최종 잔액은 분식으로 바꿀 수 없다. 그 이유는 다음과 같다.

현금 및 현금성 자산의 변동 원인을 알려주는 현금흐름표

재무상태표를 보면 세부 계정 과목으로 가장 먼저 나오는 것이 현금 및 현금성 자산이다.

쿠팡 재무상태표 (단위 : 백만 원)

제11(당)기말 : 2023년 12월 31일 현재
제10(전)기말 : 2022년 12월 31일 현재

과목	주석	제10(전)기말		제11(당)기말	
자산					
1. 유동자산			5,379,674		7,641,518
현금 및 현금성 자산	4, 5, 6	①	1,000,969	②	1,610,305
단기 금융자산	4, 5, 6, 27		40,145		382,470

'현금이면 현금이지 현금성 자산은 뭐지?' 의문을 품는 분도 있을 것이다. 큰 거래비용 없이 현금으로 전환이 용이하고, 가치 변동의 위험이 거의 없고, 취득 당시 만기일(또는 상환일)이 3개월 이내인 것들을 재무상태표에 현금성 자

산으로 기록한다. 이러한 조건을 만족하는 현금성 자산은 보통예금, 당좌예금, 정기예금 등이 있다. 결국 언제든지 현금으로 찾아 쓸 수 있는 것이라고 이해하면 편하다.

쿠팡의 재무상태표를 보면 2022년 12월 31일에는 약 1조 원(①)의 현금 및 현금성 자산이 있었고 2023년 12월 31일에는 약 1조 6103억 원(②)의 현금 및 현금성 자산을 보유하고 있는 것을 확인할 수 있다. 쿠팡이 2023년에 2022년보다 현금이 6103억 원 늘어난 것은 재무상태표만 봐도 알 수 있다. 이처럼 회사가 보유한 현금 및 현금성 자산의 총액과 전년 대비 증감액은 재무상태표를 보면 알 수 있다.

쿠팡의 현금흐름표

(단위 : 백만 원)

제11 (당)기 : 2023년 1월 1일부터 12월 31일까지
제10 (전)기 : 2022년 1월 1일부터 12월 31일까지

구분		제10(전)기		제11(당)기
I. 영업활동으로 인한 현금흐름		908,376		2,875,596
II. 투자활동으로 인한 현금흐름		(832,463)		(1,651,905)
III. 재무활동으로 인한 현금흐름		654,944		(613,463)
IV. 현금 및 현금성 자산의 증가(I+II+III)		730,857		610,228
V. 기초의 현금 및 현금성 자산	①	255,881	③	1,000,969
VI. 현금 및 현금성 자산의 환율 변동 효과		14,231		(892)
VII. 기말의 현금 및 현금성 자산	②	1,000,969	④	1,610,305

그렇다면 현금흐름표는 무엇을 나타내는 표일까? 쿠팡의 현금흐름표에서 10기초(2022년 초) 쿠팡은 2558억 원의 현금을 보유하였고(①), 10기말에 현금은 1조 9억 원으로 증가하였다(②). 11기초(2023년 초) 현금(10기말 현금과 같음)

은 1조 9억 원이었는데(③), 11기말에는 1조 6103억 원으로 늘었다(④). 즉 기초에서 기말 시점까지 현금 및 현금성 자산 금액이 바뀌었는데, 바뀐 내역을 알려주는 재무제표가 현금흐름표다. 한마디로 정리하면 현금흐름표는 현금 및 현금성 자산의 변동 원인을 알려주는 재무제표다. 쿠팡의 현금흐름표를 살펴보면 변동 원인을 영업활동으로 인한 현금흐름, 투자활동으로 인한 현금흐름, 재무활동으로 인한 현금흐름으로 구분하고 있는 것을 파악할 수 있다.

현금흐름표로 파악할 수 있는 세 가지 기업 활동

현금흐름표는 기업의 활동을 크게 세 가지로 구분하여 표시하고 있다. 영업활동으로 인한 현금흐름, 투자활동으로 인한 현금흐름, 재무활동으로 인한 현금흐름이다. 그렇다면 이러한 활동들을 어떻게 구분하고 어떤 것들이 포함되어 있는지 알아보자.

현금흐름 구분

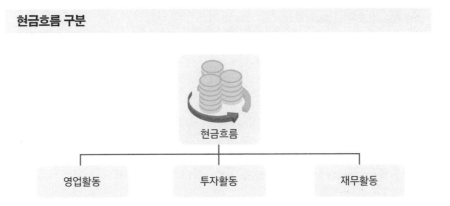

▶ 영업활동으로 인한 현금흐름

영업활동 현금흐름은 주로 기업의 주요 수익 창출 활동에서 발생한다. 별도재무제표 기준으로 현대차의 경우 완성 자동차 판매, 현대카드는 카드수수료 및 카드론에 대한 이자 수입, 현대캐피탈의 경우 장단기 대출금에 대한 이자수익 등이 주요 영업 활동이 될 것이다. 그러나 현대차의 연결재무제표 관점에서는 완성 자동차 판매, 카드 수수료 수익, 이자수익이 모두 영업활동에 해당할 것이다.

영업활동에서 발생하는 현금흐름은 기업이 외부 차입금이나 유상증자 같은 재무 활동에 의존하지 않고, 기업 고유의 영업을 통하여 차입금 상환, 영업능력 유지, 배당금 지급 및 신규 투자 등에 필요한 현금흐름을 창출하는 것이므로 기업을 분석하는 데 중요한 지표가 된다. 워런 버핏은 "진정한 기업의 가치는 영업에서 나온다"라고 말하면서 영업활동이 기업의 기본 가치라는 것을 강조한 바가 있다. 영업활동 현금흐름의 예는 다음과 같다.

영업활동 현금흐름의 예

① 재화의 판매와 용역 제공에 따른 현금 유입
② 로열티, 수수료, 중개료 및 기타 수익에 따른 현금 유입
③ 원재료와 기타 서비스의 구입에 따른 현금 유출
④ 종업원과 관련하여 직·간접으로 발생하는 현금 유출
⑤ 법인세의 납부 또는 환급
⑥ 이자의 수취 및 지급

실제 현금흐름표에 영업활동으로 인한 현금흐름이 어떻게 표시되는지 살펴보자. 쿠팡의 영업활동으로 인한 현금흐름을 살펴보면 이자의 수취와 지급, 법인세 납부액은 따로 그 금액을 보여주고 있다. 본업인 영업활동에 관련된 현금

흐름은 '1. 영업으로부터 창출한 현금흐름'으로 보여주고 있다. 쿠팡 현금흐름표에 나타나지는 않지만 배당금 수취액도 일반적으로 영업활동으로 인한 현금흐름에 포함시킨다.

쿠팡 현금흐름표 중 영업활동으로 인한 현금흐름

(단위 : 백만 원)

구분	2022년	2023년
I. 영업활동으로 인한 현금흐름	908,376	2,875,596
1. 영업으로부터 창출된 현금흐름	1,049,769	3,028,183
2. 이자의 수취	18,308	85,737
3. 이자의 지급	(157,031)	(183,546)
4. 법인세의 납부	(2,670)	(54,778)

▶ 투자활동으로 인한 현금흐름

투자활동 현금흐름은 기업이 장기적인 성장과 발전을 위해 수행하는 전반적인 투자활동에 대한 현금의 유입과 유출을 나타내는 현금흐름표 항목이다. 이는 기업이 생산능력 향상을 위해 유형자산을 취득하거나 인수·합병과 같이 기업 전략에 필요한 주식에 투자할 때 발생하는 현금흐름을 포함한다. 투자활동 현금흐름의 예는 다음과 같다.

투자활동 현금흐름의 예

① 유형자산, 무형자산 및 기타 장기성 자산의 취득 및 처분에 따른 현금 유출과 유입
② 다른 기업의 지분 상품(주식)이나 채무 상품(회사채) 취득 또는 처분에 따른 현금 유출 및 유입
③ 선물 계약, 선도 계약, 옵션 계약 등 파생상품 계약에 따른 현금 유출과 유입

실제 현금흐름표에 투자활동으로 인한 현금흐름이 어떻게 표시되는지 살펴보자.

쿠팡 현금흐름표 중 투자활동으로 인한 현금흐름

(단위 : 백만 원)

구분	2022년	2023년
Ⅱ. 투자활동으로 인한 현금흐름	(832,463)	(1,651,905)
1. 투자활동으로 인한 현금 유입액	396,853	800,635
단기 금융자산의 감소	244,248	189,700
장기 금융자산의 감소	502	280,000
유형자산의 처분	77,774	24,749
관계기업 투자주식의 처분	–	17,219
사업 양도로 인한 처분	–	200,042
기타 유동 금융자산의 감소	70,080	83,243
기타 비유동 금융자산의 감소	4,249	5,682
2. 투자활동으로 인한 현금 유출액	(1,229,316)	(2,452,540)
단기 금융자산의 증가	–	360,200
장기 금융자산의 증가	–	451,277
유형자산의 취득	819,519	933,389
무형자산의 취득	147,352	169,141
기타 유동 금융자산의 증가	52,864	152,837
기타 비유동 금융자산의 증가	88,631	77,316
종속기업 투자주식의 취득	120,950	308,380

쿠팡은 2022년에 8324억 원과 2023년에 1조 6519억 원을 투자활동으로 현금 지출하였다. 유무형자산의 투자는 기업의 미래 영업능력 확대를 위한 투자라고 볼 수 있다. 2022년에는 9668억 원, 2023년도에는 1조 1025억 원을 유무형자산 취득에 사용하였다. 또한 종속기업 투자주식 취득에 2022년에는

1209억 원, 2023년에는 3084억 원을 지출하였다. 이는 해당 기업에 대한 지분을 확보하여 향후 협력 및 시너지 효과를 기대할 수 있는 투자액이다. 기타 회사의 잉여자금 수익성 강화를 위해 장단기 금융상품 등에 투자한 것을 살펴볼 수 있다. 회사의 성장을 위해 투자를 계속하고 있는 모습이다.

▶ **재무활동으로 인한 현금흐름**

증자를 통해 자본금을 투자받거나, 은행에서 차입금을 빌리거나, 회사채 등을 발행하는 활동으로 회사에 현금이 유입된다. 반대로 차입금을 상환하거나, 유상으로 자본금을 감자하거나 배당금을 지급하거나 회사채를 상환하면 현금이 유출된다. 재무활동 현금흐름의 예는 다음과 같다.

재무활동 현금흐름의 예

① 주식이나 기타 지분 상품의 발행에 따른 현금 유입
② 주식의 취득이나 상환에 따른 소유주에 대한 현금 유출
③ 담보·무담보부사채 및 어음의 발행과 기타 장단기 차입에 따른 현금 유입
④ 차입금의 상환에 따른 현금 유출
⑤ 리스 이용자의 금융리스부채 상환에 따른 현금 유출

실제 현금흐름표에 재무활동으로 인한 현금흐름이 어떻게 표시되는지 살펴보자(386쪽 표). 쿠팡의 2023년 재무활동으로 인한 현금흐름은 6134억 원 순유출이었다. 차입액(② + ③, 3598억 원)보다 상환액(④ + ⑥, 6583억 원)이 더 컸기 때문이다. 게다가 리스부채도 3149억 원 상환했다(⑤). 이렇게 재무활동으로 인한 현금흐름을 살펴보면 회사가 어떻게 필요한 자금을 조달하고 있는지 확인해 볼 수 있다.

쿠팡 현금흐름표 중 재무활동으로 인한 현금흐름

(단위 : 백만 원)

구분	2022년		2023년
III. 재무활동으로 인한 현금흐름	654,944	①	(613,463)
1. 재무활동으로 인한 현금 유입액	1,555,192		359,833
단기차입금의 증가	32,969	②	79,780
장기차입금의 증가	650,577	③	280,053
자본금의 납입	871,646		–
2. 재무활동으로 인한 현금 유출액	(900,248)		(973,296)
단기차입금의 상환	–	④	489,350
리스부채의 상환	323,554	⑤	314,954
유동성 장기차입금의 상환	576,694	⑥	168,992

LESSON 42

투자할 기업과 피해야 할 기업을 알려주는 '현금흐름 신호등'

현금흐름표는 어떻게 분석해야 할까? 현금흐름표는 주로 활동별 현금 유출입 방향(+, -)을 분류하여 분석한다. 현금 유출입 방향도 중요하지만 현금 유출입 액의 크기와 지속성도 같이 파악해야 한다. 따라서 한 해만 보고 판단하는 게 아니라 최소 3개년 정도는 검토하여야 회사의 현금흐름 유형을 보다 정확히 판단할 수 있다.

현금흐름 유형 분류

구분	플러스(+)	마이너스(-)
영업활동 현금흐름	본업에서 현금 유입	운영자금에서 현금 유출
투자활동 현금흐름	투자자산 매각으로 현금 증가	유무형자산, 주식 등 투자
재무활동 현금흐름	유상증자, 차입금 등의 차입	차입금 상환, 배당금 지급 등

현금 유출입 방향은 + - -가 베스트, - - +가 워스트

영업활동 현금흐름은 플러스(+) 부호가 유지되어야 좋은 회사다. 영업활동 현금흐름이 꾸준히 플러스(+)라면 그 회사의 영업활동이 긍정적이고 견고하다는 의미다. 이 항목이 마이너스(-)이면 영업활동 중에 현금이 빠져나가는 상황이다. 즉 회사의 운영자금도 영업을 통해 벌어들이지 못하고 있다는 시그널이 된다. 회사 입장에서는 전반적인 영업 구조를 살펴봐야 할 것이고 투자자 입장에서는 투자에 주의가 요구되는 상황이다.

투자활동으로 인한 현금흐름은 일반적으로 마이너스(-) 부호가 긍정적이다. 투자활동에서 현금이 나간다는 것은 미래의 성장을 위한 투자로서 각종 자산을 구입하는 데 현금을 지출하고 있다는 의미다. 투자활동 현금흐름이 플러스(+)라는 것은 새로운 자산의 취득보다 처분이 많다는 의미로, 일반적으로 회사의 자금 사정이 어려워 가진 자산을 팔아서 현금을 확보하는 경우로 보기 때문이다. 그러나 회사가 보유한 투자주식의 주가가 상승하는 등 주식 처분에 따른 시세차익이 발생해 투자활동 현금흐름이 플러스(+)인 경우라면 반드시 나쁜 신호는 아니다.

재무활동 현금흐름은 일반적으로 마이너스(-) 부호가 긍정적이다. 주주들에게 배당을 지급하고, 차입금 상환에 현금을 사용할 경우 재무활동 현금흐름이 마이너스(-)로 나타나기 때문이다. 차입금을 상환하면 이자 부담도 덜어내고 재무구조를 안정화시킬 수 있다. 또한 유상감자와 자기주식을 취득해서 현금이 나간다는 것 자체가 회사의 자금 사정이 안정적이고 재무구조도 건실하다는 방증이기 때문이다. 보통 각 활동별 현금흐름을 8가지의 상황을 만들어서 분석하는 것이 일반적이다. 다음 표를 참조하면 이해하기 쉬울 것이다.

현금흐름으로 기업 상황 살펴보기

* 자료 : 한국공인회계사회(일부 편집)

구분	영업활동	투자활동	재무활동	유형
1	➕	➕	➕	**현금 확보형 · 현금 보유형** • 영업활동으로 현금이 들어오고 있고, 자산 매각과 대출 · 증자 등으로 현금을 조달. 다른 회사를 인수 · 합병하거나 신사업 분야에 진출을 모색하는 유동성이 풍부한 회사. • 체크 포인트 : 업종 전환형 회사인지, 신기술을 개발할 필요성이 있는지 확인.
2	➕	➖	➖	**우량 · 성숙기 · 안정형** • 기업 라이프 사이클 중 성숙기에 있는 회사. • 영업활동으로 들어온 현금을 생산설비에 투자하고 부채를 갚거나, 배당금을 지급하고 있는 회사. • 체크 포인트 : 영업활동 현금흐름이 지속적으로 양호할 것인지, 제품 경쟁력을 유지할 수 있는지, 주력 제품의 수명주기 확인. 신제품 개발 등이 중요한 회사.
3	➕	➕	➖	**부채 축소형 · 구조조정형** • 영업활동으로 들어온 현금과 자산을 매각한 돈으로 부채를 갚고 있는 회사. • 자산과 부채를 모두 줄이고 있음. • 체크 포인트 : 구조조정이 잘 진행되고 있는지, 매각한 자산 때문에 영업 위축 가능성이 없는지 확인 필요. 다만 투자자산을 처분하여 부채를 상환한 것이라면 긍정적인 신호.
4	➕	➖	➕	**성장형** • 영업활동으로 들어온 현금과 대출, 증자 대금으로 생산설비에 투자하고 있는 회사. • 체크 포인트 : 설비투자의 성과가 언제 이익으로 실현될 것인지 확인.

현금흐름으로 기업 상황 살펴보기

* 자료 : 한국공인회계사회(일부 편집)

구분	영업활동	투자활동	재무활동	유형
5	⊖	⊕	⊕	**저수익 사업 매각형** • 영업활동에서 현금을 벌지 못하며 차입 또는 증자, 자산 매각 등으로 보전하고 있는 회사. • 회사가 영업은 유지하고 있어서 투자자들이 투자는 하는 상태. • 체크 포인트 : 위축된 영업을 다시 회복할 수 있을지가 관건.
6	⊖	⊖	⊕	**신생 기업형 · 급성장 기대형** • 급격히 성장하는 회사로 영업활동에서의 부족 자금과 생산설비 구입에 필요한 자금을 대출이나 증자로 조달하고 있는 회사. • 바이오 기업 같이 미래에 대규모 매출 증가를 기대하는 투자자들의 자금을 받아 설비투자 등을 단행. • 주로 스타트업이거나 급성장 중인 기업. • 체크 포인트 : 현재 적자의 원인이 향후 해소될 수 있을 것인지 확인.
7	⊖	⊕	⊖	**대규모 구조조정형** • 영업활동에서 부족한 자금과 채권자에 대한 차입금 상환액을 생산설비 매각 대금으로 조달하고 있는 쇠퇴기업. • 자산 매각으로 차입금 상환 및 저수익 사업부 정리. • 체크 포인트 : 영업이 다시 살아날 수 있을 것인지, 자산 매각으로 영업이 더 위축되는 건 아닌지 확인.
8	⊖	⊖	⊖	**현금 소진 · 고갈형, 쇠퇴 기업형** • 보유 현금으로 운영자금, 일부 투자, 차입금 상환 등에 충당하고 있는 회사. • 체크 포인트 : 영업활동으로 향후 현금을 마련할 수 없을 경우 도산 위험이 있음.

투자자에게 최고·최악의 현금흐름 유형

〈현금흐름으로 기업 상황 살펴보기〉 표 내용을 요약하면 가장 이상적으로 생각하는 현금흐름표 유형은 영업활동으로 인한 현금흐름은 플러스(+)이고 투자활동과 재무활동은 마이너스(-)인 기업이다.

이상적인 현금흐름 유형

영업활동	투자활동	재무활동	유형
➕	➖	➖	우량기업 · 성숙기

이는 영업활동에서 벌어들인 현금으로 회사 미래를 위해 투자하고 있고, 부채를 상환하고 있으며, 주주에게 배당금을 지급하고 있는 상황이기 때문이다. 삼성전자의 현금흐름이 위의 상황과 같다.

삼성전자 연결현금흐름표

(단위 : 억 원, IFRS 연결 기준)

항목	2021년	2022년	2023년
영업활동으로 인한 현금흐름	651,055	621,814	441,374
투자활동으로 인한 현금흐름	(330,478)	(316,028)	(169,228)
재무활동으로 인한 현금흐름	(239,910)	(193,901)	(85,931)

삼성전자의 현금흐름표는 성숙기에 있는 전형적인 우량기업 유형이다. 다만 영업활동으로 인한 현금흐름의 총금액이 작아지고 있는 점은 성장 여력이 조금은 떨어진다는 의미로, 좋은 시그널은 아니라고 할 수 있다.

그렇다면 투자자 입장에서 최악의 현금흐름 유형은 무엇일까? 영업활동 현금흐름과 투자활동으로 인한 현금흐름은 마이너스(-)이고, 재무활동으로 인한 현금흐름은 플러스(+)인 기업이다. 실제로 꿈을 먹고 사는 기업일 가능성이 크다. 영업에서 수익은 없고, 연구개발비 또는 운영자금으로 현금을 지출하고만 있으며, 설비투자를 하고 있지만 영업활동과 투자활동에 필요한 자금을 유상증자나 외부 투자자로부터 조달하는 기업이다. 실제로 국내 바이오 코스닥 기업에서 보기 쉬운 현금흐름이기도 하다.

위험한 현금흐름 유형 1

영업활동	투자활동	재무활동	유형
➖	➖	➕	신생 기업형 · 급성장 기대형

실례로 다음은 코스닥에 상장된 한 바이오 기업의 최근 3년간 현금흐름표다.

○○○ 바이오 기업의 현금흐름표
(단위 : 억 원)

구분	2021년	2022년	2023년
영업활동으로 인한 현금흐름	(141)	(297)	(100)
투자활동으로 인한 현금흐름	88	(726)	(89)
재무활동으로 인한 현금흐름	(6)	1,021	48

　　2021년에는 현금흐름표의 방향이 다르긴 하지만, 2022년과 2023년에는 동일하게 영업활동 현금흐름과 투자활동 현금흐름은 마이너스(-), 재무활동 현금흐름은 플러스(+)로 나타났다. 특히 2022년에는 1000억 원 이상의 대규모 투자금 유입이 있었고, 그만큼 설비투자 금액도 많은 모양새다. 이런 기업이 실제로 나쁜 기업이라는 것은 아니다. 다만 투자하는 데 있어 현금흐름의 모양

이 이런 형태로 나오는 기업이라면 '모' 아니면 '도'가 될 가능성이 있기 때문에 주의를 요한다.

마지막으로 또 하나 주의를 요하는 현금흐름 유형이다. 영업활동으로 인한 현금흐름은 계속 발생하고 있고, 기존 사업부나 자산을 팔아 투자활동으로 인한 현금흐름은 플러스(+)를 유지하고 있다. 그러나 차입금 또는 투자금을 상환하여 재무활동 현금흐름이 마이너스(-)가 되는 유형이다. 이러한 유형을 '대규모 구조조정형 기업'이라는 명칭을 붙였는데, 이러한 기업은 증권시장에서 퇴출될 가능성이 높다고 할 수 있다.

위험한 현금흐름 유형 2

영업활동	투자활동	재무활동	유형
➖	➕	➖	대규모 구조조정형

다음 표는 실제 거래 정지를 당한 회사의 현금흐름표다.

거래 정지된 회사의 현금흐름표 (단위 : 억 원)

구분	2021년	2022년	2023년
영업활동으로 인한 현금흐름	(227)	(564)	(88)
투자활동으로 인한 현금흐름	(86)	(45)	39
재무활동으로 인한 현금흐름	719	61	(82)

영업활동 현금흐름은 계속 마이너스(-)다. 본업에서조차 계속 현금이 나가고 있다는 것이다. 그리고 투자활동과 재무활동 현금흐름 유형이 2023년에 바뀐 것을 볼 수 있다. 투자활동으로 인한 현금흐름이 마이너스(-)에서 플러스

현금흐름표를 가지고도 꽤 의미 있는 재무제표 분석을 할 수 있다. 영업활동 현금흐름 플러스(+), 투자활동과 재무활동 현금흐름이 마이너스(-)를 보이는 기업은 성숙기에 있는 전형적인 우량기업이다. 영업활동과 투자활동 현금흐름이 마이너스(-), 재무활동 현금흐름은 플러스(+)를 보이면 '모' 아니면 '도'가 될 가능성이 높은 위험한 기업이다. 그리고 영업활동 현금흐름은 마이너스(-), 투자활동 현금흐름은 플러스(+), 재무활동 현금흐름은 마이너스(-)를 보이면 '대규모 구조조정형 기업'으로 증권시장에서 퇴출될 가능성이 높다.

(+)가 된 것은, 회사의 자산을 처분하고 있기 때문이다. 또한 재무활동으로 인한 현금흐름이 플러스(+)에서 마이너스(-)로 바뀐 것은 거래 은행에서 차입금 상환 요구를 받았기 때문으로 풀이할 수 있다. 결과적으로 이 회사는 자금 경색으로 회계 감사인으로부터 '의견거절'을 받아 거래가 정지되었다.

앞의 사례처럼 우리는 현금흐름표를 가지고도 꽤 의미 있는 재무제표 분석을 할 수 있다. 이에 더해서 손익계산서의 영업이익과 당기순이익을 확인하고 이익성장률을 확인하면 금상첨화일 것이다. 즉 손익계산서와 현금흐름표를 같이 놓고 분석하면 더 의미 있는 정보를 얻을 수 있다. 또한 모든 재무 분석은 한 해 자료를 가지고 할 게 아니라 최소 3년 정도 자료를 분석해 추세를 찾는 것이 필요하다.

삼겹살을 구우며 깨우치는 연산품의 원가

: 석유제품 원가 구하기

자동차로 매일 출퇴근을 한다면, 기름값이 오르고 내리는 데 신경 쓰지 않을 수 없다. 근래 벌어진 이스라엘과 하마스의 무력 충돌처럼 중동에서 분쟁이 확산하고 있다는 기사를 접하면 막연히 '기름값이 오르겠구나', 반대로 휴전 등으로 갈등이 해소될 조짐을 보이면 '기름값이 떨어지겠구나' 짐작할 뿐이다. 기름값은 어떻게 결정되는 걸까? 휘발유, 경유 등의 석유제품은 '원유'로부터 생산된다. 그래서 개개의 석유제품가격이 어떻게 결정되는지 알려면, 우선 원유값이 결정되는 메커니즘을 이해해야 한다.

원유가격을 결정하는 두 가지, 황 함량과 경질유 수율

과거에는 주로 중동에서 원유를 공급받았지만, 요즘은 동남아시아, 미국, 남아메리카, 유럽 등 전 세계 어느 지역의 원유든 경제성에 우위가 있다면 도입한다. 2025년 1월 트럼프 2기 행정부가 들어서며 미국산 원유를 도입하라는 압력이 거세질 것으로 예상된다. 미국은 2018년 사우디아라비아와 러시아를 제치고 45년 만에 세계 최대 산유국 지위를 탈환한 뒤로 계속 1위 자리를 유지하고 있다. 미국 에너지부(DOE)는 2025년 3월 "미국 에너지 지배의 황금기를 열다(Unleash Golden Era of American Energy Dominance)"라고 명명한 에너지 정책을 발표했다. 즉, 자국 에너지의 생산과 수출을 늘려 경기 부양을 도모하겠다는 것이다. 2024년 대미(對美) 무역흑자 8위 국가인 한국으로서는 미국산 원유 수입 압력을 피할 수 없을 것이다.

원유는 보통 육상(송유관) 및 해상(유조선)을 통해 이동하는데, 장거리는 대부분 유조선을 이용하여 해상으로 운송한다. 유조선이 빈 배로 우리나라 항구를 떠나서 원유를 싣고 되돌아오는 데 걸리는 기간은 지역마다 차이가 있다. 가까운 동남아시아 지역은 9일, 조금 더 먼 중동 지역은 20일, 미국과 남아메리카 지역은 30일 정도가 소요된다. 유조선에 싣고 온 원유는 정유공장 앞 바다에 도착하여 파이프라인을 통해 지상의 원유 저장탱크로 옮겨진다. 여기에도 2~3일 정도의 기간이 소요된다.

유조선이 빈 배로 우리나라 항구를 떠나서 원유를 싣고 되돌아오는 데 걸리는 기간은 가까운 동남아시아 지역이 9일, 조금 더 먼 중동 지역이 20일, 미국과 남아메리카 지역이 30일 정도다.

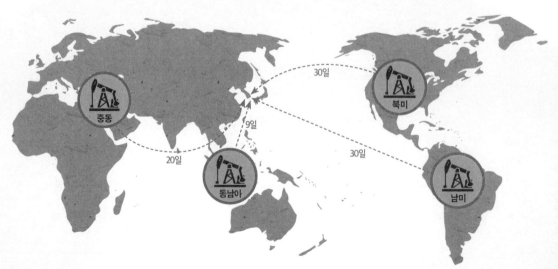

원유는 장거리 수송일수록 한꺼번에 많은 양을 실어 나르는 것이 경제적이다. 유조선의 크기는 적재할 수 있는 중량(DWT)에 따라 아프라맥스, 수에즈맥스, VLCC(초대형 원유 운반선), ULCC(극초대형 원유 운반선) 등으로 구분한다. HD현대중공업(옛 현대중공업)이 건조한 31만 톤급 VLCC는 길이 333m로 63빌딩 높이보다 84m나 길다. 또 1회 운항하여 국내 하루 원유 소비량(200만 배럴) 이상을 수송할 수 있다.

원유는 일반적으로 '황 함량'과 '경질유 수율'에 따라 품질과 경제적 가치, 즉 가격이 결정된다. 황 함량은 원유에 '황(S)' 성분이 포함된 비율을 뜻한다. 황은 원유의 불순물 중 하나로, 정제 과정에서 이산화황(SO_2)과 같은 유해 물질을 생성한다. 황 함량이 높은 원유는 정제할 때 대기 오염을 유발하며, 산성비의 원인이 될 수 있어 환경 규제가 강화되는 추세에서 중요한 요소라고 할 수 있다.

정부에서는 정유사에 황 함량을 일정 수준 이하로 관리할 것을 요구한다. 정제 과정에서 추가 공정 투자를 통해 황을 제거할 수 있는데, 이 경우 정제비용이 증가한다. 가장 좋은 방법은 처음부터 황이 적게 함유된 원유를 사 오는 것이다. 저유황 원유의 경우 상대적으로 가격이 더 비싸다. 일반적으로 원유 중 황 함유율이 1% 이하인 원유를 저유황유, 1%를 초과하는 원유를 고유황유로 분류한다. 대표적인 유종인 두바이유는 황 함유율이 1.86%로 고유황유, 브렌트유는 0.37%로 저유황유, WTI는 0.24%로 저유황유로 분류한다.

경질유 수율은 원유를 정제했을 때 얻을 수 있는 경질유(輕質油)의 비율을 의미한다. 경질유는 휘발유, 등유, 경유 등 고품질 석유 제품으로 전환되기 때문에 경제적 가치가 높다. 반면 중질유(重質油)는 아스팔트, 중유 등 저품질 제품으로 전환되기 때문에 경질유 수율이 높은 원유는 시장에서 높은 가격을 형성한다.

정리하면 원유는 황 함량이 낮고 경질유 수율이 높을수록 환경친화적이며 고품질 석유제품을 생산할 수 있어 시장에서 높은 가격을 형성한다. 황 함량이 높고 경질유 수율이 낮은 원유는 정제비용이 증가하고, 환경 규제로 인해 수요가 점차 감소하는 상황이다.

미적분만큼 어려운 삼겹살 원가 구하기

석유제품은 '연산품'이다. 동일 원재료를 사용해 연속적으로 여러 제품이 생산된다고 해서 연산품이라고 한다. 원유를 정제하는 과정에서 휘발유, 나프타 등의 경질유(輕質油)와 등유, 경유 등의 중질유(中質油)가 생산된다. 석유제품은 연산품이라는 특성 탓에 원가 계산 방식이 일반적이지 않다. 석유제품의 원가 계산법을 알아보기 전에, 뜬금없지만 돼지고기의 원가를 어떻게 계산할지 생각해 보자.

돼지 한 마리를 도축하면 삼겹살, 목살, 항정살 등 여러 부위의 고기를 얻게 된다. 만일 150kg인 돼지 한 마리를 150만 원에 매입했다고 가정해 보자. 이 돼지를 부위별로 해체하여 삼겹살 40kg, 목살 30kg, 기타 부위 80kg을 얻었다. 부위별 판매가격을 살펴보니 1kg당 삼겹살이 3만 원, 목살이 2만 원, 기타 부위는 5000원이라고 가정해 보자.

돼지 한 마리를 해체해서 판매하면 총판매가격은 220만 원(삼겹살 120만 원 + 목살 60만 원 + 기타 부위 40만 원)이다. 그렇다면 여기에서 삼겹살의 원가는 얼마일까? 쉽게 생각하면 돼지고기 1kg당 원가가 1만 원(150만 원 / 150kg)이므로,

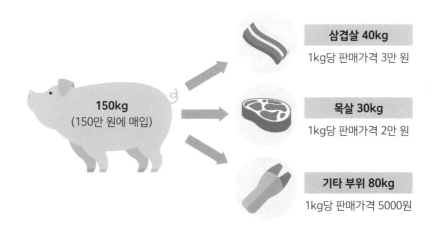

돼지 한 마리의 부위별 생산량과 판매가격

150kg
(150만 원에 매입)

삼겹살 40kg
1kg당 판매가격 3만 원

목살 30kg
1kg당 판매가격 2만 원

기타 부위 80kg
1kg당 판매가격 5000원

부위별 원가는 삼겹살이 40만 원, 목살이 30만 원, 기타 부위 80만 원으로 계산할 수 있을 것이다.

그렇다면 각 부위의 이익은 얼마일까? 삼겹살은 120만 원 – 40만 원 = 80만 원 이익, 목살은 60만 원 – 30만 원 = 30만 원 이익, 기타 부위는 40만 원 – 80만 원 = 40만 원 손실이 발생한다. 이렇게 원가를 계산하는 게 합리적이라고 할 수 있을까?

돼지고기 부위별 원가와 이익

* 매입가에서 총중량을 나누어 1kg당 원가 산정

구분	판매가격(1kg당)	생산량(kg)	총판매가격(원)	원가(원)	이익(원)
삼겹살	30,000	40	1,200,000	400,000	800,000
목살	20,000	30	600,000	300,000	300,000
기타 부위	5,000	80	400,000	800,000	-400,000
합계		150	2,200,000	1,500,000	700,000

이런 상황을 가정해 보자. 삼겹살이 인기가 높아져 공급이 부족해지면서 가격이 크게 오르고 있다. 언론에서 연일 삼겹살 가격에 대한 문제를 제기하자, 정치권에서 삼겹살 원가를 들여다보겠다고 나섰다.

한 국회의원이 돼지고기 업체에 원가 자료를 요구했고, 업체에서는 앞에서 본 자료를 제출하였다. 자료를 본 국회의원은 삼겹살에서 1kg당 무려 2만 원의 이익을 얻고 있고, 돼지 한 마리를 팔면 얻을 수 있는 총이익의 114%(삼겹살 이익 80만 원 / 총이익 70만 원)에 달하는 폭리를 취하고 있다고 주장하였다. 그러더니 삼겹살은 원가의 35% 이상 마진을 붙여 팔 수 없도록 법을 제정하였다.

이렇게 되니 삼겹살 가격이 1만 3500원이 되었다. 업자 입장에서는 돼지 한 마리를 해체하여 팔았을 때 생기는 수익도 줄었다. 총수익 220만 원에서 삼겹살 54만 원(1만 3500원 × 40kg), 목살 60만 원(2만 원 × 30kg), 기타 부위 40만 원(5000원 × 80kg)이 되어, 154만 원으로 급락하였다. 돼지 한 마리 원가 150만 원과 이에 더해 발생하는 인건비와 공장 운영비를 고려할 때, 154만 원은 원가에도 한참 미치지 못하는 금액이었다.

돼지고기 업자들이 속속 공급을 포기하는 사태가 벌어졌다. 삼겹살이 암시

장에서 1kg에 30만 원에 거래되는 등 서민들이 쉽게 돼지고기를 맛볼 수 없는 시대가 도래하였다. 삼겹살 가격을 제대로 돌려놓겠다던 취지의 법은 이제 '삼겹살 공급 방지법'으로 불리게 되었다.

돼지고기 마니아 이항정 회계사의 해법

돼지고기 업체 입장에서 부위별 원가를 산출할 때 단순히 매입가에서 총중량을 나누어 킬로그램당 금액을 산정하는 원가 계산 방식은 편리하지만, 사실 합리적이지는 않다. 왜냐하면 돼지고기 업자에게 공급하는 돼지 한 마리 가격 150만 원은 돼지 농가에서 이미 비싼 부위는 비싸게, 싼 부위는 싸게 계산하여 책정한 것이기 때문이다.

　돼지고기 마니아이자 원가 계산 전문가 이항정 회계사가 돼지고기 업체와 무료 컨설팅을 진행하였다. 이항정 회계사는 돼지고기의 부위별 원가를 판매가격에 연동하자는 아이디어를 제시하였다. 기존 판매가격은 삼겹살이 120만 원, 목살이 60만 원, 기타 부위가 40만 원이므로, 총수익은 220만 원이다. 이항정 회계사의 아이디어는 원가를 이 판매가격 비율로 배분하는 것이다. 그렇게 되면 삼겹살의 원가는 82만 원이 된다(150만 원 × 120만 원/220만 원). 목살의 원가는 41만 원(150만 원 × 60만 원/220만 원), 기타 부위의 원가는 27만 원(150만 원 × 40만 원/220만 원)이 된다. 이렇게 되면 삼겹살의 판매이익은 38만 원이며, 총판매액 대비 마진율은 32%(38만 원/120만 원)가 되었다.

　'삼겹살 공급 방지법'이라는 악법에도 불구하고 기존 가격으로 삼겹살을 공급할 수 있게 된 것이다. 돼지고기 부위별 마진도 삼겹살 38만 원, 목살 19만

돼지고기 부위별 원가와 이익 : 원가를 판매가격 비율로 배분

구분	판매가격 (1kg당)	생산량 (kg)	총판매가격 (원)	원가 (원)	이익 (원)	마진율
삼겹살	30,000	40	1,200,000	818,182	381,818	32%
목살	20,000	30	600,000	409,091	190,909	32%
기타 부위	5,000	80	400,000	272,727	127,273	32%
합계		150	2,200,000	1,500,000	700,000	

원, 기타 부위 13만 원으로 합리적으로 배분된 것으로 보인다. 총중량으로 단순 계산한 원가에서는 부위별 마진이 삼겹살 80만 원, 목살 30만 원, 기타 부위는 (-)40만 원으로 기타 부위는 아예 마진이 없는 상태이기 때문이다.

돼지고기 판매자 입장에서는 사실 잘 팔리는 부위를 더 비싸게 팔고 싶을 것이다. 돼지고기 전체를 통째로 사 간다는 사람이 있어서 220만 원에 파는 것과 삼겹살 가격이 4만 원, 목살 가격이 3만 원으로 오를 때를 비교해 보자. 돼지고기 판매자는 기타 부위를 재고로 온전히 떠안더라도 삼겹살과 목살을 오른 가격에 팔고 싶을 것이다. 기타 부위를 하나도 팔지 못하더라도 삼겹살과 목살을 오른 가격에 팔면 총판매가격이 250만 원이 되기 때문이다. 따라서 합리적인 판매자라면 부위와 관계없이 전체 판매량을 늘리기보다는 총판매가액이 극대화되는 전략을 취할 것이다.

₩ 석유제품의 합리적인 원가 계산법

이러한 판매 전략은 정유업에서 더욱 잘 드러난다. 정유업도 원유를 공정에 투입하여 LPG, 휘발유, 경유 등 다양한 석유제품을 생산한다. 원유가 돼지 한 마리이고 원유를 투입해 생산한 석유제품이 삼겹살, 목살 등에 해당한다. 하지만 돼지고기 판매업자와 정유업에는 큰 차이가 있다.

돼지 한 마리의 부위별 총량은 제아무리 뛰어난 판매업자라도 바꿀 수 없다. 최고의 도축 기술을 가진 기술자라 하여도 돼지 한 마리에서 삼겹살을 더 많이 추출할 수 있는 게 아니기 때문이다. 그러나 정유업은 조금은 다르다. 기술력으로 추출되는 석유제품의 비율을 조절할 수 있다. 이것을 가능하게 해주는 게 '고도화 설비 기술'이다. 고도화 설비는 원유 정제 과정에서 생산되는 값싼 중질유(벙커 C유)를 재처리하여 부가가치가 높은 휘발유와 등·경유 등 경질유

석유제품 생산도

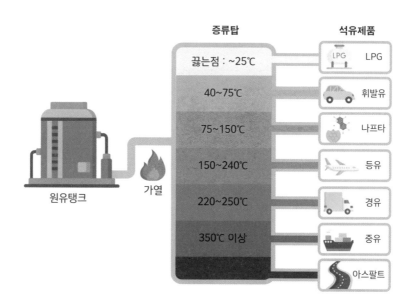

석유제품은 같은 재료를 사용하고 같은 공정을 거치지만 전혀 다른 여러 종류의 제품이 탄생하는 연산품이다. 연산품이라는 특성상 개별 제품에 대한 원가를 어떻게 합리적으로 산정할 것인지가 매우 중요하다.

로 바꾸는 설비를 말한다. 단순한 원유 정제 방식으로는 생산할 수 없는 고부
가가치 제품을 만들어내는 게 목적이다. 고도화 설비 기술은 석유 산업의 경쟁
력을 강화하고 저황유를 생산하여 환경 규제 대응력을 높인다.

정유업은 연산품이라는 특성상 개별 제품에 대한 원가를 어떻게 합리적으로
산정할 것인지가 매우 중요하고 할 수 있다. 정유업의 원가 계산 로직은 앞의

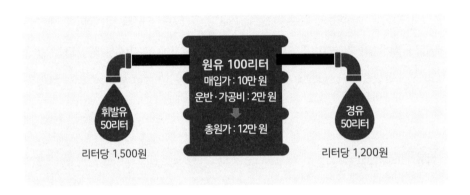

원가 배분을 위한 가중치 계산

구분	판매가격(1리터당)	생산량(리터)	총판매가격(원)	가중치
휘발유	1,500	50	75,000	56%
경유	1,200	50	60,000	44%
합계		100	135,000	100%

원가 계산

구분	총원가(원)	가중치	원가(원)	리터당 원가(원)
휘발유	120,000	56%	66,667	1,333
경유	120,000	44%	53,333	1,067
합계		100%	120,000	

돼지고기 사례에서 총원가를 부위별 판매가격으로 배분하는 것과 같다. 정리하면 석유제품의 원가는 판매가격과 생산량을 가중평균하여 총원가를 나누는 방식으로 구한다. 이를 원가 관리 회계 용어로 '결합원가배분'이라고 한다.

정유사에서 원유 100리터를 10만 원에 사 왔고, 이 원유를 정제하여 휘발유 50리터와 경유 50리터를 얻었다고 가정해 보자. 이때 운반비와 가공비로 2만 원이 발생하였다. 그렇다면 휘발유 50리터와 경유 50리터를 얻기 위해 투입한 총원가는 12만 원이 된다(원유가격 10만 원 + 운반·가공비 2만 원). 이때 리터당 판매가격이 휘발유는 1500원, 경유는 1200원이라면 총판매금액은 휘발유 7만 5000원(1500원 × 50리터), 경유 6만 원(1200원 × 50리터)이 된다.

이제 원가를 계산해 보자. 총원가가 12만 원(원재료 + 가공비)이 발생하였고, 총판매금액 합계는 13만 5000원이 된다. 이때 휘발유의 원가는 약 6만 7000원(12만 원 × 7만 5000원/13만 5000원), 경유의 원가는 약 5만 3000원(12만 원 × 6만 원/13만 5000원)이 된다.

원가를 배분하는 데 기초가 되는 석유제품 가격도 기준이 필요할 것이다. 우리나라 정유사는 일반적으로 아시아 석유제품 시장을 대표하는 '싱가포르 국제 석유제품 시장가격(MOPS : Means of Platt's Singapore)'을 기준가격으로 채택하고 있다. 석유제품의 판매가격은 정유사별로 차이가 있으나, 공급가격은 '직전 주(week) 국제 석유제품 가격'을 기준으로 하여 산정한다.

유가가 오르면 정유사 이익이 커질까?

흔히 국제 유가가 급등하면 정유사 이익이 증가한다고 한다. 왜 그렇게 생각하냐고 물어보면 재고자산 평가이익이 크게 증가하기 때문이라고 이야기하는 사람들이 있다. 과연 그럴까?

예를 들어 중동에서 원유를 10배럴(배럴당 50달러) 구매해 배로 이동한다고 해 보자. 원유가 우리나라로 들어오는데 20여 일 걸리는데, 이동 중에 원유가격이 배럴당 65달러가 되었다면 정유사는 150달러(배럴당 인상분 15달러 × 10배럴)의 재고자산 평가이익을 얻는다는 주장이다. 이런 분석은 틀렸다!

또 이렇게 말하기도 한다. 배럴당 50달러에 10배럴을 구매해 국내 저유탱크에 저장해 놓았는데, 원유가격이 65달러가 되었으므로 150달러의 재고자산 평가이익을 보게 되었다고 말이다. 마찬가지로 틀린 분석이다.

정유사 재무제표나 주석에서 재고자산 평가이익을 찾아보라. 아무리 검색해도 찾을 수 없을 것이다. 재고자산의 가치가 오른다고 해도 그 평가이익을 반영하지 않는 것이 회계 기준이다. 단, 재고자산의 가치가 떨어지면 재고자산 평가손실은 반영한다. 재고자산 평가손실은 매출원가에 포함되기 때문에 이익이 줄어들게 된다.

하지만 국제 유가가 오르면 정유사 이익이 증가할 가능성이 높다는 건 맞는 얘기다. 그것은 주로 '래깅 효과(Lagging Effect : 원재료 도입과 제품 출하 시기 차이에 따른 효과)' 때문이다. 원유가격이 오르면 석유제품 가격도 오르는 경우가 많다. 정유회사는 과거에 싸게 매입해 놓은 원유를 투입해 석유제품을 생산하는데, 유가 상승으로 연쇄적으로 제품가격이 오르면 당연히 마진이 커질 것이다. 이른바 정제마진(최종 석유제품가격에서 원유가격과 수송 · 운영비 등을 뺀 금액)이 커지면서 정유사 이익이 증가하는 것이다.

또 이런 효과도 일부 있다. 원유가격이 크게 떨어지면서 재고자산 평가손실을 반영했다고 해 보자. 그런데 원유가격이 오르면 손실 처리분 중 일부를 다

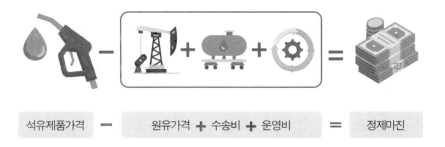

정제마진은 최종 석유제품가격에서 원유가격과 수송·운영비 등을 뺀 금액으로 정유사의 수익을 결정하는 핵심 지표 중 하나다. 정유사 수익은 주로 정제마진에 의해 결정된다. 석유제품은 수요의 가격탄력성이 낮아 일반적인 상황에서는 유가가 오르면 석유제품가격도 오른다. 그래서 유가가 오르면 정유사 이익이 개선된다.

시 수익으로 환입할 수 있다. 당연히 이익이 늘어나는 효과가 나타난다.

정유사들은 원유가격이 서서히 오르는 걸 좋아한다. 그래야 자연스럽게 제품가격도 인상되면서 래깅효과를 만끽할 수 있기 때문이다. 단기간에 원유가격이 급등하면 오히려 정제마진이 떨어지는 부작용이 발생할 수도 있다.

정유사가 이익을 내는 건 '횡재'가 아니다!

정유업계는 몇 년 전 횡재세(windfall tax) 이슈로 뜨거웠다. 횡재세는 기업이 예상치 못한 초과 이익을 거둘 때 정부가 부과하는 특별 세금이다. 길을 지나가다가 과일이 떨어져 횡재를 했으니 그에 맞는 세금을 내라는 의미인데, 정유업에는 해당하지 않는다. 석유제품은 우리나라 5대 수출 품목 가운데 하나다. 정유사가 거둔 이익은 석유 한 방울 나지 않는 나라에서 수십조 원의 설비 투자를 해 이룬 성과다. 또한 정유사의 영업이익률은 제조업 평균(5~6%)보다 낮은 1~2% 수준이다.

"국제 유가가 오를 때는 주유소 기름값을 팍팍 올리고, 국제 유가가 떨어질 때는 기름값을 느릿느릿 내린다." 정유사가 휘발윳값을 올려 폭리를 취한다는 쪽 주장이다. 이들이 주장하는 논리는 대다수 정유사가 휘발유를 저유탱크에 저장하고 있다가 원유가격이 상승하면 휘발윳값을 빠르게 올리고, 반대로 원유가격이 하락하면 휘발윳값을 천천히 내린다는 것이다. 이 논리에는 일부 한계가 있다.

우선 이 논리가 성립하려면 주유소 휘발윳값을 마음대로 결정할 수 있는 가격 결정권이 정유사에 있어야 한다. 현재 국내 주유소는 개인사업자가 운영하는 자영주유소 82%, 개인 등이 운영하는 알뜰주유소 11%, 정유사가 직접 운영하는 직영주유소 7% 등으로 구성돼 있다. 여기서 정유사가 가격 결정권을 갖는 곳은 직영주유소뿐이다. 나머지 93% 주유소에 대해서는 정유사가 가격 결정권을 행사할 수 없다. 따라서 정유사가 휘발윳값을 올려 폭리를 취한다는 주장은 애초에 성립될 수 없다.

사실 국내 휘발윳값이 오른다고 하여 정유사가 이득을 크게 볼 수 있는 구조도 아니다. 정유사들은 통상 매출의 60%를 수출에서, 40%를 내수 시장에서 올린다. 내수 물량에는 휘발유와 경유를 비롯해 등유, 중유, 항공유 등 다양한 제품이 포함되어 있다. 따라서 일반 주유소에서 소비자에게 판매하는 휘발유와 경유 제품이 정유사 전체 이익에서 차지하는 비중은 생각만큼 크지 않다.